21세기의 기독교적 무용의 접근

박 순 자 저

마리아의 통곡

책을 펴면서...

21C는 문화의 세기라고 한다. 과거에도 그러하였듯이 문화는 모든 인류를 위한 것이고 참된 인류의 행복을 위한 것이다. 즉, 참 인간 본연의 모습과 참 아름다움을 서로 인정하고 격려하며 존경하는 가운데 행복한 삶을 이룰 수 있도록 하는 것이 문화이며 그 문화를 새삼 요구하는 시대로 현대는 부각되고 있다. 문화는 정신적 소산물이다. 기호물과 같은 것이 아니라 세월이 흐르고 세태가 변한다 해도 변치 않아야 하는 인간의 정신적 상징물이며 자긍심과 같은 것이다.

우리말 큰 사전 (한글학회지음, 어문각)에서는 문화를 규정하기를

① 학문이 나아가서 사람이 깨어 밝게 됨
② 형벌이나 위력보다도 문덕으로써 백성을 가르쳐 인도함
③ 사람이 본래 가지고 있는 이상을 실현하려는 인간 활동의 과정 또는
   성과 특히, 예술, 도덕, 종교, 제도 따위 인간의 내면적, 정신적 활동의
   소산을 일컫는다고 하였다.

특히 ③의 내용과 같이 문화 현상 중 21C의 국내의 대표적인 것 중 하나는 기독교이다. 밤에 네온사인 빛으로 부각되는 십자가를 보면 알 수 있다. 지식, 상식을 동원해서 표현해도 표현치 못할 정도로 세계가 급변하고, 다양한 정보통신망 시대임에도 그 십자가 앞에 무릎 끓고 머리 숙이는 문화는 무엇을 의미하는 것일까? 그저 무심히, 아니면 감탄하고 끝날 가벼운 것이 아닌 21C의 지구촌의 과제 중 하나인 것이다.

보이는 것과 보이지 않는 것의 문화의 양면성이 공존하는 이 시대의 기독교 문화는 또 하나의 양면성을 드러내고 있다. 삶과의 괴리현상, 불일치, 비조

화 등으로 나타난다. 그러함에도 불구하고 우리나라 인구의 ¼이 기독교인이라는 근거에 의하면 문화 점유율이 평범치는 않다.

이에 기독교 문화 중 교회무용, 예배무용, 선교무용, 워쉽 댄스, 몸찬양 등의 표현으로, 때로는 동일한 의미로, 때로는 상이한 의미로 활성화되고 있는 기독교 무용에 대하여 깊은 관심을 갖게 되었다.

다수의 교회가 열린 예배를 지향하며 그 가운데 기독교 무용을 예배화 하는 현상을 자주 보면서 "어떻게 하면 좀 더 나은 기독교적 무용을 표현할 수 있을까?" 라는 생각에 이르게 된 것이다.

일반적 무용지식 및 표현과 신앙적 무용지식과 표현이 과연 어떻게 조화를 이루어야 하는지 아니면 전혀 별개의 것이어야 하는지 나름대로 그간의 일반적 무용의 세계와 신앙, 기독교적 무용의 접근 등을 통해 기독교 무용 문화의 일획을 그어 보고자 한다. 앞으로 지속적인 묵상, 연구 등과 하나님의 도우심, 그리고 많은 관계자들의 격려, 권면 등으로 본 분야는 발전적이며 온전한 모습으로 자리 매김을 하게 될 것이라고 믿는다.

늘 변치 않으시는 하나님과 그 진리 앞에서 이 부족하고 작은 자가 감히 기독교 무용에 대하여 언급함이 조심스러우나 근간 10여년 이상의 선교무용 경험과 선교적 무용이론의 접근, 말씀 묵상과 기도를 통하여 확신되어지는 면을 다루어서 하나님과 기독 무용인들에게 그리고 기독교 무용 문화를 접할 많은 하나님의 백성들에게 올려드리고자 한다.

끝으로 이 책의 출판을 기꺼이 허락하시고 수고하신 도서출판 청풍출판사의 진수진 대표님과 직원들, 사랑하는 가족들, 그리고 정성스럽게 한글한글 다듬기를 주저하지 않고 애써준 제자 김 명희, 김 지현, 한 해진, 김 주영 등 수고하신 모든 분들과 이 시간까지 함께 선교무용으로 수고한 한국선교무용단원들에게 진심으로 감사한 마음을 전합니다.

2022. 4 교수연구실에서

박 순 자

차 례

CHAPTER 1

기독교 무용을 위한 믿음의 기초

1. 하나님은 만물의 창조자이시며 만물을 운행하시는 분임을 믿어야 한다.

태초에 말씀이 계시니 이 말씀은 곧 하나님이시라. 그가 태초에 하나님과 함께 계셨으니 이 말씀은 곧 하나님이시라. 그가 태초에 하나님과 함께 계셨고 만물이 그로 말미암아 지은 바 되었으니 지은 것이 하나도 그가 없이는 된 것이 없느니라. (요 1:1-3)

말씀이 육신이 되어 우리 가운데 거하시매 우리가 그 영광을 보니 아버지의 독생자의 영광이요 은혜와 진리가 충만하더라(요 1:14)

교회를 다년간 또는 모태신앙으로 다닌다해도 하나님께서 진정 눈에 보이는 사람처럼 생각하고 일하시는 능력의 하나님이심을 믿어야 한다. 나는 모태신앙은 아니다. 장성하여 결혼 후 교회를 다니기 시작하였다. 그러나 하나님의 존재에 대한 믿음보다 목사님의 말씀, 목사님의 인격, 교회의 분위기, 현실에서의 도피 및 위로 등의 안식처로 생각하고 다녔다. 이러한 경우는 나만이 아니라 다른 성도들도 그럴 수 있음을 적잖이 보아 왔다.

정말로 대통령과 같은 사람이 내 앞에, 아니면 내 삶에 24시간 또는 평생 함께 하고 있다면 우리의 생각과 자세, 나아가 삶이 얼마나 변화하겠는가 살아있는 위대한 권력자 한사람만 우리의 동반자가 되어 준다면 우리는 어떠할까? 분명, 우리의 삶은 많은 부분이 바뀔 것이다.

하나님은 이보다 더욱 큰 능력으로 살아 계셔서 우리의 삶 속에 주인공으로 계신 것을 믿어야 하는 것이다.

볼지어다 내가 문 밖에 서서 두드리노니 누구든지 내 음성을 듣고 문을 열면 내가 그에게로 들어가 그로 더불어 먹고 그는 나로 더불어 먹으리라 (요계 3:20).

그 믿음이 확실하고 우리의 모든 것이 하나님으로부터 말미암았다는 것을 진실로 인정할 때 진정한 믿음을 가졌다고 할 것이다.

2. 예수님이 하나님의 아들이며 예수님으로 인해 죄사함을 받고 구원에 이르름을 믿어야 한다.

내가 받은 것을 먼저 너희에게 전하였노니 이는 성경대로 그리스도께서 우리 죄를 위하여 죽으시고 장사지낸바 되었다가 성경대로 사흘만에 다시 살아나사 (고전15:3-4)

하나님이 세상을 이처럼 사랑하사 독생자를 주셨으니 이는 저를 믿는 자마다 멸망치 않고 영생을 얻게 하려 하심이니라 (요 3 :16)

하나님은 믿어도 하나님의 아들, 독생자 예수의 이름으로 죄 사람을 얻고 구원에 이르른 다는 것을 믿지 않는 경우가 있다. 과거 불신자일때, 형식적인 교인이었을 때 나 역시 하나님의 소리는 많이 들어보았어도 예수님에 대하여 들은 적은 별로 없었다.

그래서 교회를 다니는 것은 하나님을 믿으러 나가는 것인 양 생각한 적도 있다. 그러나 "예수님" 그 이름 자체가 얼마나 권세가 있는가

네가 만일 네 입으로 예수를 주로 시인하며 또 하나님께서 그를 죽은 자 가운데서 살리신 것을 네 마음에 믿으면 구원을 얻으리니 사람이 마음으로

예수께서 나아와 일러 가라사대 하늘과 땅의 모든 권세를 내게 주셨으니.(마 28:18)

　예수님으로 인한 구원의 벅찬 기쁨과 감사함을 모르거나 확신하지 못하면 진정한 믿음이 아닌 것이다. 단순히 교회에 가서 세상에서 듣지 못한 고상한 지식 정도를 듣고 나와 세상 문제를 해결하고, 해결 받는, 그리고 위로 받는 정도에 빠져 사는 경우가 실제로 많은 것이다. 기독교는 죄인 됨을 고백하고 하나님 앞에 누구나 평등하다는 것, 그리고 기독교는 구원의 종교요, 능력의 종교임을 모르거나 체험도 없이 교회 문턱만 출입하는 경우가 허다하다. 대형 교회가 많아지는 이때에 성도 한사람, 한사람을 나의 몸과 같이 섬겨주어야 할 가장 중요한 부분이 예수님의 사건이라고 생각된다.

　하나님과 예수님을 믿는 그 오묘한 영적 은혜를 분명히 체득한 성도여야 한다. 교회의 성경공부, 설교의 방향 설정, 그리고 설교의 자세, 구역예배의 역할, 교회의 대·소모임 등을 예민할 정도로 그 책임을 다 할 수 있어야 성도들의 믿음이 제대로 성장한다고 본다.

　대형교회일수록 주일 예배시 많은 성도의 출석이 목사님을 기쁘게 할 수 있지만 빈손으로 들어왔다가 빈손으로 나가는 성도가 그것도 긴 세월을 그렇게 다닐 수 있다는 것을 감안 할 때, 하나님과 예수님의 관계, 그 능력, 소중한 사랑을 말씀과 성령, 은혜로써 확신하여야 진정한 믿음의 소유자라고 볼 수 있다.

3. 세상에는 빛과 어둠, 즉 성령과 사탄, 마귀가 공존하고 있음을 믿어야 한다.

　빛이 어두움에 비취되 어두움이 깨닫지 못하더라 하나님께로서 보내심을 받은 사람이 났으니 이름은 요한이라 저가 증거 하러 왔으니 곧 빛에 대하여 증거하고 모든 사람으로 자기를 인하여 믿게 하려함이라. 그는 이 빛이 아니요 이 빛에 대하여 증거하러 온 자라. 참 빛 곧 세상에 와서 각 사람에게 비취는

빛이 있었나니. (요 1: 5~9)

종말로 너희가 주안에서와 그 힘의 능력으로 강건하여지고 마귀의 궤계를 능히 대적하기 위하여 하나님의 전신갑주를 입으라 우리의 씨름은 혈과 육에 대한 것이 아니요. 정사와 권세와 이 어두움의 세상 주관자들과 하늘에 있는 악의 영들에게 대함이라. (엡 6:10~12)

하나님은 우리를 빛의 형상으로 빚으셨다. 즉, 기뻐하고 감사하며 사랑하고 순종하는 하나님의 인격으로 지으셨다. 그러나 아담과 하와의 불순종으로 인해 어두움, 즉 죄악은 번성케 온 것이다.

우리는 쓸모없는것에, 생명력이 없는 것에, 비인간적이고 비인격적인 것에 길이 많이 들여져 있다. 빛보다 어두움을 더욱 소중히 여기고 있는지도 모른다. 의지적이고 이성적인 것보다 감정적이고 감성적인 것의 노예가 되어져 있다. 진리보다 세상 풍토를, 진리보다 내 이익을, 진리보다 내 감정을 더욱 사랑하는 구습 속에 있다.

그렇게 끌려가는 것은 결국 사탄이나, 마귀에게 어두움의 미혹한 영에 끌려가는 것과 같다. 자신이 맡은 바 본분을, 인간의 본분을 잃지 않아야 한다. 어떠한 세상 풍랑 속에서도 그 본분을 무시하거나 소홀히 하고 망각하는 것은 어두움에 이끌려 가는 것이다. 허상과 비현실적 세계로 빠져드는 것은 자신과 자신의 삶을 어두움, 즉, 죄에게 내버리는 것이다.

우리는 어두움이 밀려오는 속도와 그 형상을 잘 느끼지도 보지도 못하는 경우가 허다하다. 그러므로, 우리가 이미 늦었다고 생각하는 그때, 모든 것이 부서져 버려 파산지경에 이르는 그때, 어두움은 그 실체를 드러낸다.

내 아들아 내 말을 지키며 내 명령을 네게 간직하라. (잠 7:1)

어리석은 자 중에 소년 중에 한 지혜 없는 자를 보았노라. 그가 거리를 지나 음녀의 골목 모퉁이로 가까이 하여 그 집으로 들어가는데 저물 때, 황혼 때, 깊은 밤 흑암중에라. (잠 7:7~9)

소년이 곧 그를 따랐으니 소가 푸주로 가는 것 같고 미련한 자가 벌을 받으려고 쇠사슬에 매이러 가는 것과 일반이라. 필경은 살이 그 간을 뚫기까지에 이를 것이라 새가 빨리 그물로 들어가되 그 생명을 잃어버릴 줄을 알지 못함과 일반이라 (잠 7:22~23)

네 마음이 음녀의 길로 치우치지 말며 그 길에 미혹지 말지어다. 대저 그가 많은 사람을 상하여 엎드러지게 하였나니 그에게 죽은 자가 허다하니라. 그 집은 음부의 길이라 사망의 방으로 내려가느니라.(잠 7:25~27)

잠언 7장의 말씀을 잘 음미하여 보자. 상상력을 동원하여 드라마처럼 그려보고 느껴보아야 한다. 이와 같이 어두움은 우리에게 접근한다.

집에서나, 학교에서나, 사회에서나, 세례요한이 광야에서 예수님이 장차 오실 길을 예비하라고 외쳤던 것처럼 진리가 외친다.

잔소리로, 교훈으로, 가훈으로, 권면등으로……

지혜가 길거리에서 부르며 광장에서 소리를 높이며(잠 1:20) 라고 했듯이 하나님은 우리를 너무도 사랑하셔서 곳곳에서 물 샐틈없이 보호하시고 구속하신다. 몸에 좋은 약이 쓰듯이 그 쓴 듯한 진리, 하나님의 말씀에 귀 기울여 순종할 때 우리는 어두움과 빛을 구별할 수도 있으며 빛 가운데 은혜로 거할 수 있다.

쓴 약을 거부하지 말고 부단히 빛을 향해서 전진하여 세상과 싸워 이겨야 하는 믿음을 가져야 한다.

4. 하나님은 사랑이시기에 사랑이 충만한 자녀가 될 수 있도록 믿음 생활을 해야 한다.

하나님이 우리를 사랑하시는 사랑을 우리가 알고 믿었노니 하나님은 사랑이시라 사랑 안에 거하는 자는 하나님 안에 거하고 하나님도 그 안에 거하시느니라 (요일 4:16)

요일 4:16의 말씀과 더불어 고전 13장에는 아무리 산을 들어 옮길 믿음이 있어도 사랑이 없으면 아무런 소용이 없다고 하셨다.

이런 말을 들은 적이 있다. 이 세상은 사랑 아니면 전쟁이라고.... 누가 이 세상에 전쟁을 원할까? 그런데 왜 전쟁이 일어날까? 사랑 때문이다. 모든 사람은 사랑을 먹어야 산다. 그 사랑을 느끼지 못하던가 받지를 못했던가 그 사랑에서 도외시 당했던가 하면 병이 생긴다. 문제가 발생된다. 그러한 사랑의 주인공은 하나님이시다. 우리는 사랑 할 수 있는 자만 사랑하며 우리는 사랑 할 수 있는 만큼만 사랑한다. 그러나 하나님은 죽도록 사랑하셨으며 땅 끝까지 이르러 사랑하시겠다고 하셨고 원수까지도 사랑하셨다. 우리 모두가 이러한 사랑을 받지 못하고 하지 못해서 눈물과 고통, 근심과 낙망 속에 있으면서 크고 작은 전쟁 속에 시달리고 있지는 않는가? 자기와의 싸움, 이웃과의 싸움, 지역간의 싸움, 국가간의 싸움 등을 해결하기 위해 우리는 모든 시간과 능력 등을 투자하기도 한다. 그러나 결국은 인간은 이러한 문제를 결코 해결 할 수 없다.

인간의 능력은 한계가 있으며 하나님께서는 하나님 뜻대로 인간에게 정하신 그 모습, 그 한계만큼 살게 하시는 능력을 가지시고, 오늘도 온 인류와 세계를 다스려 가고 계시다. 특기할 것은 국적을 초월하여 인류의 공통점 가운데 한가지로, 보통 다급한 일이 있을 때는 사람을, 그 중에서도 부모님이나, 능력있는 권세자를 찾지만 목숨이 걸린 중대사 앞에서는 "하나님"을 찾는다. 바로 이러한 점이 하나님은 능력이심을 증거하는 점이기도 하다. 또한 세상이 멋있게 놀라우리 만치 변해도 변하지 않는 인간의 마음, 즉, 하나님의 그 마음이 선한 양심을 오랜 역사동안 지켜오고 계시지 않는가!

모든 지구촌의 존재하는 것들에게 하나님의 능력을 벗어난 것은 없는 것이다. 그래서 우리는 하나님 안에 거하여야 한다. 언제나 기다리시고, 언제나 용서하시며 언제나 베푸시기를 거절치 않으시며, 독생자 예수님을 죽이시기까지 우리를 구원하시려는 하나님의 사랑을 공급받으면서 하나님의 사랑을 진실로 믿고 본 받아서 살아야 할 것이다. 그 사랑만이 모든 일을 해결하는 원천이 되는 것이다.

5. 믿음의 사람은 허물과 죄를 구별하는 삶을 살아야 한다.

내가 진실로 너희에게 이르노니 사람의 모든 죄와 무릇 훼방하는 훼방은 사하심을 얻되 누구든지 성령을 훼방하는 자는 사하심을 영원히 얻지 못하고 영원한 죄에 처하느니라 (막 3:28-29)

믿음이 없을 때에 나는 허물과 죄를 분별할 수 있는 기준이 없이 많은 것들을 죄로 여겼었다. 그러나 하나님을 믿으면서 허물과 죄를 구별할 수 있는 깨달음을 주셨으며 내가 얼마나 죄인인가를 깨닫게 하셨다.

우리의 심령이 좀더 은혜로, 큰 죄악 속에 빠지지 않으려면 이 부분을 잘 분별하여 심령과 입술, 행위를 지켜 나가야 할 것이다. 열심히 했으나 결과가 좋지 못한 것, 실수로 잘못한 것, 자기의 의지와 관계없이 신분, 환경, 체질 등이 형성된 것, 모르고 행하는 것 등에 대하여 습관적 판단, 자기 중심적 판단, 인식, 오해 등으로 얼마나 많은 영혼들을 가슴 아프게 하는지 모른다.

막 3:28~29절 말씀은 성령을 훼방하는 죄는 영원한 죄에 거하나 그 외의 죄는 모두 사하심을 얻는다고 하신 것처럼 우리 삶 가운데에서 짓는 죄는 권고하고 인내하며 용서하고 남의 허다한 허물을 덮어 줌으로 주님께 죄사함을 받고 큰사랑을 받은 하나님의 자녀답게 하나님 나라를 이루어 가는 믿음으로 살아야 한다.

허물을 덮어 주는 자는 사랑을 구하는 자요 그것을 거듭 말하는 자는 친한 벗을 이간하는 자니라. (잠 17:9)

예수께서 이르시되 너희들도 이렇게 깨달음이 없느냐 무엇이든지 밖에서 들어가는 것이 능히 사람을 더럽게 하지 못함을 알지 못하느냐(막 7:18)

또 가라사대 사람에게서 나오는 그것이 사람을 더럽게 하느니라 속에서 곧 사람의 마음에서 나오는 것은 악한생각 곧 음란함과 도적질과 살인과 간음과 탐욕과 악독과 속임과 음탕과 흘기는 눈과 훼방과 교만과 광패니 이 모든 악한 것이 다 속에서 나와서 사람을 더럽게 하느니라.(막 7:20-23)

6. 하나님의 자녀는 예수님의 겸손을 본 받아 사는 믿음으로 살아야 한다.

겸손한 자가 여호와를 인하여 기쁨을 더하겠고 사람 중 빈핍한 자가 이스라엘의 거룩하신 자를 인하여 즐거워하리니. (이사야 29:19)

성경말씀에는 "겸손"에 대하여 신·구약을 통하여 다수 강조되고 있다. 나도 큰 환난과 고통을 통해서 겸손하면 모든 일을 형통케 할 수 있다는 말씀에 힘입어 어려운 시간들을 극복하였던 은혜의 시간이 있었다. 내 자신을 부인하고 오직 죄인의 구원을 위하여 스스로 죄인임을 사처하시기를 꺼려하시지 않았던 예수님처럼 그렇게 항상 주님의 이름으로, 주님의 영광을 위하여 낮은 자의 모습으로 살기를 원하시는 하나님의 뜻을 우리는 본 받아야한다.

그러므로 누구든지 이 어린아이와 같이 자기를 낮추는 그 이가 천국에서 큰 자니라. (마 18:4) 고 하신 것처럼 예수님은 가장 자신을 낮추시므로 천국의 가장 큰 자가 되신 것이다.

교만이 오면 욕도 오거니와 겸손한 자에게는 지혜가 있느니라. (잠 11:2)
사람의 마음의 교만은 멸망의 선봉이요, 겸손은 존귀의 앞잡이니라. (잠 18:12)

겸손과 여호와를 경외함의 보응은 재물과 영광과 생명이니라. (잠 22:4)
이상의 말씀처럼 겸손한 자를 하나님께서는 사랑하시며 복에 복을 더하여 주신다. 하나님의 영광스런 자녀이기도 하지만, 도구에 불과한 우리는 겸손을 신앙생활의 필수적 조건으로 보아도 부족함이 없음을 알 수 있는데 겸손의 참 의미는 사람에게 종이 된 것을 의미하는 것이거나 자신의 유익 및 현실적인 상황으로 인해 비굴한 모습으로 사는 것이 아니다.

우리는 하나님 앞에 모두 죄인이며 서로 사랑해야 할 하나님께 향한 순종의 의무가 있으며 구원의 확신과 영생이 있기에 자신의 삶에 매이지 않고 주님의 사랑과 공의로 오직 불신자들의 구원과 영생을 위해 그들을 섬겨서 하나님께 영광을 올려드리기 위하여 사는 낮은 자의 삶을 의미하는 것이다.

7. 하나님의 자녀는 교만함을 절대적으로 미워하는 믿음의 삶을 살아야 한다.

여호와를 경외하는 것은 악을 미워하는 것이라 나는 교만과 거만과 악한 행실과 패역한 입을 미워하느니라. (잠 8:13)

대체적으로 사람은 교만함을 지니고 있는 것 같다. 나의 개인적인 경험으로도 겉으로는 좋은 듯 하나 마음속에서는 많은 어두움의 모습 즉, 시기, 미움, 슬픔, 낙망 등과 더불어 나는 저들과 다르다는 듯한 교만으로 세상과 사람을 보았던 경험이 있다. 현재도 신앙생활을 하지만 가끔씩 믿음 안에서의 자만심 등이 발동함을 부인 할 수 없다. 그러한 악으로 인해 마음의 평안, 사랑, 은혜를 모두 잃어버리고 다시 탕자의 모습으로 슬퍼하게 된다.

무릇 자기를 높이는 자는 낮아지고 자기를 낮추는 자는 높아지리라.(눅14:11) 하신 것처럼 우리는 남이 대접을 안 해 주면 자기 스스로라도 자신을 높여야 하며, 또 높아지기 위해 사는 듯한 현실 속의 삶을 허상의 삶의 목표라고도 볼 수 있는 시대에 살고 있다.

교만에서는 다툼만 일어날뿐이라 권면을 듣는자는 지혜가 있느니라(잠13:10) 교만은 패망의 선봉이요 거만한 마음은 넘어짐의 앞잡이니라. 겸손한 자와 함께 마음을 낮추는 것이 교만한 자와 함께 하여 탈취물을 나누는 것보다 나으니라. (잠16:18~9)

무례하고 교만한 자를 이름하여 망령된 자라 하나니 이는 넘치는 교만으로 행함이니라. (잠 21:24)

이렇듯, 교만함은 절대적으로 하나님의 그릇으로, 자녀로서 합당치 않은 행위임을 알고, 우리의 교만 됨을 말씀에 비추며 거울을 보고 뒤돌아서 자신의 모습을 잃어버리는 자가 아니라 항상 기억하고 명심하여 주님의 형상을 닮고, 은혜와 평강, 온유의 삶을 살 수 있도록 믿음생활을 해야 한다.

8. 하나님의 자녀로서 믿음의 확신이 서면 그 믿음을 위하여 교회출석, 기도, 말씀묵상, 성도와의 교제 등... 성도로서의 구체적인 삶을 습관화 해야 한다.

"저희가 사도의 가르침을 받아 서로 교제하며 떡을 떼며 기도하기를 전혀 힘쓰니라. (행 2:42)

"오직 너는 마음을 강하게 하고 극히 담대히 하여 나의 종 모세가 네게 명한 율법을 다 지켜 행하고 좌로나 우로나 치우치지 말라 그리하면 어디로 가든지 형통하리니 이 율법 책을 네 입에서 떠나지 말게 하여 주야로 그것을 묵상하여 그 가운데 기록한 대로 다 지켜 행하라 그리하면 네 길이 평탄하게 될 것이라 네가 형통하리라". (수 1:7~8)

예수님을 구주로 영접한 후 성도로 지켜나가야 할 일들이 많이 있겠으나, 믿음으로 반드시 행하여야 할 것은 교회를 출석하여 예배드리고 아침, 저녁 주님의 말씀을 묵상해야 한다. 그리고 성도간의 교제를 하며 하나님을 만나 영적으로 호흡할 수 있는 기도를 해야 하는 것이다. 사람은 무엇을 주로 생각하며 먹고, 추구하느냐에 따라서 그의 인생이 변화한다. 또는 어떠한 습관이 체질화 되어 있느냐에 따라서 그의 인생의 모습이 결정된다.

하나님의 자녀는 하나님의 일체의 것에 대하여 충만해야 하며 하나님을 닮는 습관을 들여야 하나님의 축복을 온전히 받을 수 있을 것이며, 하나님의 자녀다움을 이룰 수 있는 것이다. 마치, 무지함을 벗어나 인간다운 삶을 위하여 어린아이들을 학교에 보내어 늘 배우고 익히도록 하듯이, 깨끗한 치아보존을 위해 치아를 바르게 닦듯이, 아름답고 건강한 신체관리를 위하여 꾸준한 건강관리를 하듯이, 대학교에 입학하여 공부한 뒤 장차의 행복하고 떳떳한 삶을 위하여 항상 성실과 최선으로 전공분야에 전적으로 전념하듯이, 평안하고 아름다운 가정을 꾸미기 위하여 맛있는 음식과 의복, 전자제품, 효율적 가구, 실내장치 및 청결함과 화목, 사랑 등으로 훌륭한 가정을 이루듯 하나님의 자녀로서 복있는 삶을 영위하기 위해서도 우리의 삶 전체가 성도로서의 노력이 필수적인 것이다.

9. 주님을 그리스도요, 살아계신 하나님의 아들이라고 고백한 성도라면 전도를 반드시 해야 한다.

지속적인 신앙생활 가운데 성령의 인도하심으로 전도를 하는 삶들이 성도의 삶의 전부라고 해도 과언이 아니다. 베드로가 예수님을 만났을 때

"무서워 말라 이제 후로는 네가 사람을 취하리라"(눅 5:10) 하신 것처럼, 어부였던 베드로를 사람을 낚는 어부로 택하셨다. 이렇듯 하나님의 자녀 된 우리는 이 땅에서 사는 동안 많은 영혼이 주님을 만나도록 하는 일에 전념해야 한다. 이러한 전도를 위해서 구해야 할 것은

"볼지어다 내가 내 아버지의 약속하신 것을 너희에게 보내리니 너희는 위로부터 능력을 입히울때까지 이 성에 유하라 하시니라."(눅 24:49) 즉, 우리의 힘과 능력으로 하는 것이 아니라 하늘에서 입히어 주시는 성령의 힘으로 가능한 것이다.

그 능력으로, 성령으로 만이 세상에서 우리는 전도인의 삶을 살 수 있는 것이다. 하늘 위에서 입히어 주시는 성령님, 그 성령님을 늘 의존하고 영적 승리의 삶을 살기 위해서는 앞서 밝힌 예배출석, 기도, 말씀묵상, 성도간의 교제가 필수적임을 다시 한번 강조하고자 한다.

사도신경 가운데에 "성령을 믿사오며, 거룩한 공회와 성도가 서로 교통하는 것"을 늘 생각하며........ 또 "오직 성령이 너희에게 임하시면 너희가 권능을 받고 예루살렘과 온 유대와 사마리아와 땅끝까지 이르러 내 증인이 되리라 하시니라(행 1:8)의 예수님의 유언이자 성도의 지상명령을 세상 끝날까지, 우리의 호흡이 다하는 날까지 준행하여야 할 것이다. 우리의 일반적인 삶 속에서도 좋은 물건, 생각, 음식등을 많이 홍보하며 광고한다. 널리 알려서 좋은것들을 공유하도록 한다. 이렇듯 우리 영혼의 구원과 이땅에서의 진정한 축복된 삶을 위해서 좋으신 예수님을 널리 널리 전해야 하는 것이 좋은 것을 받은자가 해야 할 마땅한 일인 것이다.

10. 진정한 믿음생활은 하루를 충성되게 사는 것을 의미한다.

하늘에 계신 우리 아버지여 오늘날 우리에게 일용할 양식을 주옵시고......
(주기도문 중에서......)

그러므로 내일 일을 위하여 염려하지 말라 내일 일은 내일 염려할 것이요
한날 괴로움은 그날에 족하니라. (마 6:34)

하나님을 믿는 자녀로서 우리는 당장 내 현실, 그 공간, 그 사건 앞에 일을
놓고도 내일 일, 10년 뒤의 일, 40년 뒤의 일까지도 염려 하여서 결국은 해결
하지도 이루지도 못할 일로 순간, 하루하루를 어둡게 살 때가 많다. 그래서 그
시간, 그 여건에 더욱 많이 사랑하고 소중한 만남을 살 수 있음에도 불구하고
늘 불행한 듯한 삶을 산다.

무엇을 먹을까? 염려하지 말라, 너희 중에 누가 염려함으로 그 키를 한 자
나 더할 수 있느냐, 어찌 의복을 위하여 염려하느냐...... 그러므로 염려하여 이
르기를 무엇을 먹을까? 무엇을 마실까? 무엇을 입을까? 하지 말라. 이는 다
이방인들이 구하는 것이라 너희 천부께서 이 모든 것이 너희에게 있어야 할
줄을 아시느니라. (마 6:25~32)

그러므로 마 6:33에는 너희는 먼저 그의 나라와 그의 의를 구하라 그리하
면 이 모든 것을 너희에게 더 하시느니라 하신 것처럼 참으로 우리가 염려해
서 된다면 무엇이 부족할 것이 있으며 우리 뜻대로 되지 않을 일이 무엇이 있
었을까? 한치 앞도 내다 볼 수 없는 인생을 우리는 지금 만나는 그 사람과 그
일에 몰두하지 못한 채, 하나님의 진리와 사랑을 실현할 기회를 매일 매일 놓
치며 늘 후회하는 삶을 사는 지도 모른다. 하얀 천이나, 하얀 도화지에 새로운
수, 새 글씨를 새기고 써야 잘 나타나고, 잘 표현되어서 마음과 눈을 시원케
하듯, 하나님의 자녀는 매일 매일 하나님의 마음과 뜻으로 채워 하나님의 형
상을, 사랑을, 진리를 잘 드러내도록 해야 할 것이다. 그리하여 더하시는 하나
님의 복을 받는 믿음의 생활을 반복하여, 체질화 될 때까지 순종하는 것이 아
름다운 성도의 삶일 것이다.

　이상으로 기독무용을 위한 믿음의 기초적 말씀을 살펴 보았다. 성경 말씀 전체가 하나님이 기독무용을 정립, 실현하기 위한 능력이겠지만 10가지의 내용은 선교무용을 할 수 있었던 나의 신앙생활의 중요한 말씀의 기초임을 밝힌다. 더불어 오늘에 이르기까지 선교적 사명을 감당하는데에 큰힘이 되었던 것 중 중요한 것이 C.C.C 십단계 성경공부와 쉬지않고 성경을 읽으며 주·야로 하나님 앞에 무릎 꿇어 기도하는 성령님께서 인도하여 주셨다는 것이다.

고난의 길

CHAPTER 2

선교무용가의 자세와 사명

1장에서는 선교무용가를 위한 믿음의 기초적이고 중심적인 말씀을 개인의 은혜로운 체험을 통하여 밝혔는데 다음은 성경속의 인물을 통해서 살펴 보도록 하겠다. 2003년 11월 11일에 C. D. F. K(Christian Dance Fellow ship Korea)의 세미나에서 "선교무용가의 자세와 사명"이라는 글로 발표하였는데 그 연구 내용은 다음과 같다.

Ⅰ. 서론

1. 연구의 동기 및 필요성

무용이론을 접하며 서양 무용사중 중세의 무용의 암흑기를 통해서 왜 기독교적인 사회배경을 통해서도 무용이 침체하였던가를 깊이 생각하기 시작했으며, 우리나라에서는 무용인들이 역사 가운데에 천민대우를 받았어야 하였는가 라는 문제를 놓고 생각하던 중, 기독 무용 역시 방향제시가 있어야 한다는 생각을 하기에 이르렀다.

유난히도 최근에는 교회가 많아졌으며 열린 예배도 많이 드린다. 더불어 무용으로서 예배를 드리는 경우가 빈번하다. 또 기독 무용인들의 선교적 차원의 무용 모임 및 무용 공연도 활성화 되고 있는 즈음에 선교 무용가로서의 자세와 사명을 말씀 가운데에서 확신하며 진정 기독 무용인들에게 주어진 기회를 하나님이 기뻐하시는 산제사의 기회로 삼아야 하며 기독무용을 접하는 이들에게도 과거 역사 속에서 경험되어진 것이 아닌 양성적인 것이 되어야 할 필요성을 갖게 되었다.

인간의 삶을 삶 답게 해주는 문화권 안에서 기독교는 질적으로 양적으로 중요한 역할을 감당해야 한다. 무용인이거나 무용공연자, 무용의 종사자이기 전에 가족과 이웃, 나라와 민족, 세계를 각 분량대로 하나님의 뜻에 따라 하나님의 마음을 읽고, 품고, 위해서 기도하고 영적인 지도력으로 우리가 밟는 땅마다 하늘 문이 열려야 하는 하나님의 백성으로서의 자세가 우선적이어야 한다고 본다. 이제 내가 사는 것은 내가 사는 것이 아니요 나를 위해서 사는 것이라 (갈 2:20)고 한 말씀에 따라 결코 이 땅위의 삶은 우리의 것이 아니라 하나님의 것이기 때문임을 다시금 강조하면서 말세지변의 사회환경과 더불어 기독 무용인들의 왕성한 활동, 교회 문화가 의욕적으로 자리매김 하고자 하는 이러한 때에 기독 무용인들이 행하는 모든 것은 선교의 차원에서 이루어져야 하며 그러한 기회를 소중히 겸허하게 받아 들여 영성이 좋은 제사장과 같은 무용인이어야 한다는 필요성을 느끼며 본 연구에 임하게 되었다.

2. 연구의 목적

본 연구를 통하여 기독 무용인 또는 무용에 관심있는 성도들이 무용가 이전에 하나님의 자녀로서의 예배자의 자세를 갖추고 기독 무용가의 역할 및 그 범위가 영향력이 높게 하며 나아가 기독 무용계의 하나의 방향성을 제시하고자 한다.

"땅끝까지 이르러 나의 증인이 되리라"(행 1: 8) 하신 명령의 말씀이 기독 무용인들에게 이 시대에 하나님께서 원하시는 것임을 분명히 삶과 무용속에 적용하며 선교사적인 직분을 이행 하도록 하는데에 연구의 목적이 있다.

3. 연구의 방법 및 내용

본 연구를 위해 접근할 수 있는 방법은 다양하겠으나 성도에게 본이 되었던 대표적 인물을 성경에서 선택하여

1) 하나님께서 귀하게 사용하신 성도의 삶의 핵심을 살펴보고(구약;노아 아브라함, 모세 신약; 예수님)

2) 기독 무용인들에게 원하시는 자세가 무엇인지 규명하여 그에 따라 사명을 정립하고자 한다.

단, 성도들이 잘 알고 있는 신실한 믿음의 선진들 약간명을 통하여 연구함을 제한점으로 삼는다.

Ⅱ. 본론

1. 구약에서 택하신 하나님의 백성에 대한 분석

1) 노아의 신앙

창세기 2:16·17절에서.

여호와 하나님이 동산 각종나무의 실과는 임의로 먹되 <u>선악을 알게 하는 나무의 실과는 먹지 말라</u>고 하셨으며 먹으면 정녕 죽으리라 하였다. 본문에서는 <u>선과 악</u>에 대하여 그리고 <u>순종</u>에 대하여 아담과 하와에게 명령하였다. 이 명령 뒤에 아담과 하와는 보임직, 먹음직, 탐스러운 것으로 인하여 유혹을 받아 불순종을 하였고(창 3:6) 그 불순종으로 말미암아 여자는 잉태의 고통과 출산의 수고를, 또한 남편을 사모하며 남편은 하와를 다스리는 상태로, 남편은 종신토록 수고하여야 소산물을 먹도록 하셨다. (창 3:16~17)

창세기 5장 1~2절에서는

하나님이 사람을 <u>하나님의 형상</u>대로 남자와 여자를 창조하시어 이들에게 복을 주셨고 사람이라고 칭하셨다. 그런데 창세기 6장 3절에서는 사람이 <u>육체</u>가 되어 하나님의 신이 영원히 사람과 함께 하지 않는다고 하시며 사람의 생명 년한을 120세로 줄이신 것을 알 수 있다.

이렇듯 죄악이 세상에 관영함과 그 마음의 생각의 모든 계획이 항상 <u>악할</u> 뿐인 시대 속에서(창 6:5) 하나님께서는 노아를 선택 하였는데 그가 의인이요

당세에 <u>완전한</u> 자라 그가 하나님과 <u>동행</u> 하였다고 하였다. (창 6:9)

하나님께서는 너와 네 온집은 방주로 들어가라. 네가 이 세대에 내 앞에서 의로움을 내가 보았음이라(창 7:1) 하시어 홍수를 일으키시고 그 시대의 민족을 다스리고 하나님의 뜻에 합한자를 통하여 하나님의 뜻을 이루셨다. 하나님은 우리의 죄를 용서하시고 노아를 통하여 <u>새 언약</u>을 약속하셨다. 그리고 "생육하고 번성하여 땅에 충만하라"고 (창 9:1~2) 하셨고 "너의 피 곧 너희 생명의 피"(창 9:5)를 찾으리라 하시어 <u>혈기있는</u> 것을 금하였고 하나님이 자기 형상대로 사람을 지으신 그 뜻을 (창 9:6) 분명히 하셨다.

하나님의 은혜로 택함 받은 노아는 어느날 벌거벗은 채로 술에 취하여 있었는데 그 후손 중 그 아비의 <u>허물을 덮는 자</u>는 축복을, 그 <u>허물을 드러낸 자는</u> 저주를 (창 9:23~26) 내리시어서 하나님의 형상과 뜻을 지속적으로 보여주시고 가르쳤다. 그 후 노아의 후손은 "성과 대를 쌓아 대꼭대기를 <u>하늘에 닿게</u> 하여 우리 <u>이름</u>을 내고 온 지면에 흩어짐을 면하자 하였더니 여호와께서 인생들의 쌓는 성과 대를 <u>보시려고 강림하셨더라</u>"(창 11:4~5)고 하셨다.

인간의 뜻과 행함이 하늘에 이르렀으며 <u>자신들의 이름</u>을 하나님 이름보다 내세우니 여호와께서는 강림하시어 인간의 행위를 보셨다는 것을 볼 때, 하나님의 자녀는 늘 하나님을 경외하고 두려워하며 <u>신전의식</u>으로 사는 <u>겸손</u>이 있어야 함을 알 수 있다.

2) 아브라함의 신앙

창 12장 1~3절에서

하나님은 아브람에게 <u>본토 아비 친척집</u>을 떠나 하나님께서 <u>지시하시는 땅</u>으로 <u>가라</u>고 하셨으며 <u>복의</u> 근원으로 삼고, 아브람을 저주하는 자에게는 저주를, 축복하는 자에게는 축복을 주신다고 하여 하나님의 마음에 합한자에게 허락하시는 축복의 정도를 분명하게 하셨다. 하나님은 아브람에게 <u>땅을</u> 지명하시고 단을 쌓도록 하셨으며 그 땅을 그 <u>후손</u>에게 주실 것을 약속하신다.(창 12:7~8) 또한 그의 조카인 롯과 동거하며 살지만 서로의 소유가 풍성해지자 동거함이 어려워졌을때 아브람은 롯에게 "네 앞에 온 땅이 있지 아니하냐

나를 떠나라 네가 좌하면 나는 우하고 네가 우하면 나는 좌하리라(창 13:9)" 하여 손 아래 조카에게 먼저 <u>선택권</u>을 주고 <u>하나님의 뜻</u>을 따르려 했던 아름다운 믿음을 볼 수 있다. 이러한 아브라함에게 오랜 기간 무자하였던 자녀에 대한 약속을 하시는데 "여호와의 말씀이 이상 중에 아브람에게 임하여 가라사대 아브람아 두려워 말라. 나는 너의 방패요 너의 지극히 큰 상급이니라......
여호와의 말씀이 그에게 임하여 가라사대 그 사람은 너의 후사가 아니라 네 몸에서 날자가 네 후사가 되리라 하시고 그를 이끌고 밖으로 나가 가라사대 하늘을 우러러 뭇별을 셀 수 있나 보라 또 그에게 이르시되 네 자손이 이와 같으리라 아브람이 여호와를 <u>믿으니</u> 여호와께서 이를 <u>그의 의로 여기시고</u>" 라고 하여 믿음의 조상이 되는 축복을 말씀으로 약속하신 것을 볼 때, 하나님 께서는 아브람의 의심치 않는 믿음을 의로 여기시고 하나님의 나라를 펼쳐 나간 것을 알 수 있다.

다시 아브람이 99세 때 여호와께서 아브람에게 나는 전능한 하나님이라 너는 내앞에서 행하여 <u>완전하라</u>(창 17:1)고 하신다. 그리고 하나님과 아브람 사이에 언약을 세워서 열국의 아비로 명하신다(17:4)

그러한 뒤 아브람의 이름을 열국의 아비인 아브라함이라 바꾸시고(창17:5)

"내가 너로 심히 번성케 하리니 나라들이 네게로 좇아 일어나며 열방이 내게로 좇아 나리라" (창17:6)

이렇듯, 하나님의 축복을 받은 아브라함은 하나님께서 소돔과 고모라에 대한 부르짖음과 그 죄악이 심히 중하여 하나님께서 그곳에 가서 보고자 하실 때, 무릎꿇어 하나님께 소돔과 고모라의 구원을 위하여 <u>간절히 간구하는</u> 것을 들으시고(창 18:22~32)

"여호와께서 아브라함과 말씀을 마치시고 즉시 가시니 아브라함도 자기 곳으로 돌아 갔더라" (창 18:33)는 말씀처럼 아브라함의 뜻을 감안하시는 모습은 얼마나 아브라함이 하나님께 진실했으며 그 <u>백성을 사랑하는 마음</u>이 하나님의 마음을 감동시키셨는지를 알 수 있다.

결국은 소돔과 고모라성을 멸하시기로 작정하셨을 때도 "하나님이 들의 성들을 멸하실 때 곧 롯의 거하는 성을 엎으실 때에 <u>아브라함을 생각하사</u> 롯을 그 엎으시는 중에서 내어 보내셨더라"(창 19:29)고 한 것처럼 얼마나 아브라함의 믿음을 어여삐 여기셨는지 역력히 알 수 있다.

3) 모세의 신앙

모세는 애굽의 왕자 신분을 떠나 제사장 이드로의 사위가 되어 광야에서 양무리를 치다가 하나님의 부르심을 입는다.

"여호와께서 그가 보려고 돌이켜 오는 것을 보신지라 하나님이 떨기나무 가운데서 그를 <u>불러 가라사대</u> 모세야 모세야 하시매 그가 가로되 <u>내가 여기 있나이다,</u> 하나님이 가라사대 이리로 가까이 하지 말라 너의 선 곳은 거룩한 땅이니 네 발에서 <u>신을 벗으라</u> 또 이르시되 나는 네 조상의 하나님이니 아브라함의 하나님, 이삭의 하나님, 야곱의 하나님이니라 모세가 하나님 뵈옵기를 두려워 하여 얼굴을 가리우매 여호와께서 가라사대 내가 애굽에 있는 내 백성의 고통을 정녕히 보고 그들이 그 간역자로 인하여 부르짖음을 듣고 그 우고를 알고 내가 내려와서 그들을 애굽인의 <u>손에서 건져내고</u> 그들을 그 땅에서 <u>인도하여</u> 아름답고 광대한 땅, 젖과 꿀이 흐르는 땅 곧 가나안 족속, 헷 족속, 아모리 족속, 브리스 족속, 히위 족속, 여부스 족속의 지방에 이르려 하노라. 이제 이스라엘 자손의 부르짖음이 내게 달하고 애굽사람이 그들을 괴롭게 하는 학대도 내가 보았으니 이제 내가 너를 바로에게 보내어 너로 내 백성 이스라엘 자손을 애굽에서 인도하여 내게 하리라(출 3:4-10) 하시며 모세를 택하신다.

앞서 노아와 아브라함의 믿음의 말씀 가운데 이와 같이 구체적으로 하나님이 택하시는 모습을 볼 수가 없었다. 참으로 이스라엘 민족을 불쌍히 여기시는 하나님과 그 어려운 사역을 맡기시는 하나님의 권면을 한 눈에 볼 수가 있다. 그러나 모세는 자신의 변명을 통하여 거절한다.

"모세가 가로되 주여 보낼 만한 자를 보내소서"(출 4:13)하니

"여호와께서 모세를 향하여 노를 발하시고 가라사대 레위 사람 네 형 <u>아론이 있지 아니하뇨</u>"(출 4:14)하시며 부족함까지 채워 주시며 예비하시는 가운데 더욱 권면하신다. 하나님의 명령대로 애굽땅에 들어가 이스라엘 민족과

바로왕에게 전하지만 이스라엘 민족도 그 말에 청종치 아니하고 바로왕의 핍박은 날로 가중되었으며 모세의 하나님께 향한 원망이 더해 갈 때, "여호와께서 모세에게 일러 가라사대 나는 여호와라 내가 네게 이르는 바를 너는 애굽왕 바로에게 <u>다 고하라</u>, 하시니 모세가 여호와 앞에서 고하되 나는 입이 둔한 자이오니 바로가 어찌 나를 들으리이까"(출 6:29~30)하였다.

이때 "여호와께서 모세에게 이르시되 볼지어다 내가 너로 바로에게 <u>신이</u> 되게 하였은 즉 네 형 아론은 네 대언자가 되리니"(출 7:1)하시며 끝까지 택하신 모세를 권하시는 하나님의 계획하심을 볼 때 우리도 하나님의 뜻에 귀기울여 거절이나, 사양이 아닌 순종으로서 하나님의 뜻을 성취해 나가야 할 것이다. 결국, 모세는 하나님께 순종하고 열 번의 애굽의 재앙을 하나님을 믿는 믿음안에서 준행하여 이스라엘 민족을 구원하시려는 하나님의 큰 사랑앞에서 사역자로 쓰임을 받았다. 한편 이스라엘 민족이 홍해를 건너는 출애굽 현장에서 모세를 원망할 때

"모세가 백성에게 이르되 너희는 두려워 말고 가만히 서서 여호와께서 오늘날 너희를 위하여 행하시는 구원을 보라 너희가 오늘 본 애굽 사람을 또 다시는 영원히 보지 못하리라. 여호와께서 너희를 위하여 싸우시리니 너희는 가만히 있을지니라"(출14:15~16)하였다.

모세가 전적으로 하나님을 신뢰하고, 그 신뢰성을 백성에게 이르며 하나님은 모세의 믿음을 신뢰하고 친히 모세를 지도자로서의 권위를 인정하는 가운데 명령하여 이스라엘 민족을 구원해 내시는 모습은 우리가 삶 가운데 우리가 행할 바를 밝히 알려주시는 것임을 깨닫게 한다.

이러한 상황에서 출애굽한 모세는

창 15장1-21절까지 하나님께 감사 찬양을 하는 온전한 믿음의 신앙고백을 하였다. 그 후로 모세는 다양한 환경에서 그에 합당한 기도로 이스라엘 민족을 지도하고 인도하게 되었음을 살펴 볼 필요가 있다.

⑴ 마라에 이르렀더니 그 곳 물이 써서 마시지 못할 때 백성이 모세를 원망하니 모세가 <u>여호와께 부르짖었다</u>. .....(출 15:25)

⑵ 이스라엘 민족이 신광야에 이르러서 애굽에서 나온 후 제 이월 십오일에 다시 광야에서 모세와 아론을 원망하니 끝까지 모세는 이스라엘 민족을 하나님께서 어떻게 얼마나 사랑하는지에 대하여 증거하며 하나님을 향한 믿음의 온전한 자세를 이스라엘 백성에게로, 하나님에게로 보이는 신실함을 증거하였다.(출16장)

⑶ 이스라엘 자손의 온 회중이 하나님께서 명령하신대로 신광야에서 떠나 르비딤에 장막을 쳤을때 백성이 마실 물이 없어, 원망을 하기 시작하였을 때 모세는 여호와께 부르짖어 가로되 내가 이 백성들에게 어떻게 하리이까 그들이 얼마 아니면 내게 돌질 하겠나이다."라고(출17:4)하며 기도와 간구를 통하여 해결함을 받는다. 이러한 모세와 하나님과의 관계는 지속적으로 광야에서 이루어진다. 앞서 모세가 하나님에게 택함 받을 때는 불순종하고 거절하였으나 일단 택함 받은 후에는 절대적으로 하나님께 의지하는 삶을 살고 이스라엘의 영적 지도자로써 하나님의 영광을 위하여 온전히 순종하였다.

2. 신약에서 택하신 하나님의 백성에 대한 분석

1) 예수님의 신앙

태초에 말씀이 계셨는데 이 말씀이 하나님과 계셨고 그 말씀은 곧 하나님이시라고 하였다. 만물이 그로 말미암아 지어졌고 그 안에 생명이 있었으니 이 생명은 사람들의 빛이라고 하였다. 그 빛이 어두움에 거하니 어두움이 깨닫지 못하였는데 요한이 곧 빛에 대하여 증거하기 위하여 왔는데 그 빛이 곧 예수님이라(요 1:1~11)고 하였다

또 그를 영접하면 하나님의 자녀가 되는 권세를 주신다(요 1:12절)는 약속을 하나님이 하시면서 그 자녀의 자격은 혈통이나 육정이나 사람의 뜻으로 나지 아니한 하나님께서 난 자들임을 밝혔다(요 1:13)

곧 예수님도 빛이시고 생명이시며 예수님을 믿는 자는 빛의 자녀이며 그 빛의 자녀는 하나님께로서 난 자들임을 의미하는 말이다. 또한 예수님께서 다니엘이 자신에게 오는 것을 보고 "보라 이는 참 이스라엘 사람이라. 그 속에

간사한 것이 없도다"(요1:47)하시며

예수님이 간사함이 없는 자를 기뻐하심으로 그 분을 믿는 자녀의 성품이 어떠해야 하는지를 나타냈다.

요한복음 2:16절에서는 성전에서 장사하는 것을 심히 가슴 아파 하셨던 사건이 나온다.

성전은 예배하는 곳이지 인간의 뜻이 이루어지는 것이 아님을 나타내어서 성도나, 성도의 삶 주변이 성결해야 함을 나타내었다.

나아가 "진리를 좇는 자는 빛으로 오나니 이는 그 행위가 하나님 안에서 행한 것임을 나타내려 함이라"(요 3:21)고 하여 진리는 곧 히나님이며 하나님 안에 있는 것이 빛의 행위임을 강조하셨다.

이러한 빛의 행위의 대표자이신 예수님은 니고데모에게 물과 성령으로 난 자만이 하나님 나라에 들어간다고 하였으며(요3:5) 사마리아 여인에게는 영원히 마셔도 목마르지 아니한 물을 주었다. (요4:14)

4.5장에서는 병든자를 치유하시는 예수님의 능력을 나타내었다.

6장에서는 예수님을 산떡이라 하시어.

인자의 피와 살을 마시고 먹지 아니하면 우리속에 생명이 없다고 하여 마지막 날에 살리시겠다고 하셨는데 살리는 것이 곧 영이고 육은 무익하다고 하였다.

7장에서 예수님의 교훈은 예수님의 것이 아니고 하나님의 것이라 하고 사람이 하나님의 뜻을 행할 때, 그 교훈이 어디에서 왔는지 알 수 있다고 하였다. 또한 스스로 말하는 자는 자기 영광만 구하되 보내신 이의 영광을 구하는 자는 참되니 그 속에 불의가 없다고 하셨다.

또 8장에 간음한 여인을 용서하시며 아무에게도 죄가 없음을 말하셨는데 8장15절에는 우리는 육체를 판단하나 예수님은 아무도 판단치 아니하신다고. 하시며 이미 모두가 죄인이며 다 같은 사람임을 나타내셨다.

31절에서 예수님 안에 우리가 거하면 참 예수님의 제자가 되고 참 진리를 알아서 그 진리 안에서 우리가 자유케 되어야 함을 말씀하셨다.

8장 44절에서는 우리가 아비 마귀에게서 났기 때문에 아비의 욕심을 너희도 행하고자 한다고 하였으며, 그 마귀는 처음부터 살인을 하고, 진리가 없으며 거짓을 말할 때 제것으로 말한다고 하였다.

10장:11절 이하에는 예수님은 선한 목자요. 양들을 위하여 목숨을 버리는 자며 삯군은 양들을 돌보지 않음을 강조했다.

나아가 12장 24~26절에 한알의 밀이 떨어져 죽어야 하며, 세상에서 자기 생명을 미워하는 자는 영생하도록 보존이 되고 사람이 예수님을 섬기면 하나님께서 저를 귀히 여기신다고 하면서 13장에서는 예수님이 친히 제자를 섬기는 발씻는 장면을 묘사하고 있다.

이어서 13장 35절에서는 새 계명을 우리에게 주셨는데 서로 사랑하라는 것이며, 서로 사랑하면 모든 사람이 우리를 예수님 제자로 알 것이라고 하셨다.

요한복음 14장 12절에서는

"내가 진실로 진실로 너희에게 이르노니 나를 믿는 자는 나의 하는 일을 저도 할 것이요. 또한 이보다 큰것도 하리니 이는 내가 아버지께로 감이니라". 는 말씀을 통하여 이 땅에 사는 믿음의 백성이 예수님께서 하신 일과 그 이상의 일도 믿음안에서 할 수 있음을 말씀하신 것을 볼 때, 진정 믿음만 있다면, 능력의 삶을 살 수 있음을 나타내고 있다.

요한복음 15장은 포도나무 이야기인데,

우리로 하여금 포도나무 열매를 많이 맺어야 하며, 그렇게 맺으면 하나님께서 영광을 받으실 것이고 예수님의 진정한 제자가 된다고 하셨다.

요한복음 16장 7절에서는 성령강림에 대하여 다음과 같이 말씀하셨는데, 예수님이 우리와 있는 것보다 떠나는 것이 우리에게 유익이며, 떠나가지 않으면 보혜사가 우리에게로 오지 않는다고 하였다.

그러면서 그 보혜사가 죄와 의, 심판에 대하여 세상을 책망하신다고 하였는데 결국 이 땅에 사는 우리는 성령의 인도하심에 따라 죄(예수님을 믿지 아니함), 의(예수님을 보지 못함), 심판(이 세상 임금이 심판 받음)에 대한 영적 분별력을 가질수 있음을 나타낸 말씀이다.

나아가 33절에는 우리가 주님안에서 평안을 누리며 세상에서 환난이 있을찌라도 세상을 이기신 예수님과 함께 담대해야 함을 명령하고 있다.

앞서 구약의 노아, 아브라함, 모세를 통해서 알게 된 것 중, 믿음의 자세 가운데 기도하는 것을 중요하게 여긴 것을 알 수 있다.

예수님도 17장 1~26절 전체를 통하여 하늘에 계신 아버지와 예수님에게 주신 그 자녀들을 위하여 <u>사랑으로 중보기도한</u> 것을 볼때, 하나님의 아들이라 하는 예수님도 친히 겸손하게 살아계신 하나님께 기도 하셨다는 것을 깊이 마음속에 새겨 기도하는 삶을 살아야 할 것이다.

빌라도에게 고난을 받고 십자가에 못박혀 돌아가신 뒤 사흘만에 부활하신 예수님은 승천하시기 전에 제자들에게 명하신다.

20장 19절에서는 <u>평강</u>이 있을지어다 하시고

22절에서는 <u>성령</u>을 받으라고 하신다.

23절에서는 <u>뉘 죄든지 사하여 주</u>라고 하신다.

다시 26절에 <u>평강</u>이 있을지어다 하시고 27절에 의심많은 도마에게 못에 찔린 손바닥과 창에 찔린 허리를 만지게 하시며 <u>믿음이 없는자</u>가 되지 말고 <u>믿는 자</u>가 되라고 하신다.

끝으로, 사랑하는 베드로에게

21장 15~17절에서 예수님을 진정 사랑 한다면 <u>어린양을 먹이고, 어린양을 치라고 하시며,</u> 사랑하는 영혼들을 돌보도록 명령하신 것은 예수님이 죽기까지 우리를 사랑하심 같이 우리에게 맡겨진 영혼들을 사랑하도록 하신 중요한 명령임을 알 수 있다.

요한복음에 이어 사도행전 1:8절에서 "오직 성령이 너희에게 임하시면 너희가 권능을 받고 예루살렘과 온 유대와 사마리아와 땅끝까지 이르러 내 증인이 되리라" 하시며 예수님이 승천전에 우리에게 명령하신 말씀을 마음판에 새기며 수시로 하나님의 신실하신 말씀으로 영육을 새롭게 하여 선교사적 사명을 수행하여야 할 것이다.

이상으로 구약과 신약을 통하여 선교무용을 해야할 우리들에게 관계되는 말씀을 살펴 보았다.

3. 구·신약의 분석에 따른 무용인의 자세

앞서 신·구약을 통하여 살펴본 바에 따라
먼저 구약의 내용을 분석하여 보면 다음과 같다.

⑴ 선과 악의 분별이 있어야함.

⑵ 순종을 하여야 함

⑶ 하나님의 형상을 유지해야 함.

⑷ 복의 근원이 되어야 함.

⑸ 완전함, 온전함, 하나님과 동행하여야 함.

⑹ 의로움이 있어야 함.

⑺ 혈기가 없어야 함.

⑻ 허물을 덮어야 함.

⑼ 자신의 이름을 낮추고 감추어야 함.

⑽ 겸손해야 함.

⑾ 본토 아비 친척집을 떠나야 함. 즉 옛사람으로부터 떠나야 함.

⑿ 지시하는 땅으로 순종함으로 가야함.

⒀ 단을 쌓아야 함.

⒁ 양보하는 삶을 살아야 함.

⒂ 하나님을 믿어야 함.

⒃ 간절히 간구하여야 함.

⒄ 하나님이 부르실 때 순종해야 함.

⒅ 이웃과 민족의 고통을 돌아보아야 함.

⒆ 하나님의 신이 충만하여야 함.

⒇ 물과 성령으로 거듭나야함.

이상으로 구약에서 하나님께 택함받아 위대하게 쓰임받는 선지자들의 모습을 오늘날 우리 무용인들도 본받아서 능력있는, 하나님이 쓰시기에 합당한 모습으로 순종해야 할 것이다.

다음의 내용은 신약 요한복음에서 예수님께서 우리에게 행하신 일을 분석한 것이다.

⑴ 말씀에 거하는 자여야 함.

⑵ 하나님께로부터 거듭난 자여야 함.

⑶ 간사함이 없어야 함.

⑷ 성결한 삶을 살아야 함.

⑸ 진리를 좇아야 함.

⑸ 치유의 능력을 가져야 함.

⑺ 불의가 없어야 함.

⑻ 감히 판단치 말아야 함. 남의 죄를 용서할 수 있어야 함.

⑼ 참 진리 안에서 자유해야 함.

⑽ 욕심이 없어야 함.

⑾ 거짓도 하지 말아야 함.

⑿ 양들을 위하여 목숨도 버려야 함.

⒀ 자신의 생명을 사랑치 않아야 함.

⒁ 섬기는 삶을 살아야 함. 길 잃은 양들을 돌아볼 수 있어야 함.

⒂ 서로 사랑하여야 함. 사랑의 중보기도를 해야 함.

⒃ 예수님이 행하셨던 일들과 그 이상의 일도 할 수 있다는 믿음을 가져야 함.

⒄ 전도를 잘 해야 함.

⒅ 영적 분별력이 있어야 함.

⒆ 주님으로 인한 고통도 감사할 수 있어야 함.

⒇ 믿음 안에서 담대해야 함. 평강이 있어야 함.

이상 구약과 신약의 하나님의 자녀들이 품고 행해야 될 자세를 본 결과 많은 유사성이 있음을 알 수 있었다.

구·신약의 공통점은

⑴ 하나님의 지시한 땅을 밟도록 하셨다.

⑵ 성도의 마음이 성결하도록 권면하였다.

⑶ 영적 분별력을 원하셨다.

⑷ 순종하기를 원하셨다.

⑸ 완전하고 온전한 믿음의 의인을 부르셨다.

⑹ 백성을 돌아보도록 하셨다.

⑺ 모든 일에 기도와 간구를 하도록 하셨다.

⑻ 구약에서는 주로 말씀으로 순종하며 믿음의 후손을 번성토록 하였다.

⑼ 신약에서는 사랑으로 하나님의 참 진리를 깨달아 전도의 열매를 맺도록 하였다.

하나님의 부르심을 입고 시대적으로 나라와 민족, 하나님 나라를 위하여 충성을 다 한 많은 믿음의 선진들이 있지만 그 가운데에서도 특히 영향력이 크고 이 시대까지 본이 되는 인물을 통해서 혼란한 이 시대에 다시금 무용인들이 선지자와 같이, 제사장같이 쓰임 받아야 하며, 또한 쓰임 받을 수 있다는 확신을 가질 수 있었다. 누구나 예수님을 믿고 또는 교회를 다니면 구원을 얻었기에 더 이상의 신앙적 노력 내지는 성령충만함의 간절함을 사모하지 않아도 되는 듯한 우유부단한 믿음이 아닌, 하나님이 모든 영혼들을 사랑하셔서 구원하기 원하시는, 죄악과 사망의 권세에 메여 있는 불쌍한 영혼들을 구원하기 원하시는 그 뜻에 합당한 자로 무용인은 받은바 모든 달란트를 드려야 할 것이다. 그러기 위해서는 신·구약에서 살펴본 하나님의 사람들과 하나님의 임재하심과 동행하심을 우리도 체험하며.......간구하며.......믿으며 이 시대의 노아, 아브라함, 모세 등 예수님의 자세로 거듭나기를 노력하고 순종하면서 믿음의 어미로서, 기도하는 어미로서, 전도자로서, 영적인 지도자로서 무용인의 삶을 무용에만 국한 시키지 아니하고 인류의 삶과 하나님 나라 확장에 기여하는 부르심을 입은 사명자로서의 삶을 잘 감당해야 할 것이다.

4. 선교무용가의 자세 및 사명

하나님은 우리를 하나님의 영광을 위하여 지으셨다.

또한 이 땅에서의 삶 역시 행 1:8절에 의하여 풍성한 열매를 맺어야 하는 것이다.

"너는 말씀을 전파하라 때를 얻든지 못 얻든지 항상 힘쓰라. 범사에 오래

참음과 가르침으로 경책하며 경계하며 권하라" (딤후 4:2)고 하셨다.

우리가 무엇을 하던 믿음 안에서 이 땅에 사는 목적은 하나님을 높이고 이웃을 사랑하는 것인데 진정한 사랑은 복음을 전하며 그들을 구원의 길로 인도하는 것이 참 사랑하는 것임을 말씀을 통하여 알 수 있었기에 무용하는 사람들은 몸짓에 의한 몸의 언어로 복음을 전파하는 것이 본분일 것이다.

그러한 성스러운 몸짓에 대하여 딤전 4장 8절에는 육체의 연습은 약간의 유익이 있으나 경건은 범사에 유익하니 금생과 내생에 약속이 있다고 하였다.

고전 3장 16절에는 너희가 하나님의 성전인 것과 하나님의 성령이 너희안에 거하시는 것을 알지 못하느뇨. 하였다.

무용하는 선교인은 하나님께서 주신 몸의 진정한 본질이 성령님이 계신 성전이며 그 성전을 통하여 말씀전파와 경건의 삶에 집중해야 함을 나타낸 말씀일 것이다.

이러한 말씀을 기초로 근래의 선교무용을 살펴 본다면,

그 사용의 영역이 많이 넓어졌으며, 장르가 다양하고 성도 및 일반인들에게 영향력을 끼칠 수 있는 중요한 매개체로 부상되고 있다고 해도 과언이 아니다.

그러한 이즈음 분명히 할 것은 무용이 과거 믿음이 없었던 시대에 추어졌던 특권층을 위한 춤, 무용가 자신의 기쁨을 위한 춤, 쾌락적으로 추어지던 춤 등, 인간 중심의 춤의 모습으로 전개되어서는 안되고 진정으로 예배에 버금가는 무용이 되어야 함을 강조하고자 한다.

대부분 기독교적인 무용은 예수님을 아는 것에 의하여 추어지는 것이 아닌, 예수님을 믿고, 능력을 받아 체험하고 확신하는 가운데 추어지는 것이어야 한다는 것이다.

예수님 이름으로, 하나님의 이름으로 추어지는 춤들이 명색만, 기독교 춤이어서는 안되고 앞서 Ⅰ,Ⅱ항에서 다루어진 것처럼 먼저는 진정 하나님께 영광을 올려드리고 많은 백성들을 구원의 길로, 생명의 길로 인도해야 하는 것이 진정한 기독교 무용이기에, 선교적 즉, 사명적 무용으로서의 그 중심을 잃어버리거나, 세상의 무용의 흐름에 따르거나 타협해서는 안될 것이며,구별된 믿음의 의식과 행위로 발전되어야 할 것이다.

그러므로 앞서 선진들이 주님앞에 쓰임받은 그 자세를 무용인들도 본 받아서 깨닫고 순종하며 행할 때 그 곳에 놀라운 생명의 부활의 역사가 있게 될 것이다.

분명, 무용하는 사람들도 말씀과 기도로, 하나님의 품성으로 예배자의 그 본분을 마치 설교하는 목사님과 같이, 춤추는 목사님처럼 되어 능력의 춤을 추어야 하며 그것이 정도임을 감히 강조하는 바이다.

아직 말씀으로 비추어진 육과 영이 아닌, 과거 구습의 무용세계에 머물고 있던 무용가로서의 사고방식이나 철학, 그리고 형상을 그대로 갖추고 있지는 않는지 수시로 규명하고 하나님의 형상대로 회복이 되어야 할 것이다.

Ⅲ. 결 론

이상의 분석과 제안을 통하여 선교무용가의 자세와 사명을 다음과 같이 제시하고자 한다.

1. 선교무용가의 자세는 과거 모든 선지자나 예수님처럼, 그리고 현재 전 세계적으로 유능한 목회자 또는 성도님처럼 신실한 성도로서의 신앙생활을 통해 구원의 확신을 갖고 기쁨과 감사의 삶을 살아야 한다.
   나아가

2. 선교무용가의 구체적인 사명은
   ① 구별된 무용으로 예배드리며 하나님께 영광을 올려드리고
   ② 구별된 무용으로 전도자 직분을 감당하여 나라, 민족, 이웃과 가족을 위한 중보기도자 이어야 한다.
   ③ 무용으로만이 아닌 마 6:33절의 은혜가 범사에 적용될 수 있는 은혜로운 삶을 사모하고 실천하며 범사에 선교인으로서 살아야 한다.
   ④ 신앙고백과 더불어 지속적인 말씀의 묵상 및 적용으로서 성령 충만함을 받고 하나님의 음성을 듣는, 영적 분별력을 소유하여야 한다.
   ⑤ 일반인들을 위한 선교사적인 삶과 더불어 일반 무용계에 대한 복음화 및 기독교적 무용 문화의 재정립 및 보급, 발달을 도모해야 한다.

CHAPTER 3

움직임의 배경

사람이나 동물 등 모든 생물체는 어떻게 움직이게 되었는가를 생각해 볼 필요가 있다. 또한 무용· 체육 등 몸을 사용해서 전문분야에 종사하는 사람이라면 한번쯤은 생각해야 할 중요한 부분임에도 틀림없다. 모든 것이 그렇듯이, 무의식적으로 살다보니, 나는 태어났고, 어른이 되었고, 오늘도 걷고 있고 일하고 있으며 생각하고 있다는 것이다. 이러한 기적과 같은 사실을 자연스럽게 무감각하게 생각하고 있음을 알게된다. 이러한 기적과 같은 사실이 자연스럽게 생활화되고 삶 속에 묻혀져서 평생을 그럭저럭 살다가 가는 것이 인생이라고 생각된다. 이제 다시 한번 의미있게 하나님 말씀을 통하여 움직임의 시작과 그 발달한 상태를 살펴보도록 하자.

1. 움직임의 시작

하나님께서 창 1:27절에서 「하나님이 자기형상 곧 하나님의 형상대로 사람을 창조하시되 남자와 여자를 창조하시고」 28절에서는 「하나님이 그들에게 복을 주시며 그들에게 이르시되 생육하고, 번성하라, 바다의 고기와 공중의 새와 땅에 움직이는 모든 생물을 다스리라 하시니라」하셨다. 창세기 1장의 넷째 날 까지는 말씀으로 빛과 물, 땅 등을 지으셨는데 넷째 날 이후 생물들과 사람을 손수 만드셨으며 "생육하고, 번성하고, 움직이는 모든 생물을 다스리라"는 말씀에서 움직임을 나타내는 용어로 아담에게 이미 일할 수 있는 신체적 능력과 지혜를 주셨음을 알 수 있다.

창 2:7절에는 「여호와 하나님이 흙으로 사람을 지으시고 생기를 그 코에 불어 넣으시니 사람이 생령이 된지라」하며 사람이 흙으로 빚어졌으며 코에 생기를 불어 넣으심으로 숨을 쉬고 있는 살아 있는 존재가 되었음을 알 수 있다. 또 창 2:21~22절에는 「여호와 하나님이 아담을 깊이 잠들게 하시니 잠들때 그가 그 갈빗대 하나를 취하고 살로 대신 채우시고 여호와 하나님이 아담에게서 취하신 그 갈빗대로 여자를 만드시고 그를 아담에게로 이끌어 오시니 아담이 가로되 이는 내 뼈 중의 뼈요 살 중의 살이라 이것을 남자에게서 취하였은 즉 여자라 칭하리라 하니라」 하시어 남자의 필요한 유일한 존재로 여자를 지으시어 이 땅에 남자와 여자를 존재케 하셨으며 남자와 여자는 한 몸임을 증거 하셨다.

창세기에서 구체적인 움직임에 대한 언급은 없지만 생육하고 번성하도록 하셨으며 다스리게 하셨고, 깊이 잠들게 하시며 이끌어 오시게 하셨던 것으로 사람을 하나님의 형상으로 지으시되 움직임을 함께 창조하신 것을 알 수 있다. 또한 창 2:19~20절에서 「여호와 하나님이 흙으로 각종 들짐승과 공중의 각종 새를 지으시고 아담이 각 생물을 일컫는 바가 곧 그 이름이라, 아담이 모든 육축과 공중의 새와 들의 모든 짐승에게 이름을 주니라」는 말씀을 통해 아담에게는 형상과 움직임, 생각할 수 있는 능력까지 주신 것이다. 즉, 생활 할 수 있는 오늘날의 모습을 갖고 태어난 것이다.

아기가 태어나면 바로 움직인다. 모태 내에서도 5개월 이후가 되면 태동을 느낄 정도로 움직인다. 출생 후에는 아기들은 약속이나 한 듯 성장시기에 따라 움직임의 변화가 일정하다. 머리를 들고, 뒤집고, 무릎을 세우고, 잡고 서는 등, 걸음마에서 시작하여 뛰기까지 교육을 통한 움직임이 아닌 자연 발생적인 움직임으로 성장하는 것을 알 수 있다. 그러므로 우리는 움직임을 배우기 이전에 하나님의 형상으로, 하나님의 자녀로서 살기에 합당한 모든 움직임을 갖고 태어났으며 이미 우리는 잘 움직일 수 있는 능력과 기능을 갖고 태어났음을 알 수 있다.

2. 움직임의 발달

사람의 움직임인 몸짓은 일상생활에 필요한 눕기, 앉기, 서기, 걷기, 건너기, 달리기, 높이 오르기, 당기기, 밀기, 던지기, 흔들기, 잡기, 꼬기, 누르기,

기어오르기, 미끌어지기, 구르기, 차기, 치기, 때리기, 두드리기, 만지기 등으로 이미 형성되어 있었다. 특별히 이러한 몸짓을 위해 장애자, 환자를 제외하고는 학원이나 학교의 교육을 받은 사람은 없을 것이다. 점차 문명과 문화가 발달하면서 몸짓 역시 발달하기 시작하였다.

연령별, 성별, 직업별, 국가별, 지역별, 시대별 목적별로 다소의 차이점이 있음을 서서히 발견하게 되었으며 그 특징들을 살려서 몸짓 문화가 생성 발전되어 왔다. 이러한 현상은 인위적인 것이 아닌 자연 발생적인 것이요, 존재와 더불어 있었던 삶의 한 부분이었다. 이러한 현상이 시대가 바뀌면서 오늘날의 진문적인 무용 문화로까지 발전된 것이다. 원시시내의 무용은 내체적으로 집단무용이였으며 농경무용, 수렵무용, 전쟁무용, 성무용, 기도무용, 주술무용, 의료무용 등으로 삶 가운데 필수적인 부분으로 원시인들과 밀착되어 있었다.

극히 단순하고 반복적이며 노동적인 면과 더불어 의식적, 제례적인 원시무용에서 점차 국가를 형성하여 권력중심, 인간중심의 사회로 변모하면서 특정세력 및 특정인을 중심으로 한 무용문화와 서민을 위한 무용문화 등이 형성되기 시작한다. 또한 전쟁을 통해서 획득된 노예나 식민지들로부터 나온 유랑무용, 연희무용, 오락무용 등이 형성되었다. 이러한 다양한 역사적 변화로 인해 크게 공연을 위한 예술무용과 서민적 민속무용이 전세계적으로 양분화하기 시작했으며 대부분 공연예술무용은 권력층 및 국가가, 민속무용은 민중들이 자연적으로 발전시켜 오게되었다.

전세계적으로 무수한 무용이 형성되어있는 지금 공통적으로 예술적인 무용은 발레, 현대무용, 각국의 전통무용이, 민중적인 것으로는 캐릭터 댄스 및 사교댄스, 각국의 민속무용이 있으며 근간에는 기독교적인 무용(몸찬양, CCD, 선교무용등)과 불교무용, 째즈댄스, 스포츠 댄스, 힙합, 아이스댄싱, 에어로빅, 체조무용 등 예술성과 사회성, 종교성, 스포츠성, 여가선용 및 일반대중의 정서함양을 포함한 다양한 장르의 몸짓 문화가 실현되어 가고 있다.

上) 내 주는 강한 성이요   下) 메마른 뼈에 생기를

CHAPTER 4

성경에 나타난 춤과 관련된 말씀과 분석

춤에 대한 말씀은 주로 구약에 많이 나타난다. 각 말씀 속의 춤을 분석하면 다음과 같다.

1. 출애굽 15:20 – 아론의 누이 선지자 미리암이 손에 소고를 잡으매 모든 여인도 그를 따라 나오며 소고를 잡고 춤추니....(이스라엘 백성이 애굽으로부터 탈출한 뒤 출애굽한 것을 여성선지자 미리암과 모든 여인들이 즐거워서 춤을 춤)

2. 사사기 11:34 – 입다가 미스바에 돌아와 자기 집에 이를 때에, 그 딸이 소고를 잡고 춤추며 나와서 영접하니 이는 그의 무남독녀라. (전쟁을 마치고 돌아온 입다의 딸이 아버지의 전승을 기리며 기쁨으로 영접하는 춤)

3. 사사기 21:21 – 보다가 실로의 여자들이 무도 하러 나오거든 너희는 포도원에서 나와서 실로의 딸 중에서 각각 그 아내로 붙들어 가지고 베냐민 땅으로 돌아가라.

   사사기 21:22 – 만일 그 아비나 형제가 와서 우리에게 쟁론하면 우리가 그에게 말하기를 청컨대 너희는 우리에게 은혜를 베풀어 그들을 우리에게 줄지니라. 이는 우리가 전쟁할 때에 각 사람을 위하여 그 아내를 얻어 주지 못하였고, 너희가 자의로 그들에게 준 것이 아니니 너희에게 죄가 없을 것임이니라 하겠노라 하매.

사사기 21:23 - 베냐민 자손이 그같이 행하여 춤추는 여자 중에서 자기들의 수효대로 아내로 붙들어 가지고 자기 기업에 돌아가서 성읍들을 중건하고 거기 거하니라.

사사기 21:25 - 그때에 이스라엘에 왕이 없으므로 사람이 각각 그 소견에 옳은 대로 행하였더라. (사사기를 통해서 알 수 있는 것은 실로의 딸들이 베냐민으로 강제결혼을 하기 위하여 이끌려 갔는데 그 여인들이 춤을 추는 여자였다는 것으로 보아 신분상 보호를 받지 못하는 연약한 신분으로 추정할 수 있으며, 이 시대의 춤은 소견에 옳은 대로 행하던 사회적으로 문란함을 나타내는 한 현상이었음을 알 수 있음.)

4. 사무엘상 10:5 - 그 후에 네가 하나님의 산에 이르리니 그곳에는 블레셋 사람의 영문이 있느니라. 네가 그리로 가서 그 성읍으로 들어갈 때에 선지자의 무리가 산당에서부터 비파와 소고와 저와 수금을 앞세우고 예언하며 내려오는 것을 만날 것이요. (하나님 앞에서 선지자의 무리가 가무를 함)

5. 사무엘상 18:6 - 무리가 돌아올 때, 곧 다윗이 블레셋 사람을 죽이고 돌아올 때에 여인들이 이스라엘 모든 성에서 나와서 노래하며, 춤추며, 소고와 경쇠를 가지고 왕 사울을 환영하는데…… (적군 블레셋을 물리치고 다윗이 입성할 때, 여인들이 춤과 경쇠, 즉, 꽹가리와 같은 악기를 사용하여 기쁨의 춤을 춤)

6. 사무엘상 18:7 - 여인들이 뛰놀며 창화하여 가로되 사울의 죽인 자는 천천이요, 다윗은 만만이로다 한지라 (다윗의 용맹을 인하여 여인들이 노래를 하며 기쁨의 춤을 춤.)

7. 사무엘상 21:11 - 아기스의 신하들이 아기스에게 고하되 이는 그 땅의 왕 다윗이 아니니까, 무리가 춤추며 이 사람의 일을 창화하여 가로되 사울이 죽인 자는 천천이요, 다윗은 만만이로다 하지 아니하였나이까 한지라.

사무엘상 29:5 - 그들이 춤추며 창화하여 가로되 사울의 죽인 자는 천천이요. 다윗은 만만이로다 하던 이 다윗이 아니니이까 (삼상21:11, 29:5 는 다윗의 용맹을 인하여 무리가 기뻐 노래하며 춤을 추었다는 것을 강조하는 말씀이 반복하여 나옴)

8. 사무엘상 30:16 - 그(전쟁에 참가한 애굽 소년- 아말렉의 종)가 인도 하여 내려가니 그들이 온 땅에 편만하여 블레셋 사람의 땅과 유다 땅 에서 크게 탈취하였음을 인하여 먹고 마시며 춤추는 지라 (아말렉이 그 렛 사람의 남방과 유다에 속한 지방과 갈멜 남방을 침로하고 시글락을 불태운 뒤 기뻐하는 장면이며 침략자들의 먹고 마시며 춤을 춘 말씀으 로는 처음임)

9. 역대상 15:29 - 여호와의 언약궤가 다윗성으로 들어올 때에 사울의 딸 미갈이 창으로 내어다 보다가 다윗 왕의 춤추며 뛰노는 것을 보고 심중에 업신여겼더라(왕이 친히 언약궤의 임성을 기뻐하여 춤을 춘 것 과 대조적으로 사울의 딸 미갈이 춤추는 것을 경하게 본 대조적인 모 습임.)

10. 욥기 21:11~13 - 그들은 아이들을 내어보냄이 양떼 같고 그 자녀 들은 춤추는구나 그들이 소고와 수금으로 노래하고 피리불어 즐기며 그날을 형통하게 지내다가 경각간에 음부에 내려가느니라 (어린 자녀 들이 가무를 즐기는 타락한 모습을 통해 타락한 사회상을 느낄 수 있 는 반면 가무의 끝에는 사망의 길이 있음을 나타냄)

11. 시편 87:7 - 노래하는 자와 춤추는 자는 말하기를 나의 모든 근원이 네게 있다하리로다(하나님 나라의 환희를 묘사한 시로써 노래하며 춤 추는 것은 구원받은 자의 것이며 하나님께로부터 온 것임을 나타냄)

12. 시편 149:1~2 - 할렐루야 새 노래로 여호와께 노래하며 성도의 회 중에서 찬양할지어다. 이스라엘은 자기를 지으신 자로 인하여 즐거워 하며 시온의 자민은 저희의 왕으로 인하여 즐거워할찌어다.

시편 149:3 : 춤추며 그의 이름을 찬양하며 소고와 수금으로 그를 찬양할 찌어다. (우리를 지으신 자로 인하여 즐거워하며 새노래로 여호와께 노래하고 춤추라고 하셨다. 또한 성도의 회중에서 소고와 수금으로 찬양하라 하셨는데 이 말씀에서 특이한 것은 춤을 추고 찬양하는 장소와 여호와를 위한 춤과 찬양임을 구체적으로 선포함)

13. 시편 150:1~6 : 할렐루야 그 성소에서 하나님을 찬양하며 그 권능의 궁창에서 그를 찬양할찌어다. 그의 능하신 행동을 인하여 찬양하며 그의 지극히 광대하심을 좇아 찬양할찌어다. 나팔소리로 찬양하며 비파와 수금으로 찬양할찌어다. 소고 치며 춤추어 찬양하며 현악과 풍소로 찬양할찌어다 큰소리 나는 제금으로 찬양하며 높은 소리 나는 제금으로 찬양할찌어다. 호흡이 있는 자마다 여호와를 찬양할찌어다. 할렐루야! (시편 149장의 말씀처럼 역시 찬양하고 춤추는 장소를 "성소"로 규정한 사실과 하나님의 능하심, 광대하심을 따라 춤추고 찬양하되, 각종 악기(비파, 수금, 현악, 통소, 큰 소리 나는 제금)를 통하여 호흡이 있는 자마다 찬양하게 한 것으로 보아 하나님을 찬양하게 한 절정적 장면임을 알 수 있음)

14. 전도서 3:4 – 울 때가 있고 웃을 때가 있으며 슬퍼할 때가 있고 춤출 때가 있으며. (춤이 생활의 일면이며 또한 삶임을 나타냄)

15. 아가서 6:14 – 너희가 어찌하여 마하나임의 춤추는 것을 보는 것처럼 술람미 여자를 보려느냐 (마하나임의 춤이 거룩하지 않았으므로 술람미 여자를 바르게 보지 못하는 것을 마하나임의 춤추는 모습으로 비교함 즉, 춤의 타락성을 나타냄.)

16. 이사야 24:8 – 소고치는 기쁨이 그치고 즐거워하는 자의 노래가 마치고 수금 타는 기쁨이 그쳤으며. (소고는 주로 기쁠 때 치고 추었음을 알 수 있고 그 기쁨이 사라지면 소고춤을 출 수 없었다는 것을 알 수 있음)

17. 이사야 30:32 - 여호와께서 예정하신 몽둥이를 앗수르 위에 더하실 때마다 소고를 치며 수금을 탈것이며 그는 전쟁 때에 팔을 들어 그들을 치시리라 (앗수르는 이스라엘을 대적하는 세력, 즉 어두움, 악이라 볼 수 있다. 그 악이 하나님 앞에서 물러날 때마다 가무를 했다는 것의 의미는 진정한 가무는 깨끗한 심령에서 능력있게 나타남을 표현한 것임)

18. 이사야 57:3 - 무녀의 자식. 간음자와 음녀의 씨 너희는 가까이 오라 (무당들의 자녀가 이 시대에 타락한 자들과 함께 취급 받았음은 사회적으로 타락했을 때에 무당들이 음성적 역할을 했으며 하나님께서 이를 미워하셨음을 알 수 있음)

19. 렘 31:4 - 처녀 이스라엘아 내가 다시 너를 세우리니 네가 세움을 입을 것이요. 내가 다시 소고로 너를 장식하고 즐거운 무리처럼 춤추며 나올 것이며. (새롭게 하고 회복하는 의미의 춤을 나타내며 회복되었을 때 소고로 장식한다는 말은 춤의 중요성과 능력, 그리고 소고의 역할에 대한 중요성을 나타낸 것임)

20. 렘 32:27 - 나는 여호와요 모든 육체의 하나님이라 내게 능치 못한 일이 있겠느냐 (모든 사람의 하나님, 모든 능력의 주관자로서의 하나님임을 나타낸 말인데 즉, 춤을 출 수 있는 능력까지도 부어주실 수 있는 분임을 알 수 있음)

21. 에스겔 28:13 - 네가 지음을 받던 날에 너를 위하여 소고와 비파가 예비되었었도다. (출생. 탄생 등의 경사스러움을 춤으로 표현함)

22. 에스겔 32:10 - 내가 내 칼로 그들의 왕 앞에서 춤추게 할 때에 그 왕이 너를 인하여 심히 두려워 할 것이며. (하나님의 칼을 받은 자가 적국 왕 앞에서 춤을 출 때 두려워함은 그 춤이 능력의 춤, 즉 살게도 죽게도 하시는 전지 전능하신 하나님의 신으로 추었음을 나타냄.)

上: 경천무   下: 경천무

이상의 말씀과 분석을 통하여 다음과 같이 정리하고자 한다.

1. 모든 육체는, 그리고 예능은 하나님께로 근원이 있다.
2. 남녀노소가 춤을 추었다
3. 신분의 귀천이 없이 춤을 추었다.
4. 대체적으로 춤은 기쁨, 환영, 경사스러움의 춤이 대부분이다.
5. 전쟁터에서의 침략자들의 춤이 있었으며, 시대적 부패로 인한 아이들의 춤이 염려스러웠다는 것과 춤추는 이들이 타락했었던 점이 다소 있었다는 것을 알 수 있다.
6. 춤의 도구로는 거의 소고를 들고 추었는데 소고의 진정한 의미는 기쁨임을 알 수 있으며 그 외에 맨손 춤과 경쇠 춤이 있었음을 알 수 있다.
7. 우리나라의 고대 제천 의식과 같이 음주가무, 즉 여흥으로 먹고 마시며 춤을 춘 흔적은 이스라엘 백성에게는 그리 흔치 않으므로 춤은 건전하게 의식적으로 추었던 것으로 볼 수 있다.
8. 끝으로 특이할 만한 것은 구체적으로 적군이나, 어두움의 마음이나, 악한 소행들이 우리의 영혼과 삶 속에서 물러 날 때마다 하나님의 신은 더욱 충만해 져서 기쁨의 춤으로 변화한 점이 기독교적 무용의 관점에서나 일반적 무용의 관점에서 모두 중요한 사실임을 알 수 있었다.

CHAPTER 5

효과적 움직임을 위한 인체의 이해

하나님 은혜로 선교 무용을 해오는 과정에서 많은 기독교적 무용을 접하게 되었다. 실제로 추웠던 경험과 관객과 성도의 입장에서 예배로, 찬양과 경배 등 다목적으로 교회 및 전도를 위한 공간에서 접하게 된 무용을 통해서 가끔 의문점과 무엇인가 이대로는 안 될 것 같은 생각이 들었다.

움직임의 자연스럽지 못함, 인체의 불균형 등, 하나님의 사랑과 말씀에서 비추어지는 다양한 기독교 무용은 일정한 획이 그어져 있지 않고 산만하다는 점 등이 믿음으로만이 아닌 좀 더 기독교적 무용의 양성적 활성화를 위하여 기초적 지식의 습득 또는 연구가 있어야 한다고 생각하게 되었다. 하나님께서 빚으신 모습으로 태어나 실제로 몸을 가장 많이 사용하는 작업 중 예·체능 계열이 우세하다고 볼 수 있는데 자칫, 평생 무용 등 몸짓을 사용하는 사람들이 인체에 대한 기초적 지식조차 모르는 채 행하다가 마는 것이 아닌가 하는 점을 발견하게 된 것이다.

하나님을 다각도로, 지식적으로 모르면 그 사랑과 인격, 삶 등 하나님 나라를 구체화하기 힘들 듯이 인체의 각 기능들을 알지 못하면 춤으로 표현 할 때 작품성 내지는 자신감을 보다 분명하게 드러내기가 힘들 것이다.

인체의 각 부위들 (팔, 다리, 목, 얼굴, 어깨, 가슴, 등, 배, 엉덩이 등을 사용하는 것)과 근육, 신경, 골격, 관절 등을 가급적 많이 인지하고 사용한다면 효과적이고 합당한 춤들을 창출해 내는데 많은 도움을 받을 수 있을 것이다.

또한 연습이나, 창작과정, 공연 등을 통한 상해를 미리 예방할 수 있고, 하나님이 우리에게 주신 그 아름다운 몸을 잘 보존, 관리, 사용해 나갈 수 있을 것이다.

1. 인체 이해를 위한 기초

1) 해부학의 기본용어

(1) 인체의 평면 용어(Terminology)

① 정중면 (median) - 직립자세에서 인체를 좌우의 대칭으로 나누는 경우를 말하며 시상면 이라고 한다. 굴곡, 신전, 과신전의 기본 움직임이 발생한다.

② 관상면 (coronal) - 견갑대의 중앙선에서 전후로 나누는 면을 말하며 전두면 이라고 한다. 내전, 외전의 기본움직임이 발생한다.

③ 수평면 (horizontal) - 인체를 상하로 나누는 경우를 말하며 횡단면이 라고도 한다. 회전운동이 발생한다.

(2) 인체의 방향 용어

① 내측 (medial) - 정중면에 보다 가까운 쪽

② 외측 (lateral) - 정중면에서 보다 먼 쪽

③ 전 (anterior) - 인체 앞면에 보다 가까운 쪽

④ 후 (posterior) - 인체 뒷면에 보다 가까운 쪽

⑤ 상 (superior) - 머리에 보다 가까운 쪽

⑥ 하 (inferior) - 발에 보다 가까운 쪽

(3) 인체 위치의 용어

① 근위 (proximal) - 구간부에서 보다 가까운 쪽

② 원위 (distal) - 구간부에서 보다 먼 쪽

③ 내측 (inside or internal) - 속이 빈 기관의 속 쪽

④ 외측 (outside or external) - 속이 빈 기관의 겉쪽

⑤ 장측 (palmar) - 손바닥 쪽

⑥ 저측 (planter) - 발바닥 쪽

⑦ 배측 (dorsal) - 손등 또는 발등 쪽

(4) 인체 움직임의 용어

① 굴곡(flexion) - 관절을 중심으로 두 뼈의 각을 좁히면서 굽히는 운동

② 신전(extension) - 굴곡의 반대운동으로 관절의 각도가 커지는 동작
이며 완전한 신전은 180°에 가깝다.

③ 내전(adduction) - 정중면으로 가까이 오는 운동

④ 회선(circumduction) - 굴곡, 신전, 내전, 외전의 기본동작의 연속운
동으로 예를 들면 팔, 다리나 신체의 일부로 원을 그리는 운동

⑤ 외전(abduction) - 정중면에서 신체의 일부분을 멀리 하는 운동

⑥ 회전(rotation) - 장축(long axis)을 축으로 하여 도는 운동

⑦ 회내(phonation) - 손등이 안쪽으로 향하게 하는 운동

⑧ 회외(supination) - 손바닥이 안쪽으로 향하게 하는 운동

⑨ 하제(depression) - 아래로 내리는 운동

⑩ 거상(protraction) - 위로 올리는 운동

⑪ 전인(protraction) - 앞으로 내미는 운동

⑫ 후인(retraction) - 뒤로 끄는 운동

⑬ 내번(inversion) - 발뒤꿈치의 발바닥이 안쪽을 향하는 운동

⑭ 외번(eversion) - 발뒤꿈치의 발바닥이 바깥쪽을 향하는 운동

2) 인체의 부위

(1) 구간부

① 머리(두부)

ㄱ. 전두부 : 앞머리 부분

ㄴ. 두정부 : 머리 꼭대기 부분

ㄷ. 측두부 : 옆머리 부분

ㄹ. 후두부 : 뒷머리 부분

ㅁ. 이개부 : 귀 부분

ㅂ. 유두부 : 귀뒷쪽이 튀어나온 부분

② 얼굴(안부)

ㄱ. 눈, 코, 입, 턱, 뺨.

③ 목(경부)

ㄱ. 전경부 : 앞목 부분 아래턱 하부, 경하삼각 선골부, 후두부, 갑상
선부, 경동맥 삼각경와

ㄴ. 측경부 : 옆목 부분 흉쇄유돌근부 외측경 삼각 대쇄골 상와 소쇄
골 상와

ㄷ. 후경부 : 뒷목 부분 경추부

④ 몸통

ㄱ. 가슴부위 : 흉골부, 쇄골부, 쇄골하부, 삼각흉근삼각, 유방부,
유방하부, 액와부, 측흉부

ㄴ. 등 : 척추부, 견갑상부, 견갑부, 견갑간부, 견갑하부, 요부, 천골부

ㄷ. 복부(배) : 상복부, 하늑부, 상위부, 중복부, 배꼽, 측복부, 하복부,
치골부, 서경부

ㄹ. 회음부 : 항문부, 회음부, 외음부

(2) 사지부

① 팔(상지부) : 삼각근부, 상완부, 팔꿈치부, 전완부, 수근부, 수부

② 다리(하지부) : 둔부, 대퇴부, 슬부, 경부, 발목부, 족부

3) 인체의 구성

(1) 세포 : 핵과 세포질로 구성

① 핵 : 핵막, 핵질, 염색체, 핵염색질, 핵소체

② 세포질

ㄱ. 세포소기관 : 세포막, 중심소체, 내형질세망, 사립체, 골지체,
　　　　 분해 효소체, 원섬유.

ㄴ. 세포포함체 : 저장영향물, 분비과립, 색소과립(멜라닌, 헤모글로빈)

③ 세포분열 : 전기, 중기, 후기, 종기 (신경세포 수명 길다.
　　　　 손상되면 복구 안됨)

(2) 세포간질 : 섬유물질, 무형성물질

① 섬유물질 : 교원섬유, 탄력섬유

② 무형성물질 : 시멘트기질, 기질. (세포와 모세혈관 왕래)

(3) 체액 : 혈액, 조직액.

(4) 조직

① 상피조직 : 보호, 흡수, 노폐물 방출, 단층, 중층.

② 결합조직 : 기관사이의 내외의 빈곳을 지지, 연결보호, 섬유모세포,
　　　　 거식세포.

③ 신경조직 : 신경세포, 신경교세포

④ 근육조직 : 평활근, 골격근, 심근.

(5) 기관 및 계통

유사한 형태의 특수한 기능을 담당하는 세포집단을 조직이라며, 다시 모여 특수한 일에 관여하는 것을 기관이라 하며, 4가지 조직이 함께 일에 관여하는 것을 계통이라 한다.

2. 골격의 이해

1) 뼈의 형태

(1) 모양에 따른 분류

① 장골 : 끝으로 갈수록 커짐. (대퇴골 등 사지)

② 단골 : 운동범위가 극히 제한 됨. (중수골, 중족골 등)

③ 편평골 : 평평한 모양. (두개골, 견갑골 등)

④ 불규칙골 : 모양이나 형태가 매우 다양하고 복잡함.
   (척추골, 수근골 외)

⑤ 종자골 : 씨앗 같은 모양의 뼈. (슬개골 등)

(2) 부위에 따른 분류 : 206개의 뼈로 구성

① 구간골 : 두개, 안면골(22), 이소골(6), 설골(1), 척추골(26), 늑골(24), 흉골(1)

② 사지골 : 상지골(64개), 하지골(62개)

2) 뼈의 구조

(1) 뼈의 육안적 구조

① 외형상 : 주로 세포간질로 구성된 뼈는 표면에는 근육과 신경 및 혈관 등이 연결된 여러 가지 모양의 돌출(선, 능, 돌기, 결절, 조면, 과, 전자, 극, 경상돌기)과 함몰(면, 관절명, 와, 구, 공, 관, 도)로 구성됨

② 횡단면상 : 양끝의 골단, 중간의 골간, 외부의 치밀골 (내부에는 해면골, 중간에는 골수강으로 조혈과 골수를 담음), 뼈의 외면에는 골외막 (골수강은 얇은 섬유 성막으로 골내막이 있음)

(2) 뼈의 미세 구조

계속 변화하는 결합 조직으로 골세포, 세포간질, 많은 혈관으로 구성. 조직 안에는 골원, 하버스관, 골충한, 골세포, 골소관, 볼크만관, 혈관들이 분포해 있어 계속적으로 확장, 축소함.

3) 뼈의 형성

⑴ 막내골화 : 막성골에 직접 석회의 침착과 혈관분포가 이루어져 화골화.(두개골)

(2) 연골내골화 : 태생형 연골이 파고, 흡수되어 골조직으로 대치됨(대부분의 뼈).

4) 연골 :

골격계통의 한부분으로 뼈와 마찬가지로 변형된 결합조직. 탄력성 있음.

(1) 초자연골 : 인체에 가장 널리 분포. 기질내에 약간의 교원섬유를 함유하고 있으며 매끈함, 투명함. (코, 귀, 관절연골)

(2) 섬유연골 : 기질 내에 연골세포 대신 다량의 교원섬유 함유. 질기고 압력과 견인력에 견디는 힘이 큼.(추가원판, 치골간원판)

(3) 탄력연골 : 유연과 탄력성이 좋음. 불투명한 색깔(외이. 이관, 후두개)

5) 인체의 골격

(1) 구간골 : 머리, 목, 몸통

① 두개골 : 뇌, 시각, 청각, 균형에 관계된 기관들을 보호하고 지지하는 뇌두개와 안면을 형성하는 안면두개로 나눌 수 있음.(총14개의 뼈로 형성) 봉합의 형태로 관상봉합, 시상봉합, 인자봉합으로 분류됨.

② 척추(26개) : 전체 체중을 지탱, 공정성과 운동성이 필요함.

　ㄱ. 경추(7개) : 유아기 때 형성됨. 환추, 축추 제외하고는 모두 유사함. 제7경추는 천추골의 위치를 아는데 도움이 됨

　ㄴ. 환추(제1경추) : 두개골을 지탱함. 고개를 끄덕끄덕 움직이는 운동.

　ㄷ. 척추(제2경추) : 몸을 움직이기 위해 주체의 상방에 치돌기가 돌출되어있음.

　ㄹ. 흉추 : 태어날 때부터 형성되어져 있음. 일반적 척추골 형태. 늑골과 연결됨.

　ㅁ. 요추 : 유아기 때 앉을 때 체중의 균형의 지지작용으로 형성

* **추골의 형태비교표**

구분	경 추	흉 추	요 추
추 체	낮고 작으며 상.하면이 사각 또는 타원형	넓으며 상.하늑골와가전면에 있음	넓고 높고 크며 상.하면은 신장형을 지지하고
추 공	넓고 삼각형	둥글고 좁음	삼각형이 큼
극돌기	제1,7경추는 단일이나 나머지 경추는 끝이 2분화 되어 있음.	끝이 예리하고 길며 아래로 돌출하여 있음	높고 수평 및 배측으로 돌출되어 있음
횡돌기	전, 후결절로 나누어져 있으며 횡돌기공은 있으나 늑골돌기가 존재하지 않음	횡돌기 외단에 횡돌늑골와를 가지고 있으나 제1흉추이하에서는 존재하지 않음	앞뒤로 납작한 늑골돌기가 존재. 후부에 돌기
관절돌기	상.하관절돌기는 짧고 각각 후 상방, 전하방으로 향해 있음.	상관절돌기는 후방으로 하관절돌기 내방으로 향해있음.	상관절면은 내측으로, 하관절면은 외측으로 향함. 상관절돌기의 후외측에 유기돌기 있음.

ㅂ. 선골(천골) : 5개의 선추가 융합. 척추중 가장 큼, 골반의 후벽을 이룸. 세모난 쇄기 모양. 상부는 넓은 선골저가 있고 하방으로 폭과 두께가 작아짐. 여성은 남성보다 넓고 짧으며, 만곡이 적음.

ㅅ. 미 골 : 3~6개의 위축된 척추골로 추궁이 없으며 작은 삼각형 모양.

ㅇ. 척추만곡 : 경부(생후 3~4개월, 고개들기), 흉부(앉기, 생후 9개월), 요부(생후 12~18, 걷기), 선미부 만곡으로 이루어짐. 바로 서서 중력을 지탱하기 위해 이루어짐. 이외 이상반곡(후굴, 전굴, 측굴)이 있는데, 개인차에 따라 휘어짐. 뚱뚱할수록 만곡이 깊다.

ㅈ. 척추관 : 추공이 연결된 긴관, 척추와 부속물이 들어있음. 상부

는 넓고, 흉부에서 좁아지며, 요부는 넓어지고, 다시 선골에서
좁아짐

ㅊ. 척추의 운동

* 회전운동 : 회전하는 운동. (제2경추에서 큼)
* 굴신운동 : 전·후방으로 굴신. (경부에서 자유로움)
* 측굴운동 : 하경부와 상흉부에서 대퇴의 측굴이 가능. (요부
는 불가능)

(3) 골성흉곽 : 가슴과 등을 이룸. 주요기관 보호와 호흡운동에 관여함.

ㄱ. 흉골(1개) : 전흉벽의 중앙에 있음. 제3~9흉추 높이에 위치. 상부
(흉골병), 중앙(흉골체), 하부(검상돌기)로 나눔

ㄴ. 늑골(12쌍) : 척추(뒤)와 흉골(앞)과 결합하여 흉곽의 측별을 구성.
진성늑골 (상위7쌍)은 그 전단이 흉골 외단면과 연결됨. 가성늑골
(하위5쌍)은 흉골에 이르지 못함. 하부의 2쌍은 흉골 조차 이르지
못하고 보벽근에 묻혀있는 부유늑골로 구성.

ㄷ. 늑연골(12쌍) : 흉골과 늑골을 연결시키는 초자성연골.

ㄹ. 흉곽: 12개의 흉추와 늑골, 1개의 흉골로 이루어 원추상을 하고
있음. 개인차에 따라 여러 가지 모양을 하고 있음.

6) 상하지골 : 팔, 다리

(1) 상지골 (팔)

① 상지대 : 전방은 쇄골, 후방은 견갑골로 구성.

ㄱ. 쇄골 : S자 모양으로 구부러진 장골로써 앞 상단에 위치함.
(전면의 흉골과 연결) 상면은 매끈하나 하면은 다소 꺼칠꺼칠함.

ㄴ. 견갑골 : 삼각형모양을 한 편평골, 흉곽 뒤쪽의 제 2~8 늑골
사이에 위치. 움직임은 거상, 하강, 외전, 내전, 상방회전, 하방회
전, 전방경사, 후방경사(반운동)으로 7개반임(쇄골 및 상완골과
연결)

ㄷ. 견 대 : 움직임이 자유로움, 흉곽 위에 위치, 쇄골과 견갑골을

연결.

> * 뼈에 의해 최소화의 제한을 받기 때문에 매우 가동적.
> * 지지 골조물과 뼈의 관절결합은 오직 쇄골과 흉골사이에 있는 관절에서만 이루어지기 때문에 매우 자유롭게 움직임.

② 자유상지골

ㄱ. 상완골 : 270~295mm의 장골. 약간 비틀림. 몸체를 구성하고 있는 상완골체는 상반부 원주상, 하반부 삼각주 형태임. 근위단에는 크고 상·내측으로 상반구는 반구상의 상완골두가 견갑골관절와의 관절함. 상완골두 밑에는 좁은 부위의 해부경이 있음. 해부경의 전외 측에는 2개의 융기인 대결절과 소결절이 있음. 이 사이에는 결절간구가 있고, 그 하부에는 외과경이 존함.

ㄴ. 전완골

> * 척골 : 새끼손가락에 위치. 전완의 내측 길이 220~240mm 장골. 상단은 크고 돌출되었으며 하단은 작은 형태를 함.
> * 요골 : 엄지 쪽에 위치. 전완외측의 길이 약 200~220mm의 장골로 척골과는 반대로 하단이 상단보다 두배 정도 큰 모양을 함.

ㄷ. 수골

> * 수근골 : 8개의 소골로 구성. 4개씩 근위열(주상골, 월상골, 삼각골, 두상골)과 원위열(대능형골, 소능형골, 유두골, 유구골)인 2열로 구성됨. 골간 인대로 연결되어 움직임이 미끄러지듯함. 회전, 신전, 과신전 작용.

ㄹ. 중수골 : 5개의 관상골. 엄지부터 제 1, 2, 3, 4, 5 중수골. 체, 두의 3부분으로 구성

ㅁ. 수지골 : 손가락을 이루는 장골로 엄지(중절골 없음)만 제외하고 3지절로 구성. (기절골, 중절골, 말절골)

(2) 하지골(다리)

총 62개의 뼈로 구성. 상지골에 비해 대체로 크고 강하며, 슬개골을 추가

로 가지며, 족근골의 수가 적고, 지골의 크기도 작다. 관절면에서 볼 때 대퇴골은 경골에, 하퇴골은 족근골의 거골에만 관절함.

① 하지대

ㄱ. 관골 : 척추와 자유하지골을 연결시킴. 태생시에는 분리. 좌골, 치골이 융합. 16~17세 골화됨. 대퇴골두와 고관절을 이룸.

ㄴ. 장골 : 장골체와 상외측에 있는 장골익으로 구성. 장골익 내면은 매끄럽고 오목하며 장골근이 기시하는 장골와가 있음.

ㄷ. 좌골 : 장골의 하방에 이어지는 뼈로 관골구 하외측의 자골체와 좌골지로 구성됨. 좌골지에는 치골하지와 전상방에서 연결, 앉을 때 몸무게를 지탱함.

ㄹ. 치골 : 관골구의 전내측의 치골체와 치골지로 구성됨.

ㅁ. 골반 : 관골, 선골, 미골이 함께 대야 모양의 골반을 이룸. 갑각에서 궁상선과 치골결합의 상면으로 구성된 분 계선에 의해 상부의 대골반, 하부의 소골로 나뉨. 외측과 후측은 뼈로 한계되어 있으나 전방은 개방. 남자와 여자가 다름.

구 분	여 자	남 자
뼈	가냘프고 매끈함	무겁고 거칠음
선골	넓고 덜 구부러짐	좁고 많이 구부러짐
치골결합	얕음	깊음
대골반	좁음	넓음
소골반	얕고 넓고 용적이 큼	깊고 좁고 용적이 작음
대좌골절흔	넓음	좁음
골반모양	달걀형	하트형(심장모양)
미골	후방으로 움직이는데 용이함	고정되어 있음
치골하각	크다(약 63~78도)	작다(약 54~59도)

② 자유하지골

ㄱ. 대퇴골 : 신체의 골격중 가장 큰 장골. 장축에 대해 약간 비틀려

져있음. 근위단에는 구형의 대퇴골두가 있는데 관골구와 관절함. 대퇴골두와 대퇴골체는 120~130각을 이루고 있으나 어릴 때(넓음)와 성장(좁아짐)에 따라 다르며, 남자와 여자(직각)의 각도가 다름.

ㄴ. 슬개골 : 대퇴사두건 내에 있는 종자골로 밤알 같은 모양을 하고, 슬관절의 신근운동에서 지렛대 역할을 한다. 혈액막으로 만들어진 관절피막으로 이루어져 있음. 대퇴골, 경골과 결합하고 있다. 넓은 상단을 슬개골저, 뾰족한 하단을 슬개골첨(슬개인대 부착됨)이라 함.

ㄷ. 하퇴골

* 경 골 : 하퇴의 전내측(다리가운데)에 있음. 장골로 대퇴골에서 전해 받은 몸무게를 족골에 전달함. 체와 상,하 양단으로 구별. 경골체는 삼각주상이며 아래로 갈수록 작아지고 비골쪽으로 가까워지며 전체적으로 긴 S자를 하고 있음. 윗면은 대퇴골체 보다 큰 사각형, 하면에는 사변형의 오목한 하관절이 있음. 하단의 내부측에는 하방으로 돌출된 내과가 있어서 피하에서 쉽게 촉진됨.

* 비 골 : 경골의 외측에 평행으로 있음. 경골과는 골간막이라고 하는 인대결합으로 연결됨. 발목 측면부위를 형성하고, 다리 아래쪽 뼈를 확장시킴.

③ 족골 : 족근골 : 7개의 뼈로 구성

ㄱ. 거 골 : 큰 단골로 움직일 수 없음. 경골, 비골과 관절. 몸무게를 종골에 전달함.

ㄴ. 종 골 : 무릎 충격완화, 도약, 발목이나 족근골 근처 상해예방, 효과적인 착지를 도와줌. 족근골중 가장 큰 뼈로 거골 밑에 있음. 온몸의 무게가 이 뼈에 전달됨.

ㄷ. 주상골 : 거골의 저낭에 위치함.

ㄹ. 내측, 중간, 외측설상골 : 3개의 설상골은 주상골의 전면에 있으며, 주위 뼈 사이에 쐐기 모양으로 존재함.

ㅁ. 입방골 : 종골의 전방, 주상골과 외측설상골의 외측에 위치. 주사

위 모양을 함.

 * 중족골 : 중수골과 거의 같은 형태임.

 * 족지골 : 수지골과 같은 모양으로 배열. 모지골에만 종족골 없음. 길이는 수지골에 비해 작음.

 * 족 궁 : 온몸의 무게를 받치기에 알맞도록 아치 모양(족궁)으로 족골 형성

7) 체중의 전달 : 선 자세에서 체중의 반은 양발 거골에 위치.

거골에서 받은 무게의 반은 종골에 위치. 나머지 반은 제 1, 2, 3, 4, 5 중족골두의 전반부에 위치. 보행시 발꿈치, 외측면의 중족골두, 제1중족골두에 체중을 두며 움직임. 「무지외반증」은 첫째 발가락의 잘못된 배열로 생겨남.

※ 무지외반증(hallux valgus) - 무용수들간에 흔히 발견되는 발가락 상해이며, 너무 작거나 협소한 신발 또는 양말 착용에 따른 것으로, 비정상적인 압력이 엄지발가락이나 새끼 발가락 염좌(비틀어짐)와 함께 관절에 자극이 일어난다.

3. 근육의 이해

600개 이상의 골격근들이 근육계를 구성하며, 골격근 조직, 연결조직, 그리고 신경 조직으로 구성되어있다. 각 근육은 손가락을 움직이거나 눈을 깜박거리는 것과 같은 특별한 기능을 가지고 있다. 골격근들은 인체 질량의 약 40%를 차지하고 있다. 근세포(근섬유)들은 신경으로부터 오는 신호에 의하여 자극될 때 수축하며, 충분한 수의 골격근 섬유들이 동원될 때, 근육은 수축하며 인체의 움직임을 일으킨다.

1) 근육이 하는 일(근육의 5가지 원리)

⑴ 근육은 단지 잡아당기기만 한다.

⑵ 근육은 가운데서 수축하고 양쪽 끝에서 똑같이 잡아당긴다.

⑶ 관절의 근육 운동은 근육의 부착과 방향에 의해서 결정된다.

⑷ 근육은 운동을 하거나 자세 또는 위치하기 위해서 중력에 대항해야
만 한다.

⑸ 중력에 대항하는 수축 3가지

① 단축수축 : 힘이 저항보다 클 때.

② 부동(정지)수축 : 힘과 저항이 같을 때.

③ 연장수축 : 힘이 저항보다 작을 때.

2) 근육의 구분

⑴ 두부 : 안면근과 저작근으로 나눈다. 안면근은 표정근으로 표정운동
에 관련하고, 저작근은 음식물을 씹는데 사용된다.

⑵ 경부 : 경부와 경추를 연결하는 후두부근육과 경추의 외측과 전부에
위치하는 근육들과 구성된다. 후두부와 경추사이의 근육, 표층에 위치
하는 천경근, 혀의 설골근, 목을 움직이는에 관여하는 심경근이 있다.

⑶ 흉부 : 흉곽의 외측벽과 전벽에 위치하는 근육들로 피부 표층 가까이
에 존재하는 천흉근과 심층에 위치하는 심흉근으로 나눈다. 천흉균은
상지운동에 관여한다. 심흉근은 늑골운동에 관여함과 동시에 횡경막과
함께 호흡에 관여하고 있다.

⑷ 복부의 근육 : 늑골근과 제12늑골 하면과 골반 상면 사이의 복근을
싸고 있는 근육들로 앞쪽의 전복근, 옆의 측복근, 뒤쪽의 후복근이 있
다. 전복근은 골반을 위로 잡아당기는 역할을 하고, 측복근은 호기를
돕고 늑골을 밑으로 당기며 척추를 앞으로 굽히는 작용과 함께 골반을
위로 잡아당기는 역할을 한다. 후복근과 심호기근으로 작용한다.

⑸ 배부의 근육 : 후두부에서 미골까지 길게 걸쳐있는 근육들로 표층 가
까이의 천배근군과 심층에 위치하는 심배근군들로 구별한다. 천배근군
은 상지운동에 관여하고, 심배근군은 척추와 머리를 받치는 역할과 흉
강을 넓히는 작용과 고개를 받치는 작용을 한다.

⑹ 상지 : 상지대의 근육과 상완근, 전완근, 수근으로 나눈다. 팔을 움직이
는데 관여한다.

⑺ 하지 : 몸무게를 유지하여 지상에서 안정성있게 운동할 수 있도록 강한 근육들로 구성되어있다. 관골근, 대퇴근, 하퇴근, 족근으로 구성된다.

4. 관절의 이해

관절이란? 둘 이상의 뼈가 만나는 곳, 혹은 연골과 뼈가 만나는 곳을 관절(joint or articulation)이라 한다. 따라서 운동이 가능하며, 종류에 따라 여러 방향으로 운동이 일어난다. 관절의 안정성은 관절하는 뼈, 인대 혹은 근육에 의해 좌우된다.

1) 관절의 종류

⑴ 섬유성관절 : (운동성 없다. 두부...)

⑵ 연골성관절 : 초자연골에 연결되는 관절. 척추형, 치골, 흉골체

⑶ 활막관절 : 사지형, 팔, 다리. 매우 자유롭다.

⑷ 구관절(구상관절) : 인체중 가장 안전하다.

2) 관절운동의 종류

⑴ 활강운동 : 가장 일반적인 운동 서로 미끄러지는 운동, 족근골관절, 추간관절.

⑵ 각운동 : 뼈 사이의 각이 움직인다. 굴곡, 신전, 내전, 외전

⑶ 회선운동 : 관절두가 관절강내에서 추상으로 돌아와 굴전, 회전, 내전, 신전이 연속적으로 일어난다. 견관절, 고관절.

⑷ 회전운동 : 뼈의 장축 중심으로 도는 운동, 회내, 회외.

3) 척추의 연결

⑴ 추간원판 : 척추골(vertebrae)과 각 척추골 사이의 척간원판(척추골사이 원반, intervertebral discs)으로 이루어졌으며, 몸통의 지주를 이루고, 상단의 두개골과 하단의 골반을 연결한다. 충격흡수, 섬유성연골.

⑵ 추간관절 : 추간 관절은 충격을 흡수하는 작용이 있고, 또한 형태와 두께가 다양하기 때문에 그것이 척추만곡을 만드는데 도움이 되고 있

다. 즉, 경부에서는 추간판은 뒤쪽보다 앞쪽이 두껍고 흉부에서는 앞이 뒤쪽보다 얇고, 요부에서는 경부와 동일하게 전방이 두껍다. 또한 추간 판은 추체 상호의 마찰을 방지하고 있다. 운동성이 제한, 추간원판과 같은 관절낭으로 싸여있음.

4) 흉곽 연결

흉곽은 위는 좁으며, 아래가 넓은 불규칙한 원추 모양이다. 골격은 흉추 및 추간원판, 늑골 및 늑연골, 그리고 흉골로 이루어져 있다. 늑골과 흉골은 조혈 기능이 왕성하며, 특히 흉곽은 흉곽에 붙은 근육으로 호흡에 깊이 관여한다.

⑴ 늑추관절. 11, 12번 늑골에는 없음
⑵ 흉곽의 작용. 보호 작용, 호흡작용, 흡기 호기.
⑶ 경비연결 : 경골과 비골의 연결.

5. 인체의 생리적 이해

1) 남·녀의 생리적 특징

(1) 정소(Testes)와 난소(Ovaries)

유전적인 성(genetic sex)의 결정에 의해 성 생식선(gonadal sex)이 분화되어 성장하게 되고, 인체의 생리적 그리고 형태적 변화를 지배하며 남성과 여성으로서의 성장을 차별화 시키게 되는데, 남성과 여성의 생식선이 각각 정소와 난소이고, 대표적으로 분비되는 호르몬은 테스토스테론(testosteron)과 에스트로진(estrogen)이라고 할 수 있다. 이러한 성호르몬은 생식 기능을 유지하고 생성하는데 있어서 중요한 역할을 할 뿐만 아니라, 2차적인 성적 특성을 결정하여 신체의 생리적 변화는 물론이고 형태적, 그리고 행동적 변화를 주도하는 역할을 수행한다. 생식선에서의 테스토스테론과 에스트로진의 분비는 뇌하수체 전엽에서 분비되는 호르몬이다.

① 테스토스테론(Testosterone)

테스토스테론은 뇌하수체 전엽에서 생성되는 황체형성 호르몬의 자극에 의해 정소의 간질 세포(Leyding cell)에서 분비되고, 남성의 특성에 관련되는 조직과 기관의 성장 및 발달에 영향을 미친다. 초기 태아의 정소에서 분비되는 테스토스테론은 남성 특유의 요생식기(urogenital system) 발달에 영향을 미치고, 사춘기까지는 정체되는 현상을 보이다가, 사춘기 이후 뇌하수체의 생식선자극 호르몬의 영향을 받아 분비가 증가되고, 증가된 혈 중 테스토스테론 수준은 정자생성을 시작하며, 2차적 성 특징들의 발달을 가속화시키게 된다. 골격근에서는 테스토스테론이 근육을 강화하고, 뼈의 크기와 강도에도 영향을 미치는 동화적 작용을 일으킨다고 볼 수 있다. 또한 다양한 신체부위에 분포하는 체모의 성장에도 영향을 미치고, 대머리, 목소리의 저음화, 피부의 두께 변화 등의 차별화를 일으켜 남성으로의 특성을 강화하게 된다.

② 에스트로진(Estrogen)

에스트로진은 뇌하수체 전엽에서 생성되는 황체형성 호르몬과 여포자극 호르몬의 자극에 의해 난소의 과립 세포(granulosa cell)에서 분비되고, 여성의 특성에 관련되는 조직과 기관의 성장 및 발달에 영향을 미친다. 에스트로진은 사춘기 이전에는 매우 적은 양만이 분비되어 그 작용이 미비하지만, 사춘기에 접어들면서 뇌하수체의 생식선자극 호르몬의 영향을 받아 분비가 급격히 증가하게 된다. 에스트로진은 배란주기의 초기인 여포 생성 단계에서 황체형성 호르몬의 영향을 받아 대부분 프로제스테론과 테스토스테론으로 처음 합성되지만, 과립세포에서 분비되기 직전에 여포자극 호르몬의 영향을 받아 에스트로진으로 전환되어 분비된다.

분비된 에스트로진은 자궁, 나팔관등의 성 기관 세포의 성숙과 성장 그리고 유즙 생성과 관련 가슴의 발달, 그리고 가슴의 지방축적 등 주로 생식기능과 관련된 조직들에 작용하게 된다. 에스트로겐은 초기에 뼈의 성장을 촉진하지만, 장골 골단의 성장을 일찍 끝나게 하는 역할을 수행함으로써 여성이 남성보다 빨리 성장하지만, 결국은 키가 작게 되는 현상에 영향을 미친다. 그리고 부드러운 여성적 피부의 형성에도 영향을 미친다.<참고 표 5-1, 5-2>

이상의 인체의 이해를 통해서 하나님께서 본래 지으셨던 형상과 기능, 구조 등을 파괴하지 않고 자연스럽고, 합리적인, 조화와 균형을 이루는 기독교 무용을 성취해야 할 것이다.

〈 표 5-1〉 호르몬의 주요 생리적 기능

내분비선	호르몬	주요 생리적 기능
시상하부	갑상선 자극 호르몬 방출 호르몬(TRH)	갑상선자극호르몬(TSH)분비촉진→T_3 T_4 분비촉진
	고나도토르핀방출 호르몬 (GnRH)	여포자극호르몬(FSH)분비촉진
	부신피질방출호르몬 (CRH)	부신피질 자극호르몬(ACTH) 분비촉진
	뇌하수체억제 요소(PIF)	황체자극호르몬 분비감소
	미네랄 코르티코이드 억제요소 (MIF)	멜라닌세포자극호르몬(MSH)분비 감소
뇌하수체	갑상선자극호르몬(TSH)	갑상성 호르몬의 형성기 분비조절
뇌하수체전엽	부신피질자극호르몬(ACTH)	코디솔 분비와 생성 자극
	성장 호르몬(GH)	세포성장자극 효과, 에너지 기질대사 참여
	바소프레신(ADH)	항이뇨 호르몬
	여포작극호르몬(FSH)	정소 작용하여 정자형성, 난소세포 성장, estradiol합성
	황체형성 호르몬 (LH)	테스토스테론 분비 촉진, 배란, 난소, estradiol과 프로제스테론 합성.
뇌하수체후엽	옥시토신(Oxytocin)	근육수축과 관련, 모유 분비촉진
갑상선	갑상선 호르몬 (T_3 T_4)	성장촉진, 조직의 산소소비, 대사속도 촉진
	칼시토닌 (Calcitonin)	혈액내 칼슘 농도유지
부갑상선	부갑상선 호르몬 (Parathyroid Hormone)	혈중 칼슘 농도 유지, 인산 배출촉진→혈중 인산 농도조절
부신 부신피질 부신수질	알도스테론(Aldosterone)	수분 항상성 조절
	코티솔(Cortisol)	혈장 글루코스 조절
	테스토 스테론(Testosterone)	청소년 전기 성장 관여, 성적 특성 유도
	케타콜라민 (Catecholamine) (에피네프린,노르에피네프린)	호르몬과 신경전달자의 상호역활
췌장	글루카곤(Glucagon)	혈중 글루코스 증가 :gluconeogenesis:glycolysis
	인슐린(Insulin)	혈중 글루코스 감소: 단백질, 글리코겐, 지방 합성 촉진
	성장억제 호르몬 (Somatostain)	글루카곤과 인슐린 분비억제, 위,십이지장, 담낭의 자율운동억제,소화기 계통의 분비 및 흡수의 억제

〈 표 5-2〉 운동시 호르몬의 변화

내분비선	호르몬	운동시 반응	훈련시 반응
시상하부	시상하부 호르몬	운동시 증가할 것으로 예상하거나 연구 미흡상태	훈련시 분비 증가가 다소 감소될 것으로 예상되나,연구미흡상태
뇌하수체 전엽	성장 호르몬	지속 운동시 증가	운동시 더 적은 증가
	갑상선자극호르몬 (TSH)	무변화	명확하지 않음
	부신피질 자극 호르몬 (ACTH)	증가(강한 운동시 더증가)	안정시 무변: 훈련후 최대하부하 운동시 증가
	황체형성호르몬(LH)과 여포자극호르몬(FSH)	무변화	명확하지 않음
	프로락틴(Prolactin:PRL)	증가	
갑상선	갑상선호르몬 (T₃ T₄)	전체적 무변:free T₄ 증가	전체적 약간 감소: free T₄ 증가
부신피질	알도스테론 (Aldosterone)	증가	무변화
	코티솔(Cortisol)	장기간 운동시 증가	고강도 운동시 약간 감소, 상대강도 운동시 훈련자 분비증가
부신 수질	케타콜라민 (Catecholamine)	증가(강한 운동시 더 증가)	같은 절대강도 운동시적게 감소
췌장	글루카콘(Glucagon)	장기간 운동시 증가	어떤강도의 운동에도 증가
	인슐린(Insulin)	감소	지구력훈련:인슐린 감소의 비율이 적어짐
생식선	테스토스테론 (Testosterone)	약간증가	무변화
	에스트로진(Estrogen)	약간증가	무변화

-본 내용은 한국무용과학학회의 무용과학 지침서를 참고한 것임.

6. 인체 부위의 상징성

무용표현의 입장에서 신체를 대별해 보면, 두부(頭部), 견부(肩部), 흉부(胸部), 복부(腹部), 요부(腰部), 상하지(上下肢)의 6부(部)로 나눌 수가 있다. 그리고 이 나뉘어진 신체 각부에서는 각부 고유의 성격을 느낄 수가 있다. 만약 신체 각부에 상징적인 성격이 존재한다고 한다면, 이 상징적 성격이 표현활동의 기초적인 요소를 이루는 것이라고 생각되므로, 이 문제에 대해서 좀더 깊은 이해가 있지 않으면 안될것이다. 신체 각부의 상징적 성격의 인식이 미적 표현에 직결되는 문제라고 생각되므로 상징적 성격을 정리하는 방법을 선택하기로 했나. 이에 小林信次의 무용미학의 이론을 중심으로 신체의 상싱석 성격을 살펴보도록 하겠다.

1) 두부(頭部- 머리)

두부에는 일반적으로 지적인 상징성이 존재한다. 왜냐하면 두부가 갖는 생리적 조건에 의해서 형성되는 습관성과 사회적 조건에 의해서 형성되는 습관성이 두부를 통해 지적 요소의 존재를 인식하게 하기 때문이다. 두개골 공내의 신경에 위치한 대뇌가 그 부분을 차지하고 있는 것이라든가, 소위 고등기관으로서의 눈·코·귀를 두부에 두어서 지적활동의 중요한 역할을 다하고 있다는 사실만으로도 충분히 두부의 귀중함과 지적 대상으로서의 존재 이유를 인정 할 수가 있다. 그러나 지적 상징성을 갖고 있는 두부도 그 표현방법에 따라서는 지성을 발휘하지 못하는 일도 있으므로 지적 표현의 제요소에 걸맞는 표현을 하지 않으면 안 된다.

지적표현의 제요소를 3가지로 보는데

제1요소는 의지활동이다. 지적 표현이란, 의지의 활동이 있어야만 비로소 두부의 표현이나 움직임 속에, 지적인 것을 인정할 수 있다. 그러므로 의지의 활동이 지적 표현에 있어서 중요한 요소가 된다.

제 2의 요소는 직선적인 기하학적 운동이다. 이 직선적인 운동 및 과학적으로 분석된 운동이 형태상으로 지적 표현의 요소라고 할 수 있다. 왜냐하면 기하학적 운동이나 과학적 분석에는 따뜻한 감정이 없고, 이성만이 표출되므로 지적표현을 형성하게 된다.

　제 3의 요소는 긴장적 운동이나 표정이다. 이완적인 표현이나 운동에서는 다른 감정을 인식할 수는 있어도 지적인 감정을 발견할 수는 없다. 지적인 표현은 이성적이며 긴장감 있는 표현에서만 찾아볼 수가 있다. 이상의 세 가지 요소가 지적 표현이나 운동을 가져오는 요소로 볼 수 있는데 지적 표현의 완전성을 위해 얼굴의 지적 표현성에 대해서 생각해 보기로 하자. 얼굴에는 입·눈·안면근등 표정을 표현하는 기관을 갖추고 있다. 그러나 얼굴의 지적 표현은 이 풍부한 얼굴 표정에 의해 표현되는 것이 아니라, 표정이 적은 단아한 표현으로 표출된다고 하였다. 마치 사람들의 첫인상을 통해서 상대방의 모든 것을 짐작하는 경우가 많이 있는데 그것은 표정을 잘 짓거나, 표정이 많아서가 아니라 내면의 정신적, 의지적, 체험적인 것이 응축되어서 가장 핵심적인 표정이 표출되기 때문일 것이다.

　「표정이 많은 얼굴에서는 정이 있으나 지성은 없다. 그리고 단아한 얼굴에는 지성은 있으나 정이 없다.」는 말에서처럼 우리는 사람의 얼굴만 보아도 영리한지 우매한지 곧 알 수가 있다고 하였듯이 이와 같은 사실을 통해, 우리 스스로 지적인 표현활동이 어떤 것인지 판단해 낼 수가 있을 것이다.

2) 견부(肩部- 어깨)

　견부는 의욕적인 상징성이 존재하고 있다. 이 의욕적 상징성은 견부의 표정을 생활 체험을 통한 관찰에서 얻은 성격인데, 즉 물건을 짊어지는 표정이라든가, 역기선수의 강하고 튼튼한 어깨의 모습, 남자들의 명예나 힘을 과시하는 어깨의 모습, 군인에게서 볼 수 있는 견장과 같은 계급의식의 모습이라든가, 또는 상의의 견부에 패드(pad)를 사용해서 만들어지는 모습 등에서 잠재의식 속에 존재하고 있는 의욕성을 발견할 수 있다. 그 잠재의식이 바로 의욕이다. 의욕 활동이란, 어떤 동기로부터 그 동기를 만족시킬 때까지의 과정적 활동요소를 말한다. 어떠한 동기를 만족시키기 위해서는 필연적으로 일정한 방향이 선택되어야 하며 동시에 동기를 만족시킬 만한 짐을 지지 않으면 안 된다. 그리고 또 그 동기를 만족시킬 만한 속도가 필요한 데 그 속도란 방향·양·속도라는 3요소에 의해서 형성되며 이 3요소가 다양한 배합을 가짐으로써 상이한 의욕적 상징성을 형성하게 된다는 것이다. 견부 표현에 있어서, 만약 이 3요소가 애매하게 표현된다면 표현내용을 명확히 표현할 수는 없을 것이며, 반대로 이 3요소가 명확히 표현되어 있다면 표현의도를 명확히 표출할 수 있게 될 것이다.

3) 흉부(胸部- 가슴)

흉부에는 정동적인 상징성이 존재한다. 이 정동적 상징성은 흉부가 갖는 생리석 소건에 의해 관념적으로 형성된 습관적 성격이다. 우리는 흉부라는 장소를 마음의 소재지로 알고 있는 잠재 의식을 갖고 있는데, 마음의 존재를 흉부에만 한정시켜 생각하는 것은 비과학적인 생각인지도 모른다. 그러나 우리는 마음이 흉부에 존재한다는 인상을 강하게 받고 있음을 부정할 수는 없다. 우리가 흉부에 마음의 존재가 있다는 강한 인상을 받게 되는 이유는 흉부에 생명의 활동력이라 할 심장이 존재하며, 그 심장의 존재가 마음의 활동기점이나, 건강하고 활기찬 능력의 근원지라고 생각되기 때문이다.

흉부에 존재한다고 생각되는 마음은 심장의 생리적 활동과 같은 동적인 활동이 있다. 이마음의 동적인 활동을 정동이라고 부르는 것이며 이 때문에 흉부에는 정동적 상징성이 존재한다고 생각하게 되는 것이다. 우리는 생활 속에서 이 흉부의 정동적 상징을 표현한 말을 많이 사용하고 있다. 예컨대 「가슴이 두근두근 거린다.」, 「마음이 기쁘다.」, 「가슴이 저민다.」, 「마음 한구석에……」, 「가슴이 설레인다.」, 「가슴이 아프다.」, 「마음이 괴롭다.」, 「마음이 쓸쓸하다.」등의 말이 그 예에 속한다. 이와 같은 말은 흉부와 마음의 깊은 연결을 의미하는 예이며, 실제로 흉부의 상황에 따라서 사람의 감정을 그대로 표출함을 나타낸 증거이기도 하다.

4) 복부(腹部-배)

복부에는 욕망적인 상징성이 존재한다. 이 욕망적 상징 성격도, 역시 생리적 조건에 의해 관념적으로 형성된 습관적 성격이다. 복부에는 소화기와 저장기로서의 모든 기관이 존재하고 있다. 이러한 복부 조건이 자산적이라 할 만한 중량감을 느끼게 하고 있는 것이다. 이 복부의 생리적 조건으로부터 받는 감각이 욕망적 상징성을 복부에 형성하게 했다고 생각해도 좋다. 이와 같은 욕망적 상징성을 표현한 체질의 인간을 우리 생활 속에서 찾아볼 수 가 있다. 예컨대 배통이 큰 사람을 정력적인 배짱과, 욕망에 찬 느낌을 강하게 받게 된다. 그러나 배통이 작은 사람으로부터는 심약한 느낌과 욕망이 없는 느낌을 받게 되며 이와 같이 느껴진다는 것은 복부에 욕망적 상징성 요소가 존재하고 있기 때문이다. 일반적으로 회장, 사장님과 같은 사람은 배가 불뚝 튀어나온 사람으로 표현하고 가난하거나 의욕이 적은 사람을 배를 홀쭉하게 표현하는 경우가 그렇다 할 것이다.

욕망적 상징성이 존재하는 복부표현의 자세를 잘못 가지게 되면 표현내용의 뜻하는 바와 상이해지므로 무의식적인 표현은 엄격히 경계하지 않으면 안된다.

이러한 욕망적 표현을 하기 위해서는 복부운동의 표현이 그 근접을 이루고 있는 것이지만 그 욕망적 표현에는 두 가지의 요소가 고려되지 않으면 안 된다. 그 하나는 용적감이며 다른 하나는 중량감이다. 용적감은 표현적인 강조에 의해, 또 중량감은 긴장에 의해 표현되어야 하므로 표현기교에 숙고가 있어야 할 것이다.

5) 요부(腰部-허리)

요부에는 욕정적인 상징성이 존재하고 있다. 요부의 욕정적 상징성 역시 생리적 조건에 의해 형성된 습관적 성격이다. 요부에는 생리 조건으로서의 생식 기관이나 배설 기관이 존재하고 있다. 이 생식 기관과 배설 기관이 존재하고 있는 요부는 일상생활에서 하나의 음성적 개념을 형성하고 있다. 이러한 개념이 요부의 품위를 관념적으로 저하시키고 있으며 품위 없는 존재로 알고 일상생활에서 될 수 있는 대로 요부의 문제에 언급하지 않도록 습관 되어져 왔다. 예컨대 선정적인 인상을 받는 엉덩이 춤이나 허리의 춤에는 욕정적 요소가 존재하고 있는 듯이 느껴지며, 반대로 버들 허리라고 불리는 빈약한 허리의 사람으로부터는 유혹적이고 욕정적 요소는 발견할 수 없음을 알 수 있는데 요부의 존재가 품위가 낮은 존재라는 개념 때문에 요부운동의 연습을 될수록 피하는 경향을 볼 수 있는데, 밸런스(Balance)를 얻기가 곤란해짐을 인식해야 한다.

그러므로 신체운동시의 요부의 운동이 얼마나 중요한가를 잊어선 안 된다. 그리고 욕정적 표현성격을 갖고 있는 만큼, 그 지도에 세심한 주의를 기울이지 않으면 안 된다. 그러기 위해서는 요부운동을 표현적요소의 지도로부터 시작할 게 아니라, 먼저 요부 운동의 필요성과 올바른 운동 방법을 이해시키면서 지도해 가는 것이 바람직 할 것이다.

6) 상하지(上下肢- 팔, 다리)

상하지부에는 신체 각부의 상징적 성격이 존재하고 있다. 그러나 상징적인 성격은 수반적 입장에서 존재하는 성격이다. 즉 상하지는 신체 각부의 상징적인 표현을 도우며, 그 표현성격을 일층 명확히 해주는 단역적 입장에서 존재하는 성격이다. 그러나 이 역할도 상지와 하지는 서로 다른 표현 성격을 갖고 있다. 상지의 성격에는 물건을 조종하고, 일을 하고, 자연스러운 움직임을 하는 것 같은 개성이 있으며 하지의 성격에는 걷고, 뛰고, 몸을 지탱하는 것 같은 개성이 있다.

각기 개성을 갖고 있는 상하지가 표현적으로는 별도로 행동을 하는 것이 아니고 어떤 표현성격의 방향에 대해서 일체가 되어, 그 표현 성격을 살리기 위해 협력적인 행동을 하게 된다. 예컨대 분노의 감정을 표현할 때, 하지는 신체 각부의 분노의 표현을 도와 버티어 선다든가, 탕탕 발을 구른다든가 하게 되며, 상지는 주먹을 쥐고 팔꿈치를 굽혀 상지전체를 긴장시켜 경련을 일으키는 것과 같은 표현으로 분노의 표현을 도와주게 된다. 또 기쁜 표현을 할 때는 춤추듯 한다는 말과 같이, 손을 흔들면서 깡충깡충 뛰는 표현을 하게 된다. 이러한 표현은 상하지 활동의 정동적 표현인데, 이 표현은 수반적인 행동 표현이다. 상하지는 마음이 뜻하는 대로 자유자재로 표현활동이 가능한 영역에까지 도달할 필요가 있다. 예컨대 수족이 되어 일한다는 말이 있는데, 이 말의 뜻은 상하지가 표현의 주체적인 요소를 도와서 수반적인 활동을 훌륭히 완수하고 있음을 의미한다. 또 이와는 반대로 손발이 잘 안 맞는다는 말은 상하지가 수반적인 활동을 다하지 못함을 의미하고 있다. 상하지의 운동이 어디까지나 수반적인 운동임을 잘 이해하고 있지 않으면 미적 표현은 기대할 수 없을 것이다.

　이상으로 신체 각부의 상징성에 대해서 알아보았는데, 바른 표현 활동을 하기 위해서는 신체 각부의 표현활동만으로는 그 목적을 수행 할 수가 없다. 바른 표현이라는 것은 신체 각부의 협력적인 표현이 있어야만 비로소 그 목적에 도달할 수가 있음을 결론적으로 밝히면서 하나님께서는 서로의 지체가 합력하여 선을 이루도록 말씀하셨듯이 우리 인체의 각 부분이 서로 특성을 갖고 아름답고 조화적인 신체의 모습 내지는 움직임을 형성하고 있음을 다시 한번 강조하고자 한다.

군내나는 피자 쉰내나는 쿠키

CHAPTER 6

기독교적 무용의 입문을 위한 기초적 자세

일반적으로 하나님의 은혜를 입어 하나님의 자녀가 된 성도 가운데에는 교회를 통하여 몸 찬양으로 봉사하는 사람들이 많다. 그중 무용을 전공한 사람보다 비전공자가 더 많음을 알 수 있었다. 이들 대부분이 하나님께 감사함으로, 하나님이 인도하시는 성령의 운행하심에 따라 교회의 행사, 예배 등에 적극적으로 임하는데 이들에게 꼭 필요한 것이 하나님께서 주신 가장 합리적이고 아름다운 균형 잡힌 몸과 몸짓에 대한 기초적 이론이다. 이에 주로 찬송가 중심의 몸짓을 위한 필수적 자세에 대하여 언급하고자 한다.

1. 얼굴의 방향

얼굴의 방향은 대체적으로 몸의 방향 및 움직임의 방향에 따라 병행 또는 역행한다.

예를 들어 기쁨, 환희, 감사, 간구, 소망 등과 같은 적극적인 것은 얼굴과 몸의 방향이 병행하고 절망, 슬픔, 증오, 미움, 거부 등과 같은 비적극적인 것은 얼굴과 몸의 방향이 역행한다.

2. 시선의 방향

시선에 있어서 메시지 전달을 위한 사실적인 표현, 강조적인 표현은 관객을 향하여 직접적으로 바라볼 수 있으나 상상적, 추상적, 또는 영성적인 것은 현실적 공간을 초월한 상상의 시선으로 멀리, 심층의 세계를 바라보아야 한다.

예를 들어 당신, 여러분 등과 같은 눈에 보이는 대상에 대한 표현은 사실적 시선을 사용한다. 또 골고다 언덕, 하늘에 계신 우리 아버지와 같은 보이지 않는 비현실적 대상에 대한 표현은 상상적 시선을 사용한다.

3. 어깨와 가슴의 자세

어깨와 가슴의 자세는 다음과 같이 나누어 볼 수 있다.

1) 슬프거나 자신이 없거나 극히 겸손한 자세는 양어깨 및 가슴이 안으로 움츠려들거나 쳐진다.
2) 평안하고 문안한 평범한 자세는 양어깨 및 가슴이 일상적인 자세이다.
3) 극히 자신만만하고 교만한 자세는 양어깨 및 가슴이 뒤로 젖혀진다.
4) 긴장되고, 두려움과 불안함이 있는 자세는 양어깨가 위로 움츠려든다.
5) 허탈하고 소망이 없으며 망연자실(茫然自失)한 자세는 어깨 및 가슴이 뒤로 젖혀지되 힘이 빠져있는 상태여야 한다.
6) 기쁘고, 즐겁고, 신명이 나는 자세는 양어깨가 들석들석 한다.

4. 허리 및 엉덩이의 자세

일상적으로 정상적인 마음과 인격을 가진 사람은 허리 및 엉덩이에 큰 움직임을 주지 않는다.

예를 들어 자신의 아름다운 모습을 뽐내거나 또는 아름다운 자태로 유인하는 듯한 비정상적인 자세를 취할 때 허리 및 엉덩이의 움직임을 사용한다. 그래서 기독교적인 무용으로 하나님을 경배하고 찬양하며 이웃을 사랑하고 자신의 죄를 회개하는 등 예배와 찬양, 전도와 섬김의 춤에서는 특별히 허리나 엉덩이의 움직임을 각별히 조심해야 된다.

5. 다리의 자세

우리는 종일토록 걸어 다니고 뛰고 건너가면서 생활을 한다. 특별히 이 움직임을 위하여 연습하거나 교육을 받지는 않는다. 즉, 다리의 움직임이 일상적이라는 이야기다. 그런데, 무용을 한다고 하면 왠지 특별한 움직임이어야 되는 것으로 생각한다. 우리는 이러한 생각을 없애고 자연스러운 움직임 즉 다리의 움직임이 보는 이로 하여금 자연스럽게 다가간다는 것을 인지하여야 한다. 특별히 주의 할 것은 다리와 다리사이를 벌려서 걷는다든지 않을 때 남자와 여자의 모습에 차이가 있음을 주목하여 성별에 따른 자세를 구별하여야 한다. 또한 연령에 따라 걷는 모습이 다르다는 것을 분별하며 작품상의 인물에 따라서 그 걷는 모습이 달라져야 할 것이다. 특별히 전문적인 훈련이 필요하다면 다음과 같은 것이 있다.

빠르게 단시간에 걷는다든지 장거리를 단시간에 달려간다든지, 발뒤꿈치를 들고 걷는다든지 하는 무용적 요소가 있는 부분은 별도의 교육이 따라야 할 것이다. 그러나 이 또한 쉽게 터득할 수 있는 것은 온몸을 보자기에 싸여진 물건이라 보고 그 물건을 마치 공과 같이 던질 때와 같이 걷는 다든지 육상선수가 장거리 또는 단거리를 뛸 때 사용하는 호흡법과 요령으로 한다면 어떠한 빠른 잦은걸음 내지는 긴 거리를 단숨에 뛰어서 가는 일이 어렵지 않을 것이다.

6. 발의 자세

모든 움직임에 중요한 부분이 발이다. 발은 안쪽으로 서거나 지나치게 바깥으로 벌려 서면 움직임에 큰 불편을 주며 보기에도 아름답지 않다. 그래서 선천적으로, 후천적으로 형성되어 있는 발의 움직임 또는 자세를 부단히 교정해 나가야 한다.

보통 움직임을 많이 한 사람과 하지 않는 사람을 구별할 때 발의 움직임의 모양을 보고 쉽게 판단할 수 있는 것은 발의 움직임이 움직이고자 하는 의도나 성격을 규정해 주는 중요한 부분이기 때문이다. 즉 행위와 인격이 발걸음이라고 규정할 수 있다.

우리가 표현 하고자 하는 대상, 내용, 느낌에 따라 발의 무게, 방향, 모습, 보폭, 빠르기 등을 조직적으로 어울려 사용해야 될 것이다. 모든 것이 그러하듯이 꾸준하고 오랜 연습을 필요로 한다.

7. 몸의 자세

몸의 자태는 무용과 관계없이 평생입고 다니는 옷과 같다. 외관적으로 보기 좋으냐, 좋지 않으냐, 하는 문제와 내관적으로 건강한 모습이냐, 그렇지 않은 모습이냐, 로 규정할 수 있다.

다시 말하면 서있는 자세, 앉아있는 자세, 누워있는 자세, 밥 먹는 자세, 공부하는 자세, 이야기하는 자세, 일하는 자세 등에 건강에 관계된 요소와 미학적 요소가 함께 포함되어 우리의 삶을 윤택하고 건전하게 그리고 효율적으로 살수 있는 여부가 담겨져 있다는 것이다. 이에 기독교적 무용을 하는 사람들은 모든 자세에 좋지 못한 요인들을 파악하여 보기에도 좋고 건강에도 좋은 자세를 교정, 유지 해나가야 한다.

예를 들어 척추가 지나치게 과신이 되어있다든지 다리에 중심이 약하다든지 등이 너무 굽었다든지 허리와 배 등의 중심이 약하다든지 하는 자세를 누구나 약간씩은 습관적으로 갖고 있는데 움직임을 하는 무용수들은 지속적인 교정 및 연습을 통해서 좋은 자세로 바꾸어 나가야 될 것이다.

8. 손과 팔의 자세

대부분의 사람들이 움직임 가운데에 가장 많이 사용하는 것이 손과 팔이다. 마치 대화 없이도 손과 팔의 움직임으로 대화를 할 수 있는 특성을 지닌 부분이라고 보면 된다. 찬송가에 맞춰서 주로 워쉽 댄싱, 몸 찬양 등을 교회나 집회를 통하여 많이 하게 되는데 이때 가장 많이 사용하는 것이 손과 팔인 것이다. 앞서 모든 부분에서 밝혔듯이 하나님의 자녀가 추는 춤은 하나님이 빚으신 그 형상 가운데 가장 자연스러운 것이다.

즉, 이 말은 손과 팔의 움직임 역시 일상생활에서 행하는 가장 자연스럽고, 습관적인(정상적인) 움직임을 나타내는 것을 의미하는 것이다. 내가 물건을 집어 올린 다든지, 누구를 껴안아 준다든지, 내가 슬퍼서 눈물을 흘릴 때 그 눈물을 닦는다든지, 누구를 급히 부른다든지, 무엇을 우리가 원한다든지, 누구를 무척 그리워한다든지 하는등의 많은 표현들이 이미 삶 가운데 이루어지고 있다는 것이다. 마치 영화배우나 연극인들이 많은 연구와 연습을 통하여 어떠한 인물을 표현하면 보는 이로 하여금 많은 감명을 주게 되는데 그 이유는 우리가 공유하고 있는 이야기를, 삶을, 마음 등을 그들이 표현하기 때문이다.

우리가 표현하고자 하는 기독교적 무용에 손과 팔의 움직임 역시 특별하거나 이상하거나 어색한 것이 아닌 함께 공감하고 공유하는 일상적인 삶의 모습임을 상기하며 삶을 주목하여 모든 이들과 나눌 수 있는 움직임으로 자신 있게 발전시켜야 할 것이다.

이상으로 기독교적 무용에 기초를 닦을 수 있는 입문적 자세를 부위별로 설명하였다.

우리가 무용을 할 때 겪는 장애물은 다양할 것이다. 좀더 온전함에 이르기 위해서는 삶에서 노출되는 문제들을 느끼고 보완함으로 문제를 문제로 두지 않고 해결해 나가는데 있을 것이다. 앞으로 더욱 우리가 서있는 자리에서 거듭나는 산 제사를 드리도록 해야 할 것이다.

9. 동작의 표기법

①부위	얼굴									
방향	정면	뒷면	우측	좌측	아래	위로	좌측회전	우측회전	좌측사선아래	우측사선위
설명	코방향을 중심으로 표기한다.									

②부위	팔									
방향	어깨높이	나란히	팔허리	아래로포개기	팔 위	위로포개기	오른쪽사선	왼쪽사선	양팔아래위①	②
설명	어깨를 축으로 팔 라인을 선으로 표기한다.									

③부위	손									
방향	손등정면①	손등정면②	손바닥정면①	손바닥정면②	손등위	손등아래	손등위포갬	손을 엇갈리게①	②	손바닥위포갬
설명	손등과 손바닥 방향을 기준으로 표기한다.									

④부위	몸통									
방향	정면	뒤면	우측	좌측	우측휨	좌측휨	앞숙임	뒷숙임	좌측엮은사선	좌측정면사선
설명	배꼽을 중심으로 표기한다.									

⑤부위	다리									
방향	양다리정면	다리들기	넓게서기	무릎굽히기	높이들기①	②	다리모으기	다리엮기	나란히굽히기①	②
설명	골반을 축으로 다리 라인을 선으로 표기한다.									

⑥부위	발									
방향	정면	뒤꿈치들기	나란히	한발앞①	②	한발뒤로펴기①	②	두발꿈치들기①	나란히굽히기①	②
설명	골반을 중심으로 표기한다.									

CHAPTER 7

기독교적 무용의 이해

1. 기독교적 무용의 정의 및 범주

기독교적 무용이라 함은 예수님을 영접한 후 하나님께로부터 받은 은사 가운데 몸짓, 율동 등 무용적인 요소를 포함한 움직임으로 하나님의 주권하에 하나님의 영광을 위하여 추는 일체의 것이라 볼 수 있다.

그 가운데에는

1) 교회에서 예배를 위해 드리는 무용
2) 교회에서 영적 부흥을 위해 사용되는 무용
3) 교회에서 성도간의 교제를 위해 사용되는 무용
4) 교회에서 영. 유아부, 초, 중, 고등부, 대학생 및 청·장, 노년부에 이르도록 성도의 영적 성장을 위한 교육용으로 사용되는 무용
5) 성도 및 일반들의 건강과 효과적 삶을 영위하게 하기 위한 무용
6) 예수님을 불신자들에게 증거하기 위해 사용되는 무용
7) 공연예술무용을 통하여 하나님의 영광을 드러내는 무용
8) 신학대학 및 신학원등 기독교적 교육기관 (선교원, 유치원등)에서 교육되어지고 있는 무용등 다양한 범주로 나타난다.

2. 기독교적 무용의 명칭 및 해설

기독교적 무용의 명칭의 명명 기준이나 그 해설은 기독교적 무용의 범주 안에서 의미를 달리하며 사용되고 있다. 명칭 및 해설의 분명한 규정이 다소

애매한 가운데에서, 이론적인 근거를 통하여 분류하고자 한다.

비젼 예술신학교(구:프레이즈 예술신학원)의 박연훈 학장은 "지금도 다윗처럼 춤출 수 있다."라는 저서에서 율동과 몸찬양이라는 개념규정을 통해서 주로 기독교적인 무용은 "몸 찬양"이라는 고유명사로 사용하였다.

(다음은 박연훈 학장이 사전에 나타난 율동과 관련된 단어를 비교한 것이다.)

단 어	내용	참고사전
율동	1) 규칙적인 율동 2) 음률의 곡조 3)리듬에 맞추어 추는 춤	국어 대사전
춤	손짓, 발짓하며 율동적으로 우쭐거리거나 뛰노는 예술적 활동	국어 대사전
	※ 곡조에 맞추거나 흥에 겨워서 팔 다리와 온몸을 율동적으로 움직이며 뛰노는 예술적 동작	우리말 큰사전
	순수한 정신적 기쁨을 표현하거나 신체의 건강을 위해서는 무언극의 연기를 나타내거나 하나님 앞에서 의식적인 헌신의 기쁨을 표현하는 신체의 조화롭고 율동적인 움직임	기독교 대백과사전
무용	춤·음악에 맞추어 몸을 움직이거나 감정과 의지를 나타내는 예술	국어 대사전

본 비교의 분석결과를 박연훈 학장은 율동, 춤, 무용의 세 단어가 개념이 같다고 보면서 다음의 신체의 움직임에 대한 개별적 분석을 통해서 몸찬양이라는 단어를 제시하였다(※ 표의 내용은 저자가 별도 첨부함).

대상	성삼위하나님 ↔신자 (남녀노소)	인간↔인간 (아동)	인간↔인간	인간↔인간	인간↔인간
방법	영으로	혼으로	혼으로	육으로	육으로
내용	1)경배 2)찬양 3)코이노니아 4)지·정·의 함양	1)지·정·의 함양 2)놀이 3)교제	1)자기표현 2)예술적표현 3)사상표현	1)자기쾌락 2)즐거움, 방탕 3)체력단련	1)삶영위 2)의식주 3)기타
	워십댄싱(Worship dancing) 몸찬양, 춤, 공동체 춤, 성경손유희,포크댄스 등	일반율동, 춤, 손가락놀이, 손유희 등	고전무용,발레,탈춤 등	디스코,포크댄스,블루스, 사교춤,에어로빅 등	다양함
종류	몸찬양	율동	무용	춤	노동
율 동 = 생 명					

이상의 내용을 통하여 분명하게 각 용어의 특징을 알 수 있으며 몸찬양 (Spiritual dancing)은 흥미위주, 놀이, 주위집중, 학습효과의 유치원 식의 율동이 아닌 하나님께 드려지는 자연스러운 춤이다 라는 정의가 기독교 무용을 상징하는 데에는 타당성이 있음을 분명하게 알 수 있다. 이러한 이론적 배경을 토대로 21C의 기독교적 무용을 살펴보면 국내에 국한해서 보았을 때 그 목적과 환경이 다양해져 가고 있음을 알 수 있다.

실제 성경에서는 대체적으로 특정한 목적과 환경을 통하여 춤이라는 명칭으로 춤을 추었으나 오늘날 춤의 목적과 환경은 다양하기에 "그러므로 형제들아 내가 하나님의 모든 자비하심으로 너희를 권하노니 너희 몸을 하나님이 기뻐하시는 거룩한 산 제사로 드리라 이는 너희의 드릴 영적 예배니라 너희는 이 세대를 본받지 말고 오직 마음을 새롭게 함으로 변화를 받아 하나님은 선하시고 기뻐하시고 온전하신 뜻이 무엇인지 분별하도록 하라."(롬1:1~2)는 말씀에 힘입어 "우리의 신앙생활에서 다양하게 연출되는 무용과 선교적 대상으로 접근해야 할 무용의 양면을 기독교적 무용으로 보면서 궁극적으로

이 모든 것은 선교무용이라는 큰 범주 안에서 간주해야 된다고 본다.

기독교적 무용의 명칭 및 해설이 다양하고 그 기준이 모호할지라도 궁극적으로 하나님의 영광과 예수님의 복음 전파에 연계되어 있으므로 외모는 보시지 않고 중심을 보신 하나님, 때를 얻든지 못 얻든지 복음의 때로 살라 하셨던 예수님의 말씀대로 준행하는 믿음안에서 명칭과 해설의 모호성을 극복해야 할 것이라고 본다.

참고로 이신영(한국선교무용의 실태, 숙명여대 대학원논문)의 기독교적 무용의 분류를 제시하면서 왜 하나님의 춤은 선교무용이라고 보아야 하는지를 설명하도록 하겠다.

1) 몸 찬양(어우러짐)

⑴ 놀이위주나 흥미위주의 유치원 식의 율동에서 벗어나, 하나님이 주신 몸으로 하나님을 표현하고, 나타내는 자연스러운 춤이 몸찬양이다. (율동이라는 표현보다 몸찬양으로 사용)

⑵ 몸 찬양은 한 곡으로 사용하기보다는 주제에 맞추어 (이끔, 펼침, 드림) 독특한 형식을 사용해 회중들을 그분의 임재가운데 이르게 하는 하나님의 춤이다. 또한 하나님의 사람들과 깊은 영적 교제를 나누며 축복해주는 춤이 몸찬양이다.

2) 수화 찬양

모든 찬양을 수화로 표현하며, 장애인과 비 장애인에게 하나님의 복음을 선포하며 하나님께 영광을 돌리는 댄싱이다.

3) Worship Dance(드림)

성경의 나타나는 예배의 모습들을 근거로 하나님께만 온 몸과 마음을 드리는 예배의 춤이다.

4) Folk Dance

서양의 오락적인 민속춤이 그리스도인들의 교제의 춤으로 새롭게 정착했다.

5) Gospel Dance (선포)-CCD

성경말씀에 근거하여 비 전문인 댄스라는 소재를 통해서 불신자와 성도들에게 하나님의 살아계심과 역사하심을 나타내는 영혼구원이 목적인 복음의 춤이다.

그 가운데에는 다음과 같이 분류할 수 있다.

(1) Holy Dance

CCM쟝르의 곡들 中 템포 8비트(발라드) 곡들로 주로 이루어진다. 중심성구를 중심으로 섬교내용을 만들어 동작화 한다. 신앙적 깊이와 워쉽댄싱적인 느낌의 동작에 난이도를 높여 무대 전체를 사용하도록 무대연출을 한 작품들이다.

(2) Power Dance

CCM쟝르의 곡들 中 템포 16비트 이상의 댄스곡들로 이루어진다.
이미지트레이닝의 주제 중심적 창작구성을 한다. 재즈나 힙합 그리고 브레이크 적인 동작을 사용하여 눈높이식 복음전달의 방법을 사용한 작품이다. 젊은이들의 기호에 맞추려는 의도보다 젊은이들이 전하고자 하는 주제에 접근시켜 영혼구원을 하는데 목적의식이 분명해야 한다.

(3) Drama Dance

CCM쟝르의 곡들 中 드라마적 요소가 있는 곡들을 선별하여 시놉시스를 만들어 기승전결의 연극적 요소를 춤으로 표현하는 스토리식 댄싱이다.

6) Musical Dance

음악은 가사가 있는 곡도, 연주음악도 상관없다. 믿지 않는 자들에게 하나님의 복음을 잘 표현하거나, 기독교 교육적이거나, 하나님께 영광을 돌리는 내용으로 구성한다.

(발단, 전개, 위기, 절정, 결말)등의 짜임새 있는 대본을 만들어, 댄싱을 보

는 관객이 어떤 내용을 전하려는지 춤의 흐름만 보고도 주제가 이해 되도록 만든다. 20분~1:30분까지 내용을 자유롭게 구성하되 춤의 미학적 구성으로 지루함이 느껴지지 않도록 각별히 주의해야 한다.

7) 예술무용으로의 선교무용

무용을 전공한 전문 무용가들이 선교적인 목적으로 기독교적인 내용을 삶 속의 모든 소재를 통해서 예술성 있게 표현하는 무대용 작품들을 의미한다.

⑴ 민족 무용

각 민족 고유의 예술적 무용을 기독교적 시각으로 재조명한 각나라의 전통무용이다. 이스라엘 민속무용, 스페인 무용, 멕시코 무용, 러시아 무용, 한국무용 등이 있다.

⑵ 발레

클레식 발레와 모던 발레를 기독교적 시각으로 재조명했다. 성경 속에 나오는 내용이나 복음성가를 소재로 삼은 작품이다.

⑶ 현대 무용

현대적 감각의 몸짓과 표현으로 예술무용을 회중들에게 가까이 다가가 기독교의 메세지를 강하게 전하는 작품들이다.

이 외에도 목적에 따라 축무로서 결혼예식으로의 춤과 애도의 춤으로 추도의 춤 등이 있을 수 있다.

이렇게 무용의 춤사위에 따라 구분하지 않고 퓨전적인 춤사위(현대무용과 한국무용, 발레와 현대무용)를 사용해서 선교하는 작품들도 많이 있다. 앞서 밝혔듯이 어떠한 장르의 구분이 중요한 것이 아니라 그 중심이 하나님에 있다는 것이 이름만 틀릴 뿐 모두가 하나님의 도구로 쓰임 받고 있다는 사실이 중요하다고 본다. 위의 내용상 기독문화가 서양문화에 편중되어 있다는 것을 알 수 있는데, 이제는 우리의 문화로서 우리의 것으로 드리는 확산작업이 필요할 때라 생각되어진다.

3. 선교적 의미로서의 기독교적 무용

하나님을 만난 후 살아 계신 하나님과 우리 죄를 사하시는 권세를 가지신 예수님, 그리고 우리에게 이 땅의 삶을 위해 주신 성령님을 통하여 무용이라는 은사로 하나님을 위해 추겠다고 서원케 하시고 그 기쁨을 주시어 추게 된 것이 선교무용의 출발점이 되었다.

선교가 과연 무엇인가?

하나님의 사랑과 말씀, 믿음과 구원의 확신과 감격으로 인한 하나님을 자랑하고 증거하고픈 그 마음을 들어서 사용하시고자 하신것이 선교라고 생각한다.

Mission이라고 하는 라틴어(Mitto)에서 차용된 선교라는 말은 파견, 사명, 위임이라는 뜻을 갖고 있다. 그 선교를 기독교 정신을 바탕으로 보여지는 기독교인들의 사명이라고도 정의하는데 과연 기독교적 사명이란, "가라사대 때와 기한은 아버지께서 자기의 권한에 두셨으매 너희의 알바 아니요 오직 성령이 너희에게 임하시면 너희가 권능을 받고 예루살렘과 온 유대와 사마리아와 땅 끝까지 이르러 내 증인이 되리라 하시니라."(행1:8) 한 말씀과 "예수께서 나아와 일러 가라사대 하늘과 땅의 모든 권세를 내게 주셨으니 그러므로 너희는 가서 모든 족속으로 제자를 삼아 아버지와 아들과 성령의 이름으로 세례를 주고 내가 너희에게 분부한 모든 것을 가르쳐 지키게 하라 볼지어다 내가 세상 끝날 까지 너희와 항상 함께 있으리라 하시니라" 하신 말씀에서 알 수 있듯이 어디를 가든지, 누구를 만나든지, 성령의 능력으로 하나님에 대하여 가르치고 지키게 하며 세례를 주면서 증거 하라고 하신 것이 하나님의 부탁이며 명령이셨다. 이러한 하나님의 당부하심을 세상 끝날까지 수행하는 것이 선교인 것임을 알 수 있다.

이러한 선교의 의미를 통해서 기독교적 무용을 설명하여 보면 다음과 같다. 구약성경에서의 춤을 앞서 밝혔듯이 성소에서 하나님을 찬양하며, 전쟁의 승리를 기뻐하며 춤을 추며 어두움과 죄악으로부터 탈출할 때 그 기쁨을 춤으로 표현하며 우리를 지으시고 능력을 베푸시며 광대하심의 주인공이신 하나님을 인정하고 추었던 춤이 대부분이며 사회가 부패하여 짐으로 춤을 터부시 하였던 춤의 부정적인 면으로 일축시킬 수 있다. 그러나 오늘날의 춤은 다양한 목적으로 추어지고 있음을 알 수 있다.

건강을 위해, 아름다움을 위해, 신체교정을 위해, 취미생활로, 남을 즐겁게 하기 위해서, 공연을 목적으로, 전인격 형성을 위해서, 국가 홍보를 위해서 치료를 위해서, 예배를 위해서, 전도를 위해서.... 등. 이러한 춤의 다양화를 오늘날 하나님의 진리와 사랑, 그리고 성령의 능력으로 수용하고 선한 청지기적 역할을 감당해야 하는 것이다.

교회의 예배 등에서의 국한된 목적과 장소가 아니라 전 인류의 삶과 장소를, 목적으로 여기고 옥토 밭으로 기경하며 씨앗을 뿌려서 열매맺는 선교의 단일 목적으로 기독교적 무용은 자세를 새롭게 해야 한다. 그리하여 영·유아를 중심으로 하는 유치원, 선교원 문화센터의 교육의 현장에서, 초·중·고등학교의 특별활동 및 무용전문 중·고등학교의 현장에서, 대학입시를 위한 학원 교육과 대학교·석사, 박사과정에 이르는 교육과정에서, 각 시·도립·국립 무용단 및 사설 무용단의 교육의 현장에서, 노인학교, 교회학교, 사회복지회관, 평생교육원, 신학원 등 개 교회의 무용 교육의 현장에서, 외국공연 및 연수의 현장에서 각종 무용공연 및 무용공연대회, 무용제, 위문공연, 학예회, 학술세미나, 워크샵 등의 발표를 통하여 주님의 말씀과 사랑을 구원의 확신과 거듭남의 은혜를 전하는 일들을 다양한 은사와 능력으로 감당하는 선교적 무용 즉, 기독교적 무용의 방법, 추진력, 확신 등을 연구, 실현시키는 것이 오늘의 과제이다.

핵심은 어떠한 경우에도 구원이며 하나님께 온전히 영광을 올려드리는 것이다. 결국 과거의 몸찬양의 범위가 이스라엘 민족이 하나님을 찬양케하는데 있다면 오늘날 몸찬양의 범위는 온 세계 만민을 찬양케하는 것이요, 오늘날의 삶을 찬양케 하는 것이요. 전 무용예술인과 춤추는 모든이들을, 무용을 감상하는 모든이들을 찬양케 하는 것이라고 볼 수 있을 것이다.

4. 21C의 기독교 무용의 목표

선교적 의미로서 기독교적 무용은 다음과 같이 목표 및 비전을 제시할 수 있다.

1) 일반적인 목표

(1) 하나님의 존재와 살아 역사하심을 인정하는 무용문화 구축

(2) 말씀에 의지하여 믿음으로 거듭나는 무용문화 구축

(3) 관념적 기독교 무용문화를 열매 맺는 무용문화로 구축

(4) 개성 중심적인 무용문화 구축 (국가적, 지리적, 개인적 여건 고려)

2) 구체적인 목표

* 일반적인 목표의 구체화를 위해서 실시할 것은 다음과 같다.

(1) 기도

(2) 말씀의 묵상과 분별, 그리고 실천

(3) 인재 발굴 및 육성

(4) 인재 양성을 위한 프로그램 개발 및 연구

(5) 프로그램의 조직적 확산 및 통합

(6) 인재 양성의 조직화, 단계화, 일반화

(7) 기독무용 문화의 모델 제시 및 발굴, 보급화

3) 무용인으로서 체험 및 비전

* 선교무용을 하면서 체험된 구체적 내용은 다음과 같다.

(1) 무용을 도구로 복음화

(2) 무용을 도구로 생활화

(3) 무용실기 및 이론의 영적 재조명

(4) 대학 및 무용교육 전반에 걸친 전공자들의 기경화, 복음화

(5) 무용의 일반적 이해 및 확장을 위한 선교

(6) 무용 예술 및 예술인의 선교화

(7) 선교적 차원의 무용론 연구팀 양성

* 이상의 선교무용의 접근을 통한 비젼은 다음과 같다.

(1) 무용 선교사 양육 및 파송

(2) 선교 무용의 학문화

(3) 선교 무용제를 통한 선교인들의 우호증진 및 영적 교류를 통한 결

합도모

⑷ 선교무용경연 대회를 통한 선교무용의 질적 향상 및 인재 발굴

⑸ 협력자 구성

⑹ 선교무용학교 설립

⑺ 선교적 무용 지도자 양육 및 파송.

⑻ 기독교계 교육기관 및 교과내용에 선교 무용 교육의 확산

⑼ 선교무용 연구소 설치

⑽ 선교무용단체간의 사역 및 정보교류

이상의 21C 기독교 무용 문화의 목표는 질적·양적으로 우리나라를 중심으로 전세계로 보급·확산 되어야 하며 반드시 그러한 미래를 믿음으로 믿고 확신하면서 범사에 기독무용인과 주님을 인정하는 믿음과 기도의 삶을 드려야 할 것이다.

"할렐루야"

CHAPTER 8

기독교적 무용 작품
형성 방법

기독교적 무용을 작품화하는 데에는 숙고할 사항이 많이 있다. 먼저 공연 목적과 공연일정 및 관람 대상 등의 파악을 통해서 주제선정, 제목선정, 작품 구상, 음악선정, 음악편집, 무용수선정, 동작선정, 작품연습, 공간구성, 의상디자인, 의상 질감 및 제작소 결정, 소품선정 및 제작과 더불어 분장이나 조명, 무대 연출 및 감독 등의 설정, 경우에 따라서 홍보와 관객 초청 및 동원에 이르도록 많은 계획과 준비가 필요하다. 이러한 구체적 과정을 마 6:33의 말씀처럼 분별되는 한, 최대한 분별하려는 노력과 정성으로 "너희는 먼저 그 나라와 그 나라의 의를 구하라" 하신 말씀에 입각하여 습관적이거나 세태적인 계획, 준비를 떠나 항상 하나님을 믿는 믿음과 기도, 말씀을 기초로 하여 사랑으로 성결하게 정성을 다하여 작품 형성하는 것을 원칙으로 해야 한다.

예수님은 믿지만 믿기만 할 뿐 하나님께서 싫어하시고 미워하시는 구습으로, 하나님의 이름을 영화롭지 못하게 할 악습으로 행하는 것을 하나님은 그 작품 또는 행위를 인정하지 않으시기 때문이다.

새 사람을 입었으니 이는 자기를 창조하신 자의 형상을 좇아 지식에까지 새롭게 하심을 받는 자니라 (골 3: 10) 고 하신 말씀처럼 우리를 새롭게 하신 하나님의 은혜로 작품전반에 임해야 할 것이다.

1. 주제선정

믿음생활을 하는 가운데에 하나님의 뜻 안에서 주제를 선정 해야 한다. 선정 방법은 다음과 같다.

1) 일반적 선정

⑴ 설교시간 중 은혜 받은 것을 선정한다.

⑵ 성경공부 가운데에 은혜 받은 것을 선정한다.

⑶ 성경묵상을 하는 가운데 은혜 받은 것을 선정한다.

⑷ 찬양 중에 은혜 받은 것을 선정한다.

⑸ 성도간에 믿음으로 교제하다가 은혜 받은 것을 선정한다.

⑹ 성서영화 및 시청각 자료를 통하여 은혜 받은 것을 선정한다.

⑺ 삶 속의 사건들을 통하여 영적 도전 및 메시지를 받은 것을 선정한다.

⑻ 시대적으로 요청되는 메시지를 전하고자 하는 것을 선정한다.

⑼ 각자의 은사대로 그 특징을 살려서 선정한다.

⑽ 믿음생활 가운데 확신있는 은혜의 부분을 선정한다.

⑾ 예수님의 전 생애 또는 예수님의 사역과 사건만을 선정한다.

⑿ 성경속의 인물에 대한 분석을 통하여 선정한다.

2) 제한적 선정

⑴ 절기별로 선정한다. (부활절, 추수감사절, 성탄절 등)

⑵ 경. 조사를 통해 선정한다. (생일, 결혼, 환갑, 교회입당, 헌당식, 추도식 등)

⑶ 일정 대상을 위하여 선정한다. (직업별, 환경별, 지역별, 국가별)

⑷ 연령별로 그 상황에 맞게 선정한다. (유치부, 초등부, 중·고등부, 청년부, 장년부, 노년부)

⑸ 믿음의 정도에 따라 선정한다. (초신자, 사역자, 직분자 등)

⑹ 성별에 따라 선정한다.

⑺ 불신자를 위해 선정한다.

이와같이 우리를 사랑하시는 하나님의 세계와 하나님의 사랑의 현장인 세상을 통해 많은것을 주제로 선정할 수 있다.

2. 제목선정

일반적으로 예술적 무용공연도 우리나라에서는 대중성이 약한 편이다. 음악, 연극과는 달리 무용공연에 대한 관심은 그리 보편화되어 있지 않기 때문에 기독교적 무용은 더욱 기독인들이 중심이 되어 관람하는 경우가 많다.

그래서 제목을 정하여 광고를 하여도 일반인들은 무관심하고 무지할 수 있고 기독인들에게만 관심 대상이 되는 편중된 제목을 정할 경우가 있다. 이러한 입장에서 기독교인들의 모든 작업이 선교가 되기 위해서

⑴ 살아계신 하나님의 말씀을 제목으로 무조건적으로 택해도 좋다. 그 이유는, 혹 공연까지는 못오더라도 그 말씀으로라도 은혜를 받을 수 있기 때문이다.

⑵ 역설적으로 제목을 통하여 흥미와 동기유발을 시킬 수 있는 진실하면서도 획기적인 것을 택해야 한다.

"복음에는 하나님의 의가 나타나서 믿음으로 믿음에 이르게 하나니 기록된 바 오직 의인은 믿음으로 말미암아 살리라." (롬1:17)

무엇을 어떻게 하든지 하나님의 뜻에 합당하며 그 행위의 중심이 하나님께 있다면 분명히 하나님께서 함께 하시며 역사를 하실 것이다.

3. 작품구상

주제선정 및 공연동기, 또는 목적에 따라서 작품 구상은 다양하게 이루어진다.

작품구상의 핵심은 "어떻게 하면 하나님의 메시지를 잘 전할까? 어떻게 하면 하나님께서 성령으로 역사 하실까? 어떻게 하면 많은 영혼들을 구원할 수 있을까? 등으로 고민하고 기도해야 할 것이다.

그 중심을 보시는 하나님께서 기도할 때마다, 묵상할 때마다, 고민할 때마다, 하나님의 계획하신 그 작품을 점차적으로 마음과 머리에 영혼과 동작에 붓기 시작하실 것이다.

작품구상을 하는 과정에서

(1) 인위적인 것은 제하여 버린다.

(2) 진실하지 못한 것은 제하여 버린다.

(3) 보이고, 나타내려는 욕구도 제하여 버린다.

(4) 잘 만들어야 한다는 부담도 제하여 버린다.

(5) 하나님께서 주신 능력과 경험, 지식, 노력 등을 통하여 하나님이 인도하실 것이라는 확신을 가져야 한다.

(6) 범사에 주님을 인정하고 의심치 않는 믿음으로 진행하여야 한다.

(7) 깊고 간절한 기도를 해야 한다.

(8) 영혼을 사랑하시는 하나님의 마음을 공유하도록 성령 충만해야 한다.

(9) 작품의 의도를 믿음 안에서 지속적으로 견고하게 해야 한다.

(10) 성서적 작품 및 기타자료를 믿음으로 참고하고 적용 해본다.

이외에도 작품을 구상하는 과정에 우리가 실현하고 지켜야 할 요소는 많이 있겠으나 중요한 것은 우리 스스로 하는 것이 아니라 살아계신 하나님께서 하신다는 확신을 갖고 강하고 담대하게 자신있게 추진해 나가야 한다. 또한 자신에게 주신 개별적 표현의 세계가 분명히 있기에 다른 작품을 참고하고 도움 받는 것은 좋으나 가급적 독창적인 작품세계를 구상할 수 있도록 지속적으로 습작을 하는 것도 좋은 방법이다.

4. 음악 선정 및 편집

기독교적 무용을 만들 때 음악의 선정은 대체적으로 쉽다고 생각한다. 찬송가를 비롯, 복음성가, CCM 등, 성가곡을 비롯 창작곡이 많은 편이다. 그러나 중요한 것은 얼마나 음악 자체가 성령충만한지를 생각해야 하고 무용으로 만들 수 있는 작품성 및 기독교 가치가 있는지의 여부를 고려해야 하기 때문에 어렵다. 때로는 작품성에 비해 음악성이 걸맞지가 않아서 아쉬울 때가 있으며, 성령충만하고 작품성 있는 음악을 구하기가 힘들 때도 있다.

또, 좋은 음악은 있으나 우리가 그 음악성을 따라 작품화 할 수 있는 능력이 부족하여서 감당치 못하는 경우가 있다. 다양한 음악 선정의 기회속에서 우리는 듣기만 좋고, 유명한 것이라서 택한다는 방법보다는 작품과 걸맞으며 작품을 관람할 대상자들에게 합당한지, 공연 목적에 맞는지, 무용수들이 소화해 낼 수 있는지의 여부를 고려하면 선교에 효과적인 음악선정을 했다고 볼 수 있다.

한편 음악편집에 있어서도 음량, 음질, 음폭의 조절을 온전하게 해야 하며 공연장의 음향시스템과 음악편집된 상태의 저응정도가 맞는지를 사전에 점검하고 음향기기의 점검도 사전에 하는 것이 진정한 음악선정의 완전한 방법이라고 볼 수 있다.

요즘은 음악 자체도 중요하지만 듣는 이, 보는 이를 위한 섬김의 음향조절도 중요하다.

공연 공간의 크기, 건축성향 등 음향실의 형편을 고려하여서 은혜를 받으려고 갔던 공연장의 음향으로 인하여 오히려 불편을 느끼고 가는 공연은 삼가하여야 할 것이다. 아름다운 소리로 우리를 아름답게 하시는 하나님의 아름다움이 소멸되거나 성령이 소멸되고 방해받지 않도록 가급적 상세히 관심을 가져야 하겠다.

5. 무용수 선정

일반적으로 무용수는 질적, 양적 요인으로 분류·선정하게 된다. 질적 요인은 성별, 연령, 테크닉 등의 요소를 감안하는 것이고 양적 요인은 무용수가 몇 명이어야 하는 가에 대한 점을 감안하는 것이다. 보통 기독교적 무용은 교회, 신학원, 선교회, 찬양·경배팀, 몸찬양팀, 기독무용가 중심의 단체 등을 중심으로 무용수들이 구성이 되어 있기 때문에 무용수 선정에 큰 문제는 없다고 본다.

일반 무용수의 선정은 작품성격 또는 공연 목적에 따라서 공개 오디션, 비공개 오디션등을 통하여 그 작품과 공연을 위한 특정한 무용수를 선발하는 경우도 있다. 일반 무용수 선정배경을 보면 또한 실력과 더불어 외관을 많이 보는 편이다. 오히려 경우에 따라서는 가능성을 보고 외관중심의 무용수들을 뽑아서 훈련, 교육 양성시키기도 한다. 그러나 기독 무용수의 선정에 있어서는 다음과 같은 애매하고 어려운 점이 있다.

1) 믿음은 보거나, 만질 수가 없어서 어떤 기준으로 판단·결정해야 하는지 모를 때가 있다. 교회출석자료, 목사님 추천서, 성령의 인도하심 본인의 신앙고백 등을 통해서 선발하지만 보이지 않는 믿음을 분별·선정하는 데에는 애매한 점이 있다.

2) 믿음은 있으나 실기능력이 부족한 경우의 문제이다. 가끔 열린 예배, 찬양예배 또는 Worship Dance 경연대회 및 페스티발에서 보면 최선과 성실, 열정은 있으나 신체적 균형, 움직임의 조화 등 다소 불안하고 어색함을 통하여 기독무용인의 기초적 실기 단계에 교육이 필요함을 느끼기 때문이다.

3) 실기능력은 있으나 영성이 약할 때 오는 아쉬움이 있다. 인간적으로 아쉬움이라 표현하지만, 기독교적 무용은 믿음과 더불어 영성이 필수적 조건이며 자격요소이기에 실기능력만으로는 하나님 나라와 그의 의를 표현하고 구원의 역사를 기대하기는 어렵다.

4) 주제, 동작, 공연환경 및 목적 등의 제반조건에 맞는 무용수들을 소속단원 가운데에서 사적인 감정 또는 관계를 떠나 공의롭게 선발하고자 하면 "스승이 그 제자를 싫어하는가"라고 생각하고 같은 동료 중에서도 특정한 인물을 선발하면 적대감이 생기는 등, 물체가 아닌 생각하는 사람이기에 신앙 유무를 떠나 많은 갈등을 겪는다. 이러한 현실은 비일비재하다. 아마추어이든, 프로이든 간에 집단 내에서의 공의적 인간관계는 믿음, 기도, 말씀, 신뢰로 부단히 성숙시켜 나가야 하며, 연장자 및 줄서기 순 등의 하나님께서 싫어하시는 부분들을 기경해야 할 것이다.

5) 믿음으로 모인 사람이요, 단체이기 때문에 때로는 권고, 지도, 수정할 때 "주님의 사랑"이라는 큰 명제 아래서 극히 이기적 생각 및 행동으로 말미암아 연합하기가 힘든 경우가 있다. 그럴 때마다 아마도 믿음의 사람은 기도로, 주님께서 내게 베푸신 그 사랑으로 그 난관을 극복해야 하는데, 특히 지도자들에게는 견고한 영성을 지녀야 이러한 난관들을 믿음과 기쁨과 사랑으로 극복할 수 있을 것이다.

일례로 어느 단체는 기존 무용수를 해체하고 일정기간 영성훈련을 받고 엄밀한 심사과정을 통하여 무용수로 선발하였다고 한다. 그러므로 기독교적 무용에 있어 무용수의 선정은 일정한 믿음의 영성훈련, 영성의 정기적 공급 및 기초실기의 체계적 공동체적 습득을 통하여만 하나님이 기뻐하시고 관객들이 흡족하게 볼 수 있는 무용에까지 이르를 수 있을 것이다.

6. 무용수의 배치

무용은 다른 예술 분야와 달리 무용수의 배치에서 인간적 갈등을 겪을때가 많이 있는 편이다.

무용의 실력이나 예술성등을 정확한 기준으로 평가하기가 어렵기 때문이며, 인간은 생각하는 존재, 감정적 존재이기에 생명력이 없는 물체를 배치하는 것과는 다를 수 밖에 없다. 물건도 잘 못 잡거나 옮기면 금이 가고 깨어지듯이, 무용인도 무용을 하는 기능인이기 전에 인격체이기에 마음에 상처가 없으며 갈등 없는 배치를 하기가 용이하지 않은 특성을 갖고 있다. 믿음이 있는 성도들이나 믿음이 없는 일반인들이나 모두 체험할 수 있는 일이다.

특별히 믿음의 사람들은 이러한 일들을 통해서 서로 겸손히 나보다 남을 낮게 여기며 기도하는 가운데 모든 배치가 하나님 뜻에서 잘 이루어지도록 간구해야 된다. 아울러 성실한 자세와 온전한 기량과 표현, 예술성의 터득을 위해 최선을 다해 연습에 임해야 할 것이다. 이러한 무용수들의 갈등을 해소하는 데에 도움이 될 수 있는 사례를 소개하고자 한다.

외국에서 모 음악연주회를 감상하면서 알게 된 사실이 있다. 그것은 연주곡에 따라 오디션을 하고 오디션 성적에 따라서 연주자의 자리가 연주곡 마다 정해진다는 말을 듣고 새삼 놀란 적이 있다. 다소, 공의적 질서가 아쉬운 우리의 생활풍토가 믿음의 집단에서도 빈번히 야기되는 것이 사실이기에 좀 더 높은 곳을 바라보는 하나님의 진정한 상급을 바라보는 신앙으로 성실하고 땀이 있는 무용수로 성숙시켜야 한다.

또, 몇 년 전 멕시코에서 민속 무용학교를 다닐 때의 일이다.

매학기 학생들이 실기를 테스트 받게 되어있는데, 어느 날 교수님이 강의실에 들어오시더니, 종이를 학생들에게 집으라고 하시면서 제비뽑기를 하였다. 1학기 간 배운 많은 작품 중, 학생들이 어떠한 작품을 테스트 받아야 하는가에 대하여 지정을 해주어야 하는데 교수님이 정하여 주는 것이 아니라, 학생들이 스스로 뽑은 종이에 적혀진 작품을 공연하게 하는 것이었다. 어떤 학생은 종이를 들고 내게 와서 나의 것과 바꾸어 가기도 했다. 본인의 것은 어렵고 내 것은 쉽다고 판단해서 가져간 것이다. 그 덕분에 나는 무척 어려운 춤을 테스트 받기도 하였다. 그러나 이러한 과정을 통해서 학생들 간에, 학생과 교우 간에 인간적인 갈등은 일어나지 않았고 무척 화기애애한 가운데에 어려운 일이 결정, 추진된 것을 보았다.

줄을 서며 자리를 배치함에 있어서도 전혀 무리가 없이 자연스럽게 연습되었다. 단, 1,2명의 학생만 교수님이 중요한 solo 부분에 선택하였지만 이 부분도 역시 학생들이 아무런 갈등 없이 자연스럽게 소화해나갔다. 물론 이러한 일들이 프로단체나 중대한 공연을 통해서는 불가능할 수도 있겠지만 인간적인 갈등을 최소한 감소시킨 상태에서 훌륭한 무용 창작 및 공연이 이루어진다는 결론적 대 명제를 전제하였을 때, 모든 지각에 뛰어나신 하나님을 믿는 믿음 안에서 지혜를 하나님께 구하며 진정 사랑이 넘치며, 서로 돌아보는 아름다운 무용의 환경을 조성해야 함은 필수적인 기독 무용인의 자세이어야 함을 강조하고자 한다.

7. 동작선정

동작을 구상하고, 연습하고, 취사선택하는 과정에 많은 어려움을 겪는다. 아마 "무용 또는 춤"하면 동작으로 바로 연상이 될 정도로 무용에 있어서 가장 중요한 부분이라고 볼 수 있다. 무용의 긴 역사를 거쳐 오늘날 다양한 춤, 또는 무용 장르 들이 있다. 정형화되어 있는 무용적 동작들을 생각하면 오히려 진정한 동작을 선정하기가 어려워진다. 우리에게는 이미 많은 동작이 있다. 삶 가운데서 부족함이 없을 정도의 무한한 동작이 있다. 실상 일상생활을 위한 행동을 위하여 별도로 교육을 받는 일이 없을 만큼 이미 생활하는데 필요로 하는 합리적, 세련된 동작을 우리가 소유하고 있다는 것이다. 그래서 전공자든지, 비전공자든지 우선 그 작품에 맞는 진정한 동작어휘를 선정해 나가는 것이 중요하다.

내 마음이 편하다. 내 마음이 슬프다. 내가 누구를 그리워한다. 지금 무척 고통스럽다. 너무 아름다운 꽃을 보고 감탄한다. 등 우리에게 전개되는 나와 내 주변의 상황에서의 자연스러운 몸짓, 동작, 행동을 실제로 잘하고 있는 우리이기에 공연 목적을 위한 섬세하며, 조화를 이루는 진실 되고 공감대를 형성하는 동작 역시 복잡하고 어려운 것이 아니다. 결코 평범한 행동과 삶을 떠난 그러한 것들이 아님을 밝히고 싶다.

오히려 기초체력 및 기초운동에 대한 지식과 실기를 습득한 후에 각 무용의 장르를 점차적으로 수용하여 폭넓은 동작의 선정을 기하는 것이 바람직하다고 본다. 대체적으로 아직까지는 전공자보다 비전공자들의 기독교적 무용에 대한 참여도가 높기에 이와 같이 제안하며, 또 그렇지 않다고 해도 예배 및 하나님의 사랑과 복음을 중심으로 전달되어 지는 무용에 고도의 테크닉을 반드시 요하는 것은 아니기 때문이다. 또한 전공자들은 전공 실기로써 그대로 안무하는 것이 아닌 전공실기를 하나님의 뜻에 맞게 재구성 및 창작을 할 필요가 있다.

예를 들어, 아라베스크 동작은 발레에서 자주 그리고 기술적으로 사용되는 동작이다. 이러한 아라베스크가 내용과 느낌에 따라 힘의 안배, 방향, 높이 등이 달라져야 하는데, 슬프던지, 기쁘던지, 벅차던지, 힘이 들던지 .... 어떠한 경우에도 "기본 아라베스크" 그대로의 정형적인 동작을 사용한다면 그것은 진정한 동작선정이 아닌 것이다.

어른들에게 하는 말씨, 어린이에게 하는 말씨가 다르듯, 훈계할 때, 사랑할 때, 존경할 때가 다르듯, 동작언어인 무용도 역시 적절하게 변화를 해야 되는 것이다. 이상과 같이 전공자와 비전공자에 관계없이 함께 공유해야 할 동작선정에 관하여 살폈는데 결국 동작은 우리의 자연스러운 신체적 조화와 삶 가운데의 진실한 행위들이 기초가 되어 공감대를 형성하는 표현적 동작언어로 창출됨을 적용하며 동작선정에 있어서 자신감과 신선한 창의력으로 해야 한다.

8. 작품연습

성도의 일체의 삶은 신전의식 속에서 그 빛을 발한다. 무용 연습을 할 때도 지도자나 무용수나 하나님 앞에 있음을 인식한다면 아름다운 연습이 이루어질 수 있을 것이다. 또한 연습에 임하기 전 편안한 대화와 작품에 대한 충분한 이해를 도모해야한다. 연습이전의 기도와 대화는 서로의 막힌 담을 허물어 주고 사랑으로 연합하는데 큰 힘이 된다. 상대방을 서로 사랑함으로 섬기는 연습이 중요하다. 이 아름다운 연습을 위하여 다음을 제시한다.

1) 연습시간을 서로의 삶을 존중하는 마음으로 엄수하며 모든 것이 주인이신 하나님의 시간이므로 낭비가 없도록 한다.
2) 연습실에 들어오면 기도를 한다.
3) 연습실 환경을 정결하게 한다.
4) 연습복을 단정하고 정결하며, 연습의 효과를 높일 수 있도록 착용한다.
5) 작품지도 및 반복 연습의 효율성을 높이고 상해를 예방하기 위하여 충분한 준비 운동을 한다.
6) 대표적 동작, 복잡한 동작 등 동작 분류를 통한 반복 연습을 한 후 통합적 연습을 한다.
7) 지도자의 설명 및 제안에 집중한다.
8) 지도자는 하나님이 지도자이심을 인지하여 섬기는 자세를 기본으로 하

여 공정한 자세의 지도력으로 연습을 해야 한다.

9) 지도내용을 말씀에 준하여 분명하고 쉽게 전달하며 질문을 통하여 충분한 이해가 되도록 지도한다.

10) 연습실 및 연습시간 중에는 가급적 사람들과의 잡담을 피하며 연습을 위한 집중에 몰두해야 한다.

11) 지도자 및 무용수는 연습과 모임 가운데에서의 어려움을 인간적 언행보다 기도와 말씀으로 대체할 수 있도록 신앙을 적용한다.

12) 연습이 끝나면 감사기도를 한다.

13) 작품에 대한 요구사항 및 의문점등을 해결하기 위해서 질의응답을 통해 정리를 한다.

이상의 제시는 실제로 각자의 신실한 믿음의 노력으로 형성된다. 하나님의 일이 우선이어야 함을 지식적으로 알면서도 현실 속에서는 역시 현실이 우선이기에 마치 세상에서 다 쓰고 난 후 남는 시간·체력·물질·은사 등을 내놓는 듯 한 풍토의 모임과 연습 등이 서로를 피곤하게 하는 경우도 종종 경험한다. 우리에게 모든 것을 다 내어 주신 하나님으로 인해 감사하며 하나님이 늘 우리 각자 앞에 계셔서 우리의 일거수일투족을 보시며 머리털까지 세신 바 되시는 분임을 기쁨으로 자랑스럽게 생각하며 신전의식의 삶을 더욱 실현시키면 좋을 것이다.

9. 공간구성

무용과 공간과의 관계는 한 몸과 같다. 공간의 구성 및 설정은 공연하게 될 교회, 집회장소, 극장 등 … 용도, 크기, 환경이 다양하다. 주로 기독교적 무용은 전도 및 선교를 중심으로 이루어지기 때문에 정한 무대가 없이 이루어 질 수도 있다. 이러한 상황 속에서 공연에 앞서 항상 공연하게 될 장소를 사전에 점검하여 무용수의 인원 증감, 공간형성 확장 및 축소, 움직임의 정도, 분장정도에 이르기까지 준비된 연습을 해야 한다. 특히 공간구성에 있어서 프로씨니움, 원형무대, 마당놀이, 입체무대 등 다양하며, 입·퇴장과 분장실 여건에 따라서 공간구성이 변경되어야 하므로 공간사용은 무척 신축성이 있어야 된다고 본다. 주로 기독교적인 예술무용은 다양하고 복잡한 공간을 창출하지만 교회를 중심으로 한 예배나 전도 등 공연의 작품은 고도의 전문적인 공간구성을 요하지 않는다. 앞서 동작구성에서 밝혔듯이 구성을 위한 구성, 창작을 위한 창작은 하나님께서 열납치 않으시며 성도의 모임, 하나님의 영광을 위한 공연이라면 더욱 인위성·조작성 등은 피하고 순수하면서도 창의적이고 본질적인 공간 사용이 더욱 효과적이라고 볼 수 있다.

10. 의상제작

의상제작에 있어서 디자인 선택, 질감선택, 제작자 결정 및 의상제작경비 등 세심한 배려가 수반되어야 하는 분야이다. 의상을 통하여 무용의 효과를 높일 수 있으며 더불어 작품성을 높일 수 있는 중요한 부분이다. 가급적 성도다운 자세로 세상적 기우에 빠지지 말고 예배적인 의상을 사용하는 것이 좋다. 효과적 의상 선택을 위하여 다음을 제시한다.

⑴ 고가품을 삼가한다.

⑵ 지나치게 화려한 것은 삼가한다.

⑶ 움직임에 불편함이 없는 것으로 한다.

⑷ 무용수의 몸이 지나치게 노출되는 것은 삼간다.

⑸ 작품과 무관한 악세서리 및 소품은 삼가 하며 특히, 움직임에 방해되는 것은 삼가한다.

⑹ 작품에 걸맞은 색상과 디자인을 선택한다.

⑺ 공연 목적 및 환경에 걸 맞는 색상과 디자인을 선택한다.

⑻ 무용수들의 능력, 신체적 조건, 건강에 맞는 질감, 디자인을 선택한다.

⑼ 무용수들은 자신의 자태의 관심에서 작품적 형상에 합당한 의상착용을 염두에 두어야 한다.

⑽ 경우에 따라서 의상 제작소에 의뢰하지 않고 공동작업 및 개인적인 작업을 통하여 의상 제작을 해도 좋다.

⑾ 의상제작을 반드시 하지 않고 대량으로 제작된 것들을 선택, 사용하여 의상제작을 위한 재정과 시간에 낭비를 막을 수도 있다. 또 대량

제작된 의상들 가운데에는 때때로 개인이 창출해 내지 못하는 뛰어난 의상들이 있으므로 공연에 큰 효과를 줄 수 있다.

이상의 내용은 사실상 기독교적인 무용, 주로 Worship Dance, CCD 선교무용 등에 관한 것이지만 일반 예술무용에도 이러한 정신은 적용되어야 한다. 그러나 기독교인들이 오히려 세상적 양상을 따르려는 성향이 있기 때문에 범사에 주님을 인정하며 하나님의 참 가르침을 적용하는 것이 좋겠다고 생각한다.

11. 분장

분장에 대하여 논하기 전에 분장과 화장이라는 말을 우리말 큰 사전(어문각·1992)을 통해서 살펴보면 다음과 같다.

분장은 1) 모양을 꾸밈, 2) 배우가 작품의 어떤 인물 모습으로 꾸미어 차림, 3) 배우가 작품의 어떤 인물 모습으로 꾸민 차림새라고 했으며, 화장은 화장품을 바르거나 문질러 얼굴을 곱게 함이라고 하였다.

보통 무용인들은 분장을 한다고 생각하는데 사전적 의미로 분석하면 음악에서 개인 연주회 및 성악 발표회는 화장을, 오페라는 분장을 하며, 무용은 화장을 하는 것으로 보아야 할 것이다. 일반 공연 예술자들도 과감히 자신의 작품 속의 인물로 분장하는 것을 꺼린다. 자신의 모습을 화장을 통하여 돋보이고 아름답게 하려는 현상이 짙은 편이다. 더불어 기독교적 무용을 하는 경우에도 작품성격, 공연환경에 관계없이 짙은 화장 내지는 고운 화장으로서 작품보다는 자신을 드러내려는 화장에 치우쳐 있는 듯 하다.

연령고하를 막론하고 습관적으로 분장적 화장인지, 화장적 분장인지를 분별함이 없이 "얼굴"에 큰 신경을 쓰는 것은 믿음이 있어도 자아에 대한 애착, 사랑에 깊이 빠져 있음을 알 수 있다. 작품성 있는 분장도 좋지만 자신이 자신답지 못하게 표현되는 것을 누가 자신 있게 감당할 수 있겠는가? 그렇다면 지나친 화장만큼은 삼가 하는 절제력을 생활화해야 한다고 본다. 보는 이로 하여금 작품의 내용과 공연 성격에 따른 적절한 화장은 오히려 작품성도

살릴 수 있고 공연자와 관객간의 부담감, 어색감을 줄일 수 있다. 무난하고 평범한 작품에는 겸허한 화장을, 작품성이 분명한 것에는 분명한 분장의 묘를 살려서 작품과 무용수가 용해되어 온전한 공연효과를 높이는 것이 바람직하다.

"무용"이라는 말에 짙은 화장, 화려한 의상, 아름다운 자태로 대명사화 되지 않도록 기독교인들이 외관적인 것이 진리로 자유로워야 한다고 본다.

"고운 것도 거짓되고 아름다운 것도 헛되나 오직 여호와를 경외하는 여자는 칭찬을 받을 것이라." (잠31:30)는 말씀을 능력으로 삼아 실천해야 할 것이다.

12. 조명

각종 공연과 더불어 무용은 조명을 중요하게 생각한다. 그런데 어떠한 경우에는 조명효과가 무용작품을 난해하게 하며, 이해를 돕고, 공감대를 형성하게 하는데 장애가 되는 경우도 있다. 특별히 기독교적 무용은 복잡하고 찬란한 조명을 많이 사용하지 않아도 좋을 것이라고 생각된다. 특별히 긴 시간의 대작품, 또는 작품성이 높은 작품에는 적절한 사용이 있어야 되지만 그렇지가 않은 경우에는 작품 속의 성령님과 사랑, 무용수들의 은혜의 모습이 다 드러나서 잘 전달될 수 있도록 하는 것이 중요하다.

효과적 조명에 대한 점을 제시하면 다음과 같다.

1) 안무자가 조명에 대한 분명한 확신과 작품성에 대한 조명적 견해가 분명하다면 본인 스스로 조명 디자인을 하되 그렇지 않다면 전문가에게 의뢰하는 것이 좋다.

2) 전문 조명가에게 의탁하더라도 지나치게 기술적이고 작품성이 부족하다면 적절한 조명을 선택하는 것이 좋다.

3) 복잡하고 단순한 무용성격과 공간의 형편에 따라 온전치 못한, 미리 리허설되지 못한 공연 및 조명이라면 가장 무난한 조명을 택하는 것이 좋다.

조명에 대한 현명한 선택을 못할 경우, 성령의 역사와 은혜의 모습을 모두 가리워서 실망스러운 공연으로 마칠 때가 있으며 지나치게 어두운 조명 및 복잡하고 난잡한 조명으로 인하여 작품의 주제나 동작표현 전달이 되지 못한다면 우리가 쏟은 정성은 허사가 되기 때문이다. 가끔 세상문화도 이러한데 기독교 문화에서도 해볼 것은 다 해야 한다는 식의 기독인들을 본다. 그러나 하나님께서 빛을 주셔서 광명과 어두움을 허락하시고 우리 삶에서 빛의 아름다움을 받고 누리며 살게 하셨듯이 문명의 발달에 따른 조명기술, 기능을 우리는 현명하게 사용해야 한다.

13. 무대장치

좋은 무대장치란, 작품과 함께 호흡하며 작품을 상징하고 대변하는 것을 말한다. 움직임이나 무용수를 약화시키고 춤의 내용과 표현력을 저하하는 것은 고려를 해야 한다. 보통 최근의 무대예술은 총체예술이라 하여 막대한 재정으로 무대 자체를 재구성하는 입체 무대장치들이 많이 생겼다. 기독교적 무용 역시 하나님의 위대하신 사랑과 능력을 전달하기 위해서 정성과 영성을 담은 무대장치들을 사용해야 한다. 그러나 늘 느끼는 것은 무용을 무용답게 하지 못하는 무대장치들이 많으므로 전문적인 미술가이되, 영성과 무용적 특징을 잘 감안한 무용적 무대장치를 할 수 있는 동역자들을 만나야 할 것이다. 역시 이런 부분 또한 중요한 기도 제목이다. 하나님의 영광을 위해 무용인 스스로 감당 할 수 없는 특수 분야를 같은 기독무용인 끼리의 공동체적 협의를 통해서도 무용적 무대장치를 모색 할 수 있는 가능성도 많이 있다.

14. 무대감독 및 연출

공연 성격, 크기 대·소를 막론하고 무대감독 및 연출은 항상 필요하다. 기독교적 무용, 특히 교회나 집회중심의 무용은 이러한 부분들이 약화되어 있다. 일반적으로 무용공연에는 무대감독 및 연출이 수반되며 연출 부분은 안무자가 감당하기도 한다.

무용공연은 제 3자 입장에서 작품의 성과를 위해 믿음의 눈으로 감독하고 연출을 할 수 있도록 구성원 가운데 동역자를 두는 것이 좋다. 능력에 따라 공연이 바뀔 때마다 다른 무대 감독이나 연출자를 초빙하는 경우도 있으며 공연장소가 바뀔 때마다 무대감독 내지는 유사한 역할을 하는 상주 담당자가 대체적으로 있지만 특별히 비기독교인이거나 영성이 맞지 않으므로 빚어지는 사태를 대비해서라도 동역자가 있어야 한다.

15. 리허설 및 공연

리허설 및 공연은 주로 공연장소에 따라서 많은 변화가 있다. 그러나 일반적으로 공연공간에 대한 동선을 확인하는 리허설, 무대 바닥과 무용수들간에 친밀감이 들도록 하는 리허설, 관객과 무대와의 관계를 고려한 리허설, 공연인원과 무대공간과의 적응을 위한 리허설 등 음악리허설, 조명리허설, 의상리허설 등을 거쳐서 본 공연에 임하게 된다.

이러한 리허설 내용 가운데 가장 긴 시간과 노력이 따르는 것은 대체적으로 무대 위에서 진행상 무용수의 등·퇴장 및 자리배치, 무대장치의 설치 및 진행 등에 있다. 또한 극장 공연을 할 경우에는 연중 스텝진들의 휴식도 거의 없는 가운데 극장 공연스케줄이 매일 있기 때문에 각 공연의 무대 디자인 및 조명디자인등을 할 시간적 여유가 부족함으로 충분치 못한 리허설을 통하여 본 공연에 힘겹게 임하게 될 경우가 많다. 근간에 열린예배를 위한 교회가 점차 많아져서 예배당 규모나 설비가 마치 무대화되어 있는 경우도 있다. 리허설을 할때 의외로 전문성을 갖추고 있어서 공연준비를 하는 사람들이 편안하고 감사한 마음과 자세로 마음껏 표현할때도 있다. 그러나 대체적으로 교회에서의 공연은 많은 불편함을 감수 해야 하는 어려움도 있다.

관객들에게 보여지는 시간은 잠깐이지만 장시간의 노력과 협력을 통해서 이루어져야 하는 무대예술, 공연예술의 난이도가 때로는 기독교적 무용 보급에 장애가 되기도 한다. 대체적으로 복음을 전하기 위한 공연이 부수적인 것으로 인해 저족되는 시간·체력 등의 낭비와 피곤함이 있기 때문이다. 때로는 기독교인들을 위한 문화공간 또는 기독문화를 위한 문화공간이 아쉬울 때도 있다. 비기독교인과 어쩌다 만나서 작업을 할 때면 사전에 하나님께 간절히 기도하지 못함으로 오는 죄송함도 있다. 세상을 위한 기독교 문화이기에 세상을 품고 사랑하며 가야한다는 대 전제 안에서도 아직은 아쉬움이 있다. 그래서 인내와 순종, 지혜 겸손과 사랑이 아울러 기독인들에게는 요구되기도 한다.

어찌되었던 힘든 리허설이지만 공연에 이르도록 연습때와 마찬가지로 신전의식으로 모든 것에 임해야 한다. 어느 때는 이런 생각도 한다. "만약 리허설 때 공연을 본 사람이 본 공연 때 못 온다면 지금 이 리허설 때 믿음으로 최선을 다해 하나님께서 받으시는 온전한 예배적 무용을 해야 된다"고.

즉 한 영혼, 한 영혼을 구원시키고자 하시는 하나님의 뜻에 맞추어진 순간 순간의 순종과 진실함이 있어야 한다는 것이다. 꼭 이러한 현실적인 것이 아닐지라노 어찌 되었던 믿음의 백성늘의 행함 속에는 하나님의 구원의 열정이 늘 도사리고 있어야 하며, 늘 나눌 준비가 되어 있어야 한다고 본다.

몇 년전 러시아에서 공연할 때, 기도도 안하고 편하게 분장실에 있노라니 많은 기도꾼들이 갑자기 몰려왔다. 넋을 놓고 있었던 우리 무용단원들이 놀랄 정도로 그들은 뜨거운 기도를 하였다. 그래도 무덤덤한 마음으로 단원들과 공연을 하러 무대에 올라 갔다가 너무도 부끄러운 일을 당하게 된것이다.

우리는 육체적 몸과 몸짓만 갖고 올라갔지 성령으로 무장을 못하여서 마귀 앞에 넘어지는 공연을 할 수밖에 없었다. 그래서 실상 기독교적인 공연은 리허설도 공연이요 공연도 공연이라는 분명한 신앙적 공연 자세로 행하여야 하는 것이다.

하나님께서 리허설 때부터 함께 만나게 되는 낯선 영혼들과 낯선 공간 속에 각 메카니즘 속에 함께 하시도록 간구하며 하나님의 신이 본 공연에 이르도록 그 공간과 영혼 속에 충만해 지도록 간구함이 기독교적 무용공연을 성공 시키는 지름길이요, 지혜라고 감히 말할 수 있다.

"근신하라 깨어라 너희 대적 마귀가 우는 사자 같이 두루 다니며 삼킬 자를 찾나니 너희는 믿음을 굳게 하여 저를 대적하라 이는 세상에 있는 너희 형제들도 동일한 고난을 당하는 줄을 앎이니라." (벧전5:8~9)

러시아에서 기도로 연약한 가운데에 그저 무대에 섰다가 창피만 당하고 내려왔던 때를 생각할 때 기독교적 무용을 하는 사람들이 공연하고자 하는 그 시공간은 영적 씨름 터요, 영적 전쟁터인 것임을 마음 판에 새기며 공연장에 함께 하시는 하나님, 성령으로 인도하시며, 승리하시는 하나님을 목도하며 공연할 수 있는 우리 모두가 되어야 하며 하나님께서 결국은 홀로 영광을 받으시도록, 겸손함을 잃지 말아야겠다. 또한 작품과 작품이 진행되는 과정에서 자신들의 순서가 오기까지 마치 등에 기름을 가득 채우고 신랑이 올 때를 준비하고 기다렸던 처녀들처럼 완전히 준비된 자의 모습을, 자세를 스스로 믿음으로 훈련해야 기독교적 무용을 성취해 갈 수 있다고 할 것이다.

16. 홍보 및 초청

홍보 및 초청은 일반적으로 초청한 곳에서 하거나 기획사에서 하며, 무용단 자체의 공연일 경우 역시 기획사를 통하거나 인맥을 통하여 홍보 및 초청을 하게 되는데, 통상 무용공연에 초청되는 관객은 가족, 친지 중심이 많은 편이다. 기독교 무용인 들은 이러한 관례를 깨고 믿음이 없거나, 믿음에 대하여 관심이 있거나, 환난과 고통 가운데에 있는 자 등 하나님의 사랑이 필요한 사람들을 초청하는 것이 좋다.

티켓 및 초청장, 프로그램을 전달할 때도 공연보다도 더 중요하게 생각하여 관람을 못하게 되는 사람들이라도, 전달과정을 통하여 살아계신 하나님을 만나고 알 수 있는 씨를 뿌리는 과정으로 간주하여 정해야 할 것이다. 예를 들어 출판물 전체가 하나님 것이요. 모든 인쇄물 디자인 속에 말씀을 넣는 다든지, 별도로 전도지를 선정하여 삽입한다든지 하여서 공연 자체보다도 공연을 위한 전 과정을 전도하는 기회를 삼아야 할 것이다. "너희는 먼저 그의 나라와 그의 의를 구하라 그리하면 이 모든 것을 너희에게 더 하시라." (마 6:33) 라는 말씀을 믿기 때문이다.

17. 공연이 끝난 뒤의 뒷마무리

공연 뒤의 정리도 본 공연만큼이나 중요한 요소이다. 공연이 끝나면 먼저

(1) 하나님께 감사기도를 드린다.
(2) 수고하신 모든 분들께 정중히 사랑으로 인사를 드린다.
(3) 함께 한 동역자들과 다음의 만남을 위하여 믿음의 교제를 나눈다. 함

께 하신 하나님을 영화롭게 하며, 함께 동역한 동료를 격려하는 것이 좋다.

(4) 공연을 위하여 흩어져 있던 자신들의 짐을 정리한다.

(5) 공연 준비장을 하나님의 영광과 하나님의 영화로우신 이름을 위하여 깨끗하게 단정히 정리한다.

(6) 스탭진에게 맡겨졌던 음악·소품·장치 등을 회수한다.

(7) 혹시 공연 가운데에 불미스러운 일, 전도해야 할 사람 등이 기억난다 면, 믿음의 정리를 하고 자리를 뜨도록 한다

(8) 혹시 공연의 현장에서 만나는 사람들이 대체쩍으로 불신자라면 항상 공연시 전도지나 선물을 준비하였다가 헤어지기전 전도 및 선물을 하 여서 온전히 주님께 영광을 올리도록 한다.

(9) 특별히 책임자들은 끝까지 모든 일을 정리하고 귀가하도록 한다.

18. 기독무용의 형상화

기독 무용계에서는 일반무용의 다양한 장르를 수용하고 하나님의 영광을 위 하여 발전시켜 나가야 한다.

그러나 다양한 무용의 장르를 습득해서 기독교화 하는 출발점과 과정, 그 결과에 대하여는 깊은 하나님과의 묵상과 기도 그리고 실현이 있어야 할 것 이다.

진. 에드워드 비이스의 "기독인에게 예술의 역할이란 무엇인가"에서 성 막을 지었던 브살렐과 금송아지를 만들었던 아론을 대비시키면서 브살렐에게 는 하나님의 뜻을 잘 표현하고 섬긴 최고의 예술가로, 아론에게는 우상숭배를 한 예술가로 규정짓고 있다.

즉, 브살렐은 하나님의 것으로 하나님을 기쁘게, 아론은 하나님의 것으로 사람을 기쁘게 하였다는 핵심적 차이가 있다.

이와 같이 같은 신앙인이 만들어 낸 작품 속에서 두 가지의 양상이 제시되 고 있는 것처럼, 무용인들도 같은 테크닉으로 표현하였는데 다른 양상을 즉, 중심에 하나님 보시기에 합당한 것과 합당치 않은 무용을 하는 경우가 있다

는 것이다.

최근에는 교회에서 예배 때에 무용을 하는 경우가 종종 있는데 성도들을 당혹케 하는 경우가 있다고 하는 염려의 소리들이 있다.

"무엇 때문일까"

무용수의 몸과 능력은 모두 하나님께로부터 나왔으며 하나님의 영광을 위한 것이다. 즉, 시작도 끝도 하나님 안에 있다는 것이다. 그런데 자칫 무용수가 스스로 자신을 드러내거나 높이거나 자신의 기쁨을 위하여 춤을 추는 경우, 사람과 환경의 분위기에 맞추는 경우등 하나님을 믿지만 하나님께 영광을 올려 드리지 못하고 명예를 확보하거나 자신의 성공 및 자신의 만족을 위해 행하는 일체가 하나님의 뜻에 합당치 않은 모습이며 자신이 주는 기쁨과 능력으로 착각하고 본분을 망각할 때 염려스러운 현상들이 곳곳에서 일어날 수 있음을 알 수 있다.

가끔 무용공연을, 또는 연습을 할 때,

"멋있게 걸어야지", "멋있게 보이겠지", "잘해야 할 터인데", "잘 했다고 할까" 등 내면의 소리와 외부의 평가가 하나님의 몸짓을 근심스럽게 하며 불안케 하기도 한다. 그리고 교만하게도 그럴때면 다시 기도를 하게 된다.

"하나님 저를 하나님의 형상대로 하나님이 뜻하신 바대로 이끌어 주시고 저의 모습을 감추어 주세요. 나의 육체적 자랑은 너무 하잘 것 없는 것이며, 이 작은 자를 통하여서 하나님의 크신 뜻이 이루어지길 원하나이다"라고.

무용을 하는 무용수들의 몸, 동작, 표정 등 자태, 그리고 그 환경은 많은 유혹 거리가 있다. 그리고 계산된 지성력 보다 찰나적 감성력이라는 큰 특성을 지니고 있다. 시계바늘 초침이 1초만 지나가도 시간은 큰 변화를 주는 것이며 중요한 변화임에 불구하고 사람의 몸짓의 작은 변화는 느껴지지 않을 정로로 무감각하게 처리가 된다. 그러한 무감각한 변화의 습관들이 때로는 하나님을 믿는 맘음의 중심으로부터 멀리 이탈할 때가 많다는 것이다.

때로는 가운데 서면 잘하고 주인공이 되면 잘하기도 한다. 뒷자리나 가장자리에 서면 책임감이 없이 움직이기도 한다. 무용수의 마음은 수시로 변할 수 있는 환경을 조정할 수 있는 힘이 약하며 환경에 따라서 변하는 습관이 배여 있는지도 모른다.

훌륭한 극장, 무대, 관객, 나이가 많은 관객과 그에 상응하는 반응에 심리도 바뀌고 실력도 바뀔 수 있는 변화력이 많은 요인을 갖고 있다. 과연 이러한 움직임과 표현이 하나님께서 원하시고 기뻐하시는 것일까라고 하나님께 묻는 신앙적 자세가 지속적으로 생활화되어서 다양한 환경적 변화 속에서도 시종 일관 하나님을 바라보며 하나님의 뜻과 은혜 그 사랑의 감동으로 맡은 역할을 충성스럽게 감당할 때 진정한 기독교적 무용의 형상을 빚어 나갈 수 있다고 본다. 그래서 하나님의 무용뿐만 아니라 모든 무용의 진정한 표현은 "흉내 내는 것이 아니라 진실로 그렇게 되는 것이다"라고 정의하고 싶다.

즉 무용의 형상화라고 하고자 한다.

학생이 교복만 깨끗이, 단정히 입고 가방을 들고 학교에 다닌다고 해서 학생인 것이 아니라 학생다운 삶이 그 과정에 있을 때 진정한 학생인 것처럼 무용도 동작만 구사한다고 하여서 무용이 되는 것이 아니라 참으로 그 주제와 역할에 맞는 내·외면의 변형이 일체감을 갖고 연출, 연기될 때 진정한 무용이 될 수 있을 것이다.

그래서 참으로 좋은 무용은 형식과 내용이 일체되어 잘 전달되는 것이라고도 한다. 일반적으로 하나님께서 안타깝게 여기는 아론의 금송아지 앞에서 추었던 춤과 같은 광란의 춤, 정욕적인 춤, 배설물과 같이 여겨야 할 땅에 속하는 인간적 욕정을 제어하지 못하여 추는 자유방임적 춤 등으로 하나님께서 아름답게 주신 인간의 진정한 형상을 잃어버려서는 안 될 것이다.

하나님의 소중한 형상을 세상이 주는 기쁨 정도의 깊이로 바꾸어서도 안 되며 엄마의 소중한 결혼반지를 철모르는 어린 딸이 먹고 싶은 한가락의 엿과 바꾸어 먹듯이 존귀한 하나님의 자녀로서의 아름다움을 잠시 머물다 가는 세상의 것들과 바꾸어서도 안 될 것이다.

하나님의 거룩하신 성품과 손수 지으시고 심히 보시기에 좋았다고 표현하시고 만물과 인간의 아름다움을 소중히 생각하고, 빛나는 하나님의 형상을 드러내는 기독교무용의 실현을 곳곳에서 이루어내고 체험하는 은총이 있어야 할 것이다.

이상의 내용을 통하여 좀더 온전한 기독교 무용을 만들고 표현하는 데에 기여가 될 것이라고 믿으며 하나님의 영광과 많은 영혼들의 구원을 위하여 지속적인 묵상, 연구가 수반되어야 할 것이다.

나의 노래

CHAPTER 9

선교무용 감상을 통한
기독교 무용의 발전 가능성

나는 숙명여대에 장기간 무용과 교수로서 재직하면서 이론 강의와 더불어 선교무용을 해왔다. 제자들과 강의를 통해서도 하나님에 대하여 자주 전하고 있지만 선교무용에 대하여는 잘 언급하지 않았다.

이론 교수이기에……, 또 선교무용이 낮이 설고 학생들과 직접적인 관계가 없었기에…, 또한 제자들에게는 4년간 보아야 할 공연이 많고, 의무적인 관람도 제법 있는 듯 하고, 티켓값도 용돈을 타는 수준보다 높은 것으로 알고 있기에 내가 하는 공연 정도야 굳이 이야기를 할 필요가 있을까..? 라는 생각이 있었다. 이러한 가운데 2002년도 연구 년을 맞기 전인 2001년 2학기말에 4학년 제자들은 앞으로 어쩌면 못 볼 수도 있고, 다른 저학년들은 1년 동안 못 볼 터인데…, 이즈음 선교공연을 보도록 권해야 되겠다고 생각했다. 이러한 권유로 실은 타과 학생들과 함께 공부하는 교양과목을 통해서 관람할 기회를 주게 되었다.

강제가 아닌 강제로…. 보고 난 뒤 감상문을 쓰기로 하고 티켓 값은 아주 저렴하게 하였다. 나의 진정한 목적은 선교무용을 소개함으로 제자들의 마음에 하나님의 춤을 심어주고 나아가 하나님에 대한 확신을 갖게 하고 싶었기 때문이었다. 참으로 조심스럽지만 믿음의 열정이 발동하였다고나 할까? 100% 관람하지는 못했지만, 참으로 나는 다시 한 번 하나님께 감사하는, 너무 감사하는 결과를 얻게 되었다.

대부분의 학생들이 선교무용에 대한, 하나님에 대한 긍정적이고, 적극적인 마음으로 돌아섰기 때문이었으며 선교무용에 대한 비전 제시를 그들 스스로가 했기 때문이다. 선교무용이 영혼을 감동시키고, 현대인들에게 삶의 촉진제가 될 수 있는, 그리고 믿음을 더욱 새롭게 굳게 할 수 있음을 확신하며, 하나님이 사랑하시는 그 소중한 마음을 담은 감상문을 익명으로 소개하고자 한다. 그리고 이 글을 읽는 분들이 하나님 앞에 무릎 꿇어 하나님 나라를 사모하며 무용인구가 생명을 살리는데 쓰임 받기를 함께 기도하기를 바란다.

※ 선교무용 감상문 ※

1. 첫 번째 감상문

1) 공연장을 가면서....

쌀쌀한 초겨울이 시작된 이 계절에 따뜻함을 전해주는 공연이 될 것이라는 생각이 들었다. 선교무용이라는 것을 들어 본적은 많았지만, 직접 관람한 것은 생전 처음이었다.

지금 생각해 보면, 그래서 나도 모르게 호기심과 적지 않은 기대감이 마음 속에 자리 잡았던 것 같다.

공연을 관람하기 전 내가 생각하는 선교무용이란, 동작은 그리 많지 않고 단지 감정을 드러내는데 급급하며 동작을 표현한다 하더라도 한눈에 무엇인지 알 수 있는 단순한 것들로만 구성할 것이라고 생각했었다.

그건 아마 성급한 나의 오류였을 것이다.

내가 가장 크게 마음에 와닿게 깨달은 것은,

이 공연을 보고 무용을 선교로 할 수 있는 것을 확실히 깨달을 수 있었던 것이었다.

한전 아츠풀 센터라는 생소한 장소에서 공연을 한 터라 찾아가는 것이 대단히 어렵고 힘들었다. 이러한 쉽지 않았던 여건 속에서 마침내 어렵게 공연장 안으로 들어갔다.

2) 작품들을 보고...

(1) 기도

밝은 조명을 받으며 하얀색 의상에 토슈즈를 신고 춤이 시작되었다.
발레틱한 분위기가 처음부터 끝까지 묘사되었다.
여러 명의 여자 무용수들이 아름다운 군무를 보여주었다.
정말 기도라는 제목을 연상할 만큼 부드러운 자태와 경건한 분위기를 한껏
드러내 주었다.
작품을 보고 난 후 전체적인 느낌은 경건하다는 것이었다.

(2) 나 같은 죄인 살리신

파란색 의상에 슈즈를 신고 여러 명의 무용수들이 춤을 추었다. 가장 인
상적인 부분은 흰 천이 떨어져 있고 '나 같은 죄인 살리신' 이란 찬송가
가 흘러나오는 첫 번째 장면이었다. 모두들 표정 하나 하나까지 너무나도
진지했다. 감정의 몰입과 이입이 감동적이었다.
앞의 작품과 비슷한 분위기를 띠었다.

(3) 집시여인의 기도

탭댄스를 연상하게 하는 작품 이였다.
의상도 너무나 화려했었다.
경쾌하면서도 무언지 모르는 우울함이 느껴졌다.
넓은 무대가 꽉 차는 기분이었다.
솔직히 선교무용다운 춤은 아닌 듯 했다.

(4) 사랑의 기도

처음에 남녀 듀엣으로 2그룹(4명)이 춤을 추었었다.
어느 정도 연륜이 있는 무용수들이었다.
솔직히 너무 잘 맞지 않았었다.
화려한 의상과 조명들이 춤에 묻히는 듯 했다.
듀엣의 두 그룹이라 틀린 모양이 더욱 확연히 들어 나게 했다.

정박도 엇 박도 아닌 틀린 박이 확실했다.

그러나 나이가 아주 연로해 보이는 여자 무용수가 느낌을 표현하는 부분이 너무 감동적 이였다, 걸음을 걷는 것도 불편해 보이셨지만, 상체의 느낌이나 얼굴 표정과 연기력이 너무나 풍부해서 보는 이들로 하여금 놀람을 금치 못하게 했다.

정말로 무언가 모르는 애절한 믿음이 몸과 마음으로 느껴졌다.

(5) 나의 노래

깨끗하고 순결해 보이는 흰색의 의상.

꾸미지 않아 인위적이지 않은 분위기를 연상하게끔 하는 그러한 의상으로 교수님 이 등장하셨다.

평소 이론을 가르쳐 주시던 교수님의 무용을 처음 보는 기회인 터라 너무나 기대되었다.

그런데 역시나 교수님은 저의 그러한 기대를 져버리시지 않으셨다.

정말로 마음에 와 닿는 작품이었다.

신자들이 아닌 비신자들까지도 공감이 가게끔 하였다.

뭔가 모르는 찡함이 느껴졌다.

이 작품을 보고 난, 반성이라는 걸 해 보게 되었다.

비신자인 내 친구와 이 공연을 함께 동행 했었다.

친구도 나와 같은 의견이었다.

촛불 바구니를 들고 나왔을 때 무대가 너무나 아름답게 매워졌다.

또한 가장 감동적인 장면은 발을 씻겨주는 장면이었다.

무엇보다 마음에 남는 것은, 교수님의 표정연기에서였다.

기쁨과 슬픔이 교차하는 표정이 너무나 어색하지 않게 연결되었었다.

또한 테크닉적인 면에서도 수없이 턴을 도는 모습에 관객석에서 박수가 쏟아져 나왔었다. 다만, 조금 아쉬웠던 점은 솔로 부분에 비해 군무 부분이 너무 짧았다는 것이다.

전체적으로 정말 감동적이고 색다른 공연이었다.

2. 두 번째 감상문

두 번째로 보는 선교무용이었다. 사실 나는 무용을 하고 있지만 선교무용에 대해서는 잘 알지 못한다. 그리고 내가 생각하기에는 선교무용은 주제나 소재 등이 이미 정해져있는 것이라고 생각한다.

그리고 나는 선교무용이라고 하면 기독교를 먼저 떠올리게 되는데 꼭 그렇지만은 않다고 생각한다. 내가 생각하는 선교는 자신이 믿고 있는 종교를 다른 사람들에게 알리고 자신이 믿고 있는 신이나 우상을 믿게끔 설득하고 보여주는 것이라고 생각한다. 그래서 선교무용은 왕성하기 때문에 그렇게 보이는 것이라고 생각한다.

무용이 몸으로 말하는 언어이듯이 선교무용은 선교 활동을 말이나 다른 것이 아닌 몸으로 보여주는 것이라고 생각한다. 하지만 선교무용에 있는 의미는 이것뿐만이 아니라고 생각하다. 선교무용에 대해 조금 조사를 해보았다.

그리스도의 복음 선교에 결정적 도움을 준 요소들은 크게 셋이 있다고 한다.

첫째, 헬라어와 헬레니즘의 세계 언어 – 국제문화다. 이는 민족들 사이의 의사소통을 원활하게 해주었고 그리스도교 신앙이 세계화하는 데 크게 기여하였다.

둘째는, 잘 정비된 로마의 행정체계와 도로망이었다. 효율적 제국통치를 위해 개발되고 정비된 이 길들로 최초의 선교사 바울로와 제자들은 종횡무진 이동하며 선교할 수 있었다.

셋째, 유대교의 회당과 그 영향도 그리스도교 복음 선교에 이바지하였다. 유대교의 구약성서와 그 도덕적 가르침에 의해 길들여진 여러 민족들은 그리스도교 신앙을 쉽게 받아들일 수 있었다. 그러나 이 모든 것들보다 더 중요한 것은 당시의 세계가 보편적 구원의 새 종교를 열망하고 있었다는 사실이다. 로마제국의 혼란한 사회상, 부패하고 부도덕한 생활풍조를 수습할 도덕적 절제력을 제공한 것은 바로 그리스도교 신앙윤리였기 때문이다.

초대교회의 복음 선교연구는 현대교회의 선교에 큰 지침을 제공한다. 그러므로 현대선교학은 교회의 선교를 폭넓게 조망하고 정의한다. 먼저, 선교는 창조질서 보전에 관심을 가져야 한다고 강조한다. 환경과 자원의 관리는 하나님의 선교의 관점에서 조명되어야 한다는 것이다. 그리고 인류의 보편성과 무차별을 강조한다. 또한, 예수가 구원의 유일한 길임을 선포해야 한다고 강조한다(에베소인들에게 보낸 편지 4:21). 나아가, 하나님의 정의가 실현되는 사회를 구현하는 것이 선교의 궁극적 과제임을 역설한다.

마지막으로 교회는 하나님과 사람사이에 회복된 관계와 자유를 누리는 공동체로서 악하고 부패한 사회와 세상 속에 본이 되고 희망을 주어야 한다고 강조한다. 한 마디로, 현대교회의 선교에의 접근은 신학적인 동시에 인간학적이다. 아울러, 그 접근은 개인의 영혼구원을 강조하는 동시에 집단 속에서 구조악의 문제와 씨름하는 인류의 사회적 구원에도 깊은 관심을 기울인다.

위에서 말한 것처럼 선교무용은 종교를 전파시키고 알리는 일이다. 종교 활동에 있어서 선교는 반드시 필요한 것이고 또 매우 중요한 역할을 하는 활동이라고 생각한다. 그렇기 때문에 선교를 하는 방법도 매우 중요하다고 생각한다. 선교무용은 선교를 무용으로 하면서 사람들이 많은 흥미와 관심을 가질 수 있다는 점에서 매우 중요한 역할을 한다고 생각한다.

3. 세 번째 감상문

1) 공연 감상에 앞서

다채로워지고 대중화되어 가는 예술 현상 속에서 무용은 유독 시대의 조류 한켠으로 밀려나 있다는 느낌을 받게 된다. 즉, 대중성 확보가 어렵다는 얘기이다. 공연예술에 있어서 대중성을 확보한다 함은 텔레비전과 리모콘 혹은 컴퓨터와 키보드의 편안함에 길들여져 있는 사람들을 매표소와 관람석까지 끌어낼 수 있는 호소력을 지니고 있음을 의미할 것이다. 현대에는 많은 부분의 예술 장르들이 선정적이고 자극적인 제목이나 볼거리나 무차별적인 과대광고로 관람자를 끌어들이는 대중 문화적 수법을 차용하는 현상이 범람하고 있는 듯 하다. 그렇지 않고서야 TV 와 INTERNET이 폭팔적으로 제공하는 현란하고 감각적인 흥밋거리로부터 사람들의 마음을 빼앗아 그들이 공연장을 찾는 수고로움을 유도해내기란 여간 어려운 것이 아닐 것이다. 공연문화의 실태가 이렇게까지 되고 보니 소위 인기가 없다거나 돈 안 되는 공연은 공연장을 구하기조차 어려운 실정이 돼가고 있다.

사실 이와 같은 현실을 인정했을 때, 과연 선교무용이 차지할 수 있는 입지가 얼마나 될까 하는 의구심을 지울 수가 없다. 한국적 풍토에서 아직까지 무용 자체만으로도 매우 생소한 것이라는 것을 감안할 때 특정한 종교를 대상으로 특수한 신앙인 집단에 의해 향유될 수밖에 없는 선교무용이라는 장르가 얼마나 성공적으로 안착될 수 있을지 공연을 관람하기 전에 염려부터 앞서는 것이 솔직한 심정이었다.

무용만큼 오해와 편견으로 얼룩진 예술장르가 또 있을까.... 무용이란 으레 젊고 멋진 외모를 가진 무용 전공자들만이 해야하는 것이고, 맨발을 벗고 미치듯 날 뛰지 않으면 현란한 기교로 사람들의 눈을 사로잡은 그 무엇으로 간주되고 있는 것 같다. 흔히 관람에 있어서 무용인의 움직임과 동작에 초점을 맞추게 되며 그 알아들을 수 없는 몸짓언어에 대부분의 관중들은 소외감을 느끼기 십상이다.

그러나 이러한 왜곡현상은 무용의 본질에 대한 오해에서 비롯되는 것 같다. 무용을 한마디로 정의 내리는 것은 어렵지만, 기본적으로 무용이라 함은 인간의 신체운동을 바탕으로 안무가나 무용가의 내면적 사상을 외부로 표현하는 기능을 가지고 있는 신체와 영혼이 결합되어 이루어지는 예술이라고 할 수 있다. 그러나 대부분의 사람들이 동작의 피상적 움직임만을 주시하고, 그 안에 담긴 예술적 정신이나 내용을 간과하기 때문에 무용을 난해해 하는 경향이 나타나게 되는 것이다.

선교무용의 경우 목적 자체가 전도적 측면이 강하기 때문에 종교적 절대성이나 초월적 이상정신을 전제로 삼기 마련이다. 관람자에 있어서도 이미 이러한 정신이 내면화되어 있기 때문에 안무가나 무용가의 사상 전달이 용이하며, 이해의 폭이 넓어질 수 있다. 그러므로 위와 같은 무용에 대한 왜곡된 인식을 선교무용에서 극복할 수 있다는 장점이 있으며, 오히려 정신이 몸짓을 압도할 수 도 있는 일이다. 나아가 이러한 선교무용이 지닌 특징으로 인해 오늘날의 왜곡된 무용관 회복을 기대해 볼 수도 있으며, 무용의 본질을 바로 보게 해주고 제 기능을 찾는데 중요한 역할을 할 수 도 있을 것이다.

선교무용에 대한 나름대로의 여러 생각들을 가지고 흥미 진지하게 공연을 감상하였다. 비기독교인으로서 기독교를 대상으로 구성된 공연을 감상한다는 것은 이율배반적으로 보일 수도 있으나 오히려 더 객관적인 시각으로 공연을 평가할 수 있다는 점에서 유리할 수도 있다고 본다. 다소 부족한 견해지만, 무언가를 보고 나만의 생각을 정리해 보는 것만큼 소중한 경험은 없는 듯 하다....

2) 나의 노래 / 박 순자 안무/ 한국 선교 무용단

특별히 어떤 장르라고 말하기 어려울 정도로 독특한 작품이었다. 고운 소복을 입고 등장한 출연진들은 이조 말 정무의 감시를 피해 지하에서 예배를 드리고 신앙을 지켜갔던 조선의 여인들을 연상시켰으며, 가지런한 몸짓과 단아한 표정에서 영적인 느낌을 풍겼다. 조용한 피아노 선율에 어느 성우가 낭송하는 기도문을 배경 음악으로 하여 특별한 줄거리가 있는 것은 아니지만 안무 하나 하나가 보는 이들의 귓가에 와 어울리는 듯 하였다. 세숫대야를 하나씩 가지고 나와 예수님이 그의 제자에게 하셨듯이 상대의 발을 씻으며, 진심 어린 마음으로 자신을 한없이 낮추는 장면을 보고는 나도 모르게 눈물이 핑 그르 돌았다.

어디에서도 찾아보기 힘든 숭고한 모습이었다. 안무가의 귀한 마음이 동작 하나 하나를 통해 나의 온 신경에 전달되는 듯 하였으며, 나 자신도 맑고 깨끗해지는 느낌을 받았다. 일종의 카타르시스라고 할까? 무용도 관객에게 카타르시스를 느끼게 해줄 수 있다는 사실을 경험한 소중한 기회였다.

선교무용이란 주제에 가장 적합한 작품이었다고 생각한다. 신을 가장 가깝게 닮은 맑고 온전한 형상을 우리 앞에 보여줌으로써 우리가 잃어가던 진실성을 회복하게 해주었으며, 기도 말이 전해주는 메시지가 가슴을 울리게 하였다. 무용의 장르에 내용이 묻히는 오류를 범하지 않고 오히려 특별한 장르에 구애받지 않는 자유로운 형식을 구사하면서 종교적 메시지를 가장 효과적으로 전달하였다. 내용에 있어서 특별한 줄거리를 중심으로 하기보다는 종교적 이미지와 상징물을 적절하게 사용함으로써 우리의 정신에 깊게 파고드는 직관적 느낌을 중시한 듯 하였다. 선교무용의 발전에 좋은 본보기가 되는 작품으로 남겨지면 좋을 듯 하다.

3) 공연장을 나오면서

비가 온 후라 선선한 바람과 함께 코끝을 스치는 공기가 청량했다. 지하철 역까지 걸어가면서 많은 생각들이 스쳤다. 처음 접하는 선교무용이란 장르에 기대 반, 의심 반으로 공연을 함께 했는데, 물론 실망스러웠던 몇 작품도 있었지만 대체로 수준 있는 좋은 작품들이었다.

종교성이 몸짓으로 이렇게도 표현이 가능하구나 하는 것을 느끼면서 나의 몸가짐도 더욱 신성시해야겠다고 다짐도 해보았다.

앞에서 선교무용이 특정한 종교인들을 대상으로 향유될 수밖에 없다는 한계를 지적 한 바 있으나, 바꾸어 생각해보면 특정한 목적을 가지고 있는 집단이나 대상에게 몸짓에 의한 의미 있는 메시지를 전달해 줌으로써 매우 강하고 호소력 있는 역할을 할 수 있다는 장점이 될 수도 있을 것 같다. 선교무용 자체가 선교의 중추적 역할을 하는 것은 힘들겠지만, 선교활동에 있어서 보조적인 역할 혹은 전달자의 역할로서 매우 중요한 기능을 하리라는 것에는 의심의 여지가 없다.

나아가 선교무용이 예술무용에 있어서도 중요한 역할을 할 수 있을 것을 기대해본다. 예술무용이 본래적으로 가지고 있었던 정신적 지평을 회복하는데 있어 선교무용이 시사하는 바가 매우 클 것이다.

또한 자꾸만 관능적이고 감각적인 것을 추구하는 요즘 시대에 선교무용이 종교적인 장벽을 뛰어넘어 좀 더 대중과 가까이 하면서 그들의 신체에 대한 잘못된 인식을 치유해주고 올바른 가치관을 심어준다면 더 할 나위 없이 가치 있는 공연예술로서 자리 메김 할 수 있을 것이다.

4. 네 번째 감상문

11월 25일 토요일 7시에 한전아츠플센터에서 선교무용 공연이 있었다. 처음 가보는 한전 아츠플 공연장은 따뜻하고 깨끗한 분위기의 공연장이었다. 난 10분전에 도착해서 앞자리쯤에 앉았다. 선교무용이라는 장르를 처음 접하는 것이라 내 머릿속에는 어떤 것도 짐작할 수는 없었지만 나름대로 옛날 교회에서 본 율동을 나도 모르게 생각하고 있었지만 역시 아니었다.

공연은 1, 2부로 나누어 총 6작품이었다. 막이 오르고 첫 작품인 '기도'가 시작되었다. 무대에는 눈이 부시도록 하얀 의상을 입은 무용수들이 무대 위에 빼곡이 등장하여 있었다. 오늘의 음악은 대부분이 찬송가를 리메이크 한 곡들이었다. 놀란 것이 찬송가를 리메이크를 하니 전에 들었던 느낌과 180도로 다른 곡들이 나왔다. 조금은 세련되어 보이기도 하고 더 웅장해 보이기도 하고 듣기에 너무 평화로운 곡들이었다. 기도의 작품 곡도 거룩한 느낌이 나는 곡이었다. 제목이 기도이다 보니 거기에 맞게 곡을 알맞게 고른 것 같았다. 처음부터 끝까지 군무로 이루어져 있어서인지 무대가 꽉 차 보이며 군무에서만 느낄 수 있는 웅장함을 주기도 했다. 한가지 아쉬운 점은 작품이 너무 짧아서 기도라는 주제가 충분히 전달되지 못한 것 같았다.

마지막 작품은 '나의 노래' 였다. 무대에 핀 조명이 떨어지고 박 순자 교수님의 솔로 동작이 들어갔다. 매일 강의실에서만 교수님을 뵈어 왔는데 무대에서 뵈니 다른 분처럼 느껴졌다. 그리고 기대감에 꽉 찼고 애들 또한 웅성거리는 걸 보아 내 마음과 같았다고 생각된다. 특이하게 나레이션에 맞추어 추시는 모습이 무용수가 전달하려는 것을 더 관객에게 직접적으로 어필하는 역할을 하는 듯 했다.

의상은 새하얀 한복이었는데 그 하얀 의상의 느낌은 단아하고 굉장히 깨끗한 느낌을 주었다. 중간쯤 무대 위에 화초를 가지고 등장하였지만 난 솔직히 그 화초가 전달하는 게 무엇인지 알 수가 없었다. 또 발을 씻기는 장면이 연출되었는데 내 느낌은 옛날 성경에 여인들이 존경하는 마음에 예수님의 발을 씻기셨다고 하는데 그런 것이랑 관련된 것이 아닐까 나름대로 상상도 해 보왔다. 거의 끝 장면에 교수님의 솔로가 한 10분 가량 들어갔다. 솔직히 난 교수님 연세도 있으셔서 좀 힘드시지 않을까? 생각했는데 교수님은 우리를 실망시키지 않으셨다. 부드러운 라인들, 깨끗한 턴 동작들도 대단하셨지만 나의 시선을 의도적으로 끈 것은 교수님의 표정이셨다. 꾸며진 표정이 아니라 마음에서 우러나서서 은혜를 받아 기뻐하시는 표정.... 그렇게 아름다울 수가 없었다.

난 작품이 끝나고 큰 박수를 보냈다. 내가 생각한 공연보다 너무 괜찮은 공연이었다. 선교무용을 또 하나의 장르로 발전시켜도 멋진 작품들이 나오지 않을까 싶다. 아쉬운 점은 현대작품도 있었으면 좋았으련만.....

교수님! 작품 잘 봤습니다. 무대에 서신 것을 처음 봤는데 감동했습니다. 앞으로 자주는 못하셔도 가끔 무대에 서시는 모습 보여주실꺼죠?

5. 다섯 번째 감상문

이 공연은 선교무용 페스티벌로 다른 공연들과는 다루는 내용도 다르고 표현하고자 하는 바도 틀려서 나는 왠지 기대감이 맴돌았다. 친구들과 함께 공연장에 도착했을 땐 많은 사람들로 북적거렸다.

<실낙원>은 작품 내에서 네게의 장으로 나누어진 작품이었다.

제 1장 '무저갱'에서 조명이 아웃된 상태에서 작품이 시작되었고 조금 지나자 천둥번개소리가 나며 조명이 하나씩 켜졌다. 무용수들의 동작이 프로들 같은 느낌이었고, 첫 느낌부터가 사탄, 악마가 지배하는 듯한 느낌이었다. 사탄의 모습은 굉장히 약해 보이고 지옥에서 몸부림치는 듯한 느낌의 춤을 잘 표현했다. 이 작품은 팜플렛을 보지 않고도 아담과 이브가 선악과를 따먹은 후 죄를 암시하는 듯한 느낌을 받을 수 있었다.

제2막 '낙원'에서는 음악이 바뀌며 낙원에서의 평화로운 삶을 표정들과 몸짓 등으로 표현되었고, 동작들이 깨끗하고 깔끔한 이미지를 통해 낙원에서의 평화를 알 수 있었다. 이 2막에서는 무용수들의 수가 굉장히 많았지만 작품의 구도를 잘 구성했고 무대 활용을 조화롭게 잘 한 것 같았다.

제 3막 '타락'에서는 아담과 이브가 선악과를 따먹으려하는 모습을 표현했고, 무대한쪽의 이브와 다른 한쪽의 사탄의 대립된 모습이 관객에게 대조적인 느낌을 잘 전달해 주었다.

제 4막 '추방'에서는 천둥번개와 비가 내리며 하나님의 심판을 받게 된다. 음악은 엄숙한 음악으로 흘러가고 이브가 자기의 죄를 짓고 괴로워하는 모습은 감정표현이 뛰어났고, 한번의 실수로 이브는 아름다운 낙원에서 쫓겨나게 된다. 뒤늦게 아담이 등장하고 아담과 이브는 죄를 뉘우치지만…. 이미 하나님은 크게 노하셨다.

이 작품은 작품 내에서 표현하고자 하는 바를 무용수들의 춤이나 감정 표현 등에 있어 굉장히 뛰어나 이해하기 쉬운 작품이었고 음악과 조명, 소품 등도 더욱 작품을 살릴 수 있었다.

마지막 작품은 <나의 노래>라는 작품이었고, 가장 기대하던 우리 교수님의 작품이었다. 첫 시작부터 핀을 받은 교수님의 모습과 나레이션이 너무나 간절해 보였다. 금방이라도 눈물이 날 것 같은 감정을 느꼈고, 작품이 점점 고조되면서 교수님이 감정에 복받쳐 우시는 모습을 보는 순간, 어느새 내 눈가엔 눈물이 고여 있었다.

교수님은 정말 아름다운 마음을 가지고 계신 분이다. 나도 요즘 새삼 하나님의 참사랑을 느낀다. 또, 누군가 아니 하나님을 믿고 따른다는 것이 얼마나 나의 인생에 있어 중요하고 의지가 되는지 모른다. 어려운 일이 닥쳤을 때 하나님을 믿고 행동하며 불행한 일이나 실수가 있더라도 나중에게 더욱 큰 행복을 주시기 위한 것이라고 생각한다. 그렇게 생각하고 믿고 있으면 나중에 하나님의 더한 사랑을 받을 수 있고 마음까지도 편안해진다.

작품은 시크릿 가든의 음악과 나레이션을 통해 정말 눈물을 안 흘릴 수 없게 했고, 교수님의 수녀 같은 모습이 영혼마저도 깨끗하고 아름다운 모습이었다.

이 작품은 꼭 공연을 위한 작품을 떠나 하나님의 사랑을 다시 한번 느끼게 했다. 작품이 끝나자 나도 모르게 눈물이 흘렀고 가슴에서부터 우러나오는 박수를 아끼지 않았다. 무용도 이렇게 아름다울 수 있고 경건할 수 있다는 것을 알 게 되었다.

공연이 끝난 후 교수님께 꽃다발을 드리기 위해 분장실로 갔을 때 교수님께서는 작품에 대해 솔직하게 써 달라고 하셨는데 나는 정말 이 공연 아니 교수님의 작품을 통해 은혜를 듬뿍 받았고 졸업하기 전에 선교 무용을 접할 수 있게 해 주신 교수님께 감사드리고 교수님의 안식년 때문에 이번 수업을 마지막으로 졸업 때까지 교수님을 못 뵈어서 섭섭하지만 그 동안에 매 수업시간마다 열정을 다해서 진정한 사랑으로 가르쳐주신 교수님께 감사드린다.

6. 여섯 번째 감상문

제가 공연장을 찾아 헤매다가 앞부분 두 작품을 보지 못했습니다. 처음에는 그냥 그 두 작품을 못 본 것에 대한 아쉬움이 없었습니다. 그렇지만 공연을 끝까지 보고 나서 그 두 작품에 대한 안타까움이 가슴에 남았습니다.

저는 이번 공연에 대해 평을 할 수 없을 것 같습니다. 공연이 좋고 나쁜 것을 떠나서 저는 이번 공연을 통해 진정한 무용에 대해서 생각해 보게 되었습니다.

마지막 교수님의 작품을 보면서 굉장히 감명을 받았습니다. 저도 모르게 눈물이 흐를 정도로..... 저는 아직 하나님에 대해서 잘 모릅니다. 하지만 교수님께서 춤추시는 모습을 보고 아무 것도 모르는 제가 눈물이 났습니다. 교수님의 작품이 너무 잘 되어서 감탄을 받은 것이 아니었습니다.

교수님의 작품에 출연했던 교수님을 제외한 나머지 분들은 무용을 전공하신 분들이 아니 신지 많이 부족했던 모습을 보았고, 교수님의 동작들도 그다지 새로운 것들은 아니었습니다. 하지만 진정 기쁨에 차 춤을 추시는 그 모습을 보았습니다. 무엇 하나에 미쳐(이런 표현을 써도 될지요.... 나쁜 뜻은 아니랍니다.) 그렇게 혼신을 다 바쳐 춤을 출 수 있다는 것에 존경을 표합니다.

저는 그 동안 무용 하나만을 생각하며 춤 춘 것 같지는 않습니다. 저는 이제껏 무용으로 인해 좀더 나은 삶과 부모님께의 효도와 기쁨을 안겨드릴 생각, 부와 명예를 얻을 생각들로 가득 찬 무용을 해왔습니다. 진정으로 작품 하나에 미쳐 모든 것을 그곳에 쏟아 춤을 추어본적이 없었던 것 같습니다. 그렇게 줄 기회도 없었지만 그래도 이번 공연이 제 졸업작품발표회 전에 있어서 정말 다행이었습니다. 저는 그 작품 속에 인물이 되어 추려고 열심히 노력했고 또 만족했습니다.

교수님의 작품을 보면서 작품에 대한 어떤 잘잘못을 느끼지 못했습니다. 저는 이번 작품에 그저 교수님의 열정에 감명 받았습니다. 그리고 스페인 무용을 하신 분에게도 놀라움을 금치 못했습니다. 그 분은 연세가 아주 많아 보이셨는데 무대에 섰다는 것조차 놀라움이었지만, 걷는 것도 약간 불편해 보이셨습니다. 그렇지만 춤과 하나님에 대한 열정하나로 그 몸을 이끌고 무대에 스셨다는 것 하나로 저는 그 분을 존경할 수 밖에 없었습니다. 저희들은 멀쩡하고 튼튼하고 젊은 몸으로 무대에서는 것을 귀찮아 한 적이 많았습니다. 이런 것들 모두 반성하게 만들어 주셨습니다.

교수님의 공연을 보고 제 자신을 돌아 볼 수 있는 기회를 갖게 되어 좋았습니다. 하지만 아직도 하나님을 전부 믿지는 못 할 것 같습니다. 잘은 모르겠지만 그래도 하나님의 곁으로 한발자국 다가간 것이 아닐까 하는 느낌입니다. 아직은 제 마음속에 더러운 것들이 많이 있습니다. 깨달았다고는 하지만 명예, 경제적 능력, 내 자신의 능력들을 포기하지는 못했습니다. 아직은 제가 가진 능력으로 성공하고 싶은 것이 제 바램입니다.

저 뒷바라지하시느라 고생하셨던 울 엄마 아버지... 제가 그 동안 힘들게 해 드렸던 것 다 갚아드리고 싶은 마음은 버릴 수가 없습니다. 아마 제가 이러한 사치스런 마음들이 버려지게 된다면 진정으로 하나님을 찾게 되지 않을까 하는 생각입니다. 항상 교수님 말씀 마음깊이 새겨두고 생각하고 있습니다. 어딘가에서 저를 필요로 하는 곳을 찾아 그곳에서 열심히 일해 보고 싶습니다. 열심히 제 몸으로 무용해보고 싶습니다. 그렇게 열심히 하다보면 언젠가는 제가 이루고자 하는 것을 얻을 수 있겠지요....

교수님의 이번 공연을 볼 수 있게 해주셔서 정말 감사합니다. 기회가 된다면 저도 교수님의 작품에 출연해 볼 기회를 한번 주지 않으시겠습니까?

7. 일곱 번째 감상문

박순자 교수님의 나의 노래라는 작품과 실낙원이라는 작품은 전혀 다른 작품이라고 할 수 있다. 이 작품을 보면서 내 마음이 편안해 진다는 느낌이 들었다. 큰 변화 없이 감정대로 추어지는 춤, 그래서 편안해지고 나도 함께 그 춤에 동요되어지는 것 같다. 난 사랑이라는 말을 좋아한다. 이 작품에서는 사랑에 대한, 주님을 사랑한다는 것, 모두 우리를 사랑한다는 것, 무용수들 모두에게 그리고 교수님께서 믿음에 대한 하나님의 사랑이 느껴지는 것 같았다. 작품의 전개가 음성으로 이야기되고 그것에 맞추어 잔잔한 동작으로 표현이 되어 쉽게 생각하며 마음으로 느낄 수 있었다. 무대에서 너무나도 편안해 보이시는 교수님, 그것은 하나님과 항상 함께 존재한다는 큰 믿음으로 무대에 서신 것 같다. 보는 사람으로써 그 표정들에 나도 미소를 짓게 되고, 슬프기도 하고 누군가를 그리워하게도 하는 것 같다. 기쁨과 슬픔.... 마음에서 우러나오는 그 표정들을 오래 기억 될 것 같다. 한가지 아쉬운 점은 음악 소리가 너무 커서 가끔 음악에 대한 거부감을 가진 점이 좀 아쉬움이 남는다.

이번 선교 무용 페스티벌 공연을 보고 모두 하나님에 대한 깊은 믿음과 사랑을 느낄 수가 있었다. 누군가를 위해 춤을 춘다는 것 그것은 분명 행복한 행위인 것이다. 하나님도 그리고 그분을 위해 춤을, 노래하는 사람들도 정말 행복한 사람들인 것이다. 마음으로 그 사랑을 느낄 수 있어야지 진정한 행위를 할 수 있는 것이다. 그것을 춤으로 표현할 수 있기에 춤을 추는 사람으로써 뿌듯함을 느낀다.

마지막으로 무대에서 너무도 커 보이시던 교수님에게 큰 박수를 보냅니다.

8. 여덟 번째 감상문

'너희의 몸을 하나님이 기뻐하시는 거룩한 산제사로 드리라 이는 너희가 드릴 영적 예배니라' (롬12:1)

하나님이 주신 달란트를 통해 주님이 부르시는 곳이라면 어디든지 가서 주님의 말씀을 우리 몸을 통한 춤동작에 담아 하나님의 문화를 세상 문화 속에 확장하려는 선교무용을 처음으로 보게 되었습니다.

연세가 있으신 분들이 열정을 가지고 춤을 추시는걸 보고 정말 주님이 주신 이 온몸과 마음으로 드리는 동작 하나하나가 욕심이 아닌 성령님께서 이끄시는 선율이 나타나고 하나님께는 영광이고 보는 사람들의 심령심령 마다 녹아지고 깨어지는 회개의 역사와 은혜가 되는 메시지가 전달되었다고 생각합니다. 이것은 하나님께 온몸으로 드리는 진정한 제사라고 생각합니다.

9. 아홉 번째 감상문

선교무용이라... 무용을 10년 가까이 한 난 처음 접하는 것이였다. 그래서 어떤 것일까 매우 궁금했고 설레기도 하였다.

친구와 함께 무대가 한눈에 훤히 잘 보이는 자리를 잡고 앉아서 공연이 시작하기를 기다렸다. 드디어 막이 오르고 공연이 시작되었다. 글쎄... 어떤 느낌이라고 해야 할까?

좋은 음악과 유연한 몸짓이 어우러져 그 속에 예수 그리스도의 메시지를 표현해 내고 있는 것 같다.

무용수들 한 명 한 명의 진지함과 절실함이라 해야 할까? 무엇인가가 끌어당기는 듯한... 평소 해오던, 보아오던 공연과는 사뭇 다른 무엇인가가 느껴졌다. 관객들로 하여금 하나님의 자녀로 한발 다가설 수 있는 배려, 틀에 박힌 안무가 아닌 정말 간절하고 진실된 몸 동작에서 전율을 느낄 수 있었다.

작품 하나하나에서 전해주는 메시지가 또한 감동적이었다. 성서에서 보았던 그 장면이 연상되어 지기도 하였고, 정말 이런 모습의 이런 상황이 아니었을까? 하는 착각을 불러일으키기도 하였다.

나에겐 '나의 노래' 는 약간 어려웠던 작품인 것 같다.

"내가 나만 쳐다보다가 내 스스로 수렁에 빠지지 않게 하소서. 내 마음을 넓혀주시고, 내 뜻을 높게 해 주소서. 나를 넘어선 따뜻한 시선으로 하나님 당신과 이웃을 보게 하시고, 형제가 당하는 어려운 고비마다 함께 무릎으로 나아가도록 도와주소서. 나에게 베풀어진 형제의 사랑을 셈하지 않게 해 주시고 내가 베푼 사랑을 과장하지 않도록 내 마음을 지켜 주소서. 슬프고 괴롭고 섭섭한 순간들조차 내 사랑이 닿지 못한 높이와 내 사랑이 펴지 못한 넓이의 쓸쓸함임을 깨닫게 하소서. 당신이 심어주신 척박한 땅에서 화해와 일치의 도구로 쓰여지게 하소서. 오 주여 더욱 사랑하지 못한 아픔으로만 참회하는 영혼이게 하시고 흠뻑 젖는 가슴이게 하소서 오! 사랑 때문에만, 오로지 사랑 때문에만 이 생명 타오르게 하소서. 라는 내용의 작품이었다.

다른 작품에 비해서 어려웠던 것 같고 웅장했던 것 같다. 마지막 부분은 온 몸에 전율을 느낄 만큼 웅장하고 멋있었다.

글쎄 아직 내용을 전부 이해하고 해석하기엔 적잖은 어려움이 있었지만 오랜만에 좋은 공연, 좋은 작품을 본 것 같아서 기분 좋은 주말을 보낼 수 있었다.

10. 열 번째 감상문

오늘 나는 아주 특별한 경험을 했다. 집을 떠나 생활한지도 벌써 1년 아니 2년이 다 되어 간다. 힘들을 때도 많았고 고생도 나름대로 많이 했다고 생각한다. 하지만 이렇게 잘 버티고 있을 수 있었던 건 부모님의 기도가 아닐까 생각한다. 새벽마다 자녀를 위해 기도해 주시는 부모님의 기도가 아닐까 생각한다. 새벽마다 자녀를 위해 기도해 주시는 부모님들의 그 마음 말이다.

나는 이른바 모태신앙이라고 불리우는 그런 신앙을 부여받았다. 하지만 내 생활을 돌이켜 보면 참으로 어둡고도 별 볼일 없는 삶이였던 것 같다.

이번, 선교 무용 공연을 보고 나름대로 내 맘에 묻어 두었던 나의 삶을 찾은 듯한 기분이다. 처음 무용을 시작할 때의 일이다. 고등학교 무용선생님께서 무용을 하라고 권유하셨을 때, 부모님의 반대가 아주 심했었다. 심지어는 담임선생님까지 네가 왜 무용을 하냐며 말리셨었다. 하지만 난 무용이 좋았다, 아니 무용이 너무 하고 싶었다. 때가 늦었다는 것은 알았지만 무용선생님께서 소질이 있다고, 할 수 있다고 말씀하셨기에 더욱 더 하고자 하는 욕심이 생겼었다. 물론 내 인생을 송두리채 바꾸어 놓을 수 있는 결정이었다. 하지만 난 모험을 하기로 맘을 굳혔다. 부모님의 반대는 계속 되었고 난 너무나 힘들었었다. 그때 매주 교회에 가서 난 기도했었다. 주님 제가 무용만 할 수 있게 해 주시면 제가 선교 무용단을 만들어 주님께 영광 돌리는 일만 하겠다고.... 그때의 약속이 이 공연을 보는데 불연 듯 머리를 스쳐지나갔다. 공연을 보는 내내 그 생각 밖에 나지 않았다. 지금까지 생활에 바빠서, 다른 잡다한 일 때문에 이제껏 맘속에 숨겨왔었던 것이었다. 집을 떠나와서 혼자서 생활하면서 힘들 때마다 사람들에게만 의존했던 나였다. 이제는 나의 신앙을 재정비하고 새롭게 다시 시작해야 함을 느꼈다. 이번 공연을 통해서 먼저 내 자신을 다시 찾게 된 것 같아 너무 기뻤다.

이상의 많은 감상문 중에서 불신자, 믿었다가 믿지 않는 자, 선교무용을 처음 접한 자, 선교무용을 하고 싶어 했던 자들을 중심으로 10명의 글을 선택하여 본 결과 기독교적 무용의 참 가능성을 엿볼 수 있었다. 그 가운데서도

1) 감상문을 통해서 마음에 뜨겁게 다가온 중요한 사실은 많은 사람들이 하나님에 대해서 관심과 지식을 갖고 있으며 반대로 하나님은 많은 기독인들이 항상 하나님을 인정하기를 시공간을 초월하여 기다리고 계시며 우리가 인정할 때마다 하나님이 친히 그 자리에 함께 하셔서 영광 받으시며 역사하셨다는 것을 알 수 있었다.

2) 이러한 하나님의 역사가운데 대부분의 감상자가 선교무용에 대한 보급의 필요성을 언급했고

3) 기능 중심의 무용 감상의 안목이 영혼에 대한 접근으로 감상의 새 방향을 제시했으며

4) 기존의 고전적인 찬송가가 재생작업을 통하여 불신자들에게 종교적인 접근을 할 수 있는 가능성의 길을 열었으며

5) 또한, 예술무용의 한 장르로 기독교적인 무용 또한 그 대상이 될 수 있다는 확신을 주었다는 것 등이 제시되면서 선교무용은 앞으로도 지속적인 발전 가능성이 있음을 알 수 있었던 좋은 감상의 기회였다.

그러므로 앞으로 기독교적인 무용가들이 공연의 유형과 대상을 달리하면서 복음을 전하는 일과 예술을 통한 삶의 문화적 기능을 이루는데 기여해야 함

을 21C기의 문화적 사명으로 밝히고자 한다.

이에 기독교적인 무용의 밝은 미래와 더불어 기독교 무용 콩쿨 및 페스티벌이 선교적 목표를 이루기 위하여 전개되어야 할 필요성을 강조하면서 몇 차례의 기독 무용콩쿠르의 심사과정을 통해서 느꼈던 점을 기독교적 관점과 하나님 뜻 안에서 그 기준을 밝히고자 한다.

* 기독무용 콩쿠르의 심사기준

민음으로 만들어지고 춤 추어진 작품에 대해서 무용수에 대해서 어떠한 기준의 평가를 통하여 우열을 가릴 수 있는지에 대하여 확신할 수 없는 애매한 면을 발견하게 되었다.

일반 무용 콩쿠르는 연령별 분류와 작품의 성격상 분류로서 작품성, 작품의 소화능력, 표현성, 연마의 정도 및 완성도, 예술성 등을 통해서 결정을 하며 무용의 특수성이라 할 수 있는 외모, 체력 등을 포함해서 심사를 한다. 그러나 기독무용은 믿음이라는 그 실체의 규명, 그리고 기독 무용 콩쿨의 실시 목적이 분명히 제시되지 않은 상태에 있다고 보여진다. 따라서 기독무용도 연령별, 목적별(예술성, 선교성 등), 장르별로 분류하고 믿음의 확증 및 성령 충만함의 영성과 신앙생활의 기준을 세워서 애매함을 탈피해야 할 것이라 생각하며 다음의 심사기준을 제시하고자 한다.

1. 무용수 및 안무자가 거듭난 성도인가.
2. 무용의 목적이 하나님의 영광을 위한 것인가.
3. 무용이 하나님의 은혜로 창작되었는가.
4. 무용 연습을 통하여 하나님의 은혜가 체험되었는가.
5. 작품 구성 및 제작이 하나님 말씀과 믿음과 성령 안에서 구성되었는가.
6. 심사위원이나 관객들에게 성령 충만함의 은혜가 있었는가.
7. 심사위원들이 영성 및 기독무용에 대한 하나님의 사명에 대하여 기준

이 설정 되었는가.

8. 작품의 유형, 장르의 유형, 연령별 분류 및 무용수 구성원에 따른 분류
  등의 체계성이 있는가 등의 심사기준을 세우고 체계화 실시를 해야 할
  것이다.

또한 기독무용이 성도나 일반인들에게 믿음과 하나님의 뜻 안에서 제시할
수 있는 자매예술(음악, 의상, 무대장치, 분장, 소품, 연출 등)의 가치를 믿음으
로 행하는 것이라는 전제하에 세상 무용문화의 일체의 것을 재검증하는 과정
이 없이 연출, 보급이 된다면 과연 기독교적 무용의 참의미는 무엇일까라는
질문 앞에 다시금 막연하여질 수 밖에 없을 것이며 하나님이 온 인류를 사랑
하시는 그 마음을 부인하게 되는 결과를 낳게 될 것이다.

진정으로 온 인류를 이웃을 사랑하시는 하나님의 생명력과 진리가 기독무
용문화에 자리매김을 하기 위해서는 지속적인 기독무용의 다각도적 심사기준
의 제시 및 무용콩쿨의 개최 및 발전이 되어야 할 것이다.

내 주는 강한 성이요.

CHAPTER 10

기독교적 무용의 발전을 위한 무용사적 연구

그간 대학재직을 통하여 무용에 대한 이론적 연구를 해오면서 여성 무용가에 대하여 관심을 갖게 되었다.

무용인구의 대부분을 차지하는 여성 무용가가 동·서양의 역사를 통하여 어떠한 위치와 기능을 갖고 있었으며, 무용의 발전에 그들이 기여한 것은 무엇이며, 사회적 기여도는 어떠하였는가 등에 의문점을 갖게 된 것이다.

다음의 두 편의 논문을 통해서 일반적 여성 무용가나 기독교 여성 무용가가 21c의 무용계를 어떻게 이끌고 나갈 것인가에 대한 이론적 근거를 제시하고자 한다.

두 논문은 각각 숙명여자대학교 아시아여성연구소 논문집에 게재되었던 것임을 밝힌다.

10-1 한국 무용사를 통한 여성무용가의 위치

목 차

I. 서 론

1. 연구의 동기 및 필요성

그간 한국 무용사를 접해오는 동안 무용가의 등장, 활성화 상태, 위치의 정립 등에 대하여 관심을 갖게 되었고, 역시 그러한 사항들이 무용사의 발전과 무용의 발달에 어떠한 관계가 있는지에 대하여 연구의 의욕을 갖게 되었다.

한편, 오늘날과 같이 급성장, 발전해가고 있는 무용예술과 무용가들의 급증, 그 다양성의 표출화와 제작화, 이론화 등이 빈번한 이때에, 특히 여성 무용가들이 차지하는 비중은 가히 비대하다고 볼 수 있겠다. 이러한 현실 속에서 일반적으로 가시화(可視化)되거나, 개념화되었던 여성 무용가의 모습은 과거 사대주의적, 일반적, 무의식적 사상, 사고, 개념의 비진취적 관념의 범주를 벗어나지 못한 체, 무용예술 발전에 기여하고 있다.

때로는 무용가들 스스로가 벗어나지 못한 상태에서 구체적 방안에 의한 현실의 탈피 및 발전방법의 모색에 대하여 다각도의 노력을 하고 있다고 해도 과언은 아닐 것이다. 그러므로 무용사의 고찰을 통해서 무용의 발전과 무용가들과의 관계는 어떠한지, 그 과정 및 결과의 분석을 통해, 무용은 여성의 소유물, 여성의 독자적인 것, 여성미의 대명사로 지칭할 수 있으리만큼 편협한 인식속에 있는 오늘의 무용을 문화의 일부분으로서 그 역할을 잘 감당할 수 있도록 하며, 현재 무용의 지배적 인구가 여성인 만큼, 여성 무용가들의 올바른 위치정립 및 사명감을 정립할 수 있도록 하여 무용의 발전과 여성의 사회성 발전에 기여할 수 있기에 고찰의 여지가 있음을 인식하고 연구에 임하게 되었다.

2. 연구의 목적

오늘날 현대사회는 고도의 경제 성장 및 학문의 발달로 인해 문화적 목적 및 취지도 달리 하고 있다.

그 가운데 무용예술이 생활의 수단이며 목적이 된 차원에서 벗어나 오늘날 문화전반에서 중요한 위치를 담당하고 있다. 각종 올림픽행사 및 국위선양에 관계되는 행사참여, 시민정서 순화, 민족예술의 고취 등의 목적으로 그 참여 범위 및 차원은 확장, 상승되고 있는 것이다.

이에 그간 무용의 발달과 유기적 관련을 맺어온 여성 무용가의 위치는 무엇이며, 앞으로는 어떠한 위치로 성장되어야 하는가에 대한 지표를 설정하는 것이 본 연구의 목적이 될 것이다.

3. 연구의 내용 및 방법

1) 연구의 내용

⑴ 역사의 분류를 고대부족국가, 삼국시대, 고려, 조선, 근대로 분류하여 무용사의 배경을 고찰한다.

⑵ 무용사의 고찰을 통하여 그 종교적 배경을 분석한다.

⑶ 무용사의 고찰을 통해서 무용가의 일반적 위치 및 역할을 분석한다.

⑷ 무용가의 일반적 위치 및 역할분석을 통하여 여성 무용가의 위치를 분석한다.

⑸ 여성 무용가가 무용사에 끼친 영향과 무용의 발달과의 관계를 분석한다.

⑹ 현대의 무용의 배경과 여성 무용가의 위치 및 역할에 대하여 분석하여 본다.

2) 연구의 방법

문헌고찰을 중심으로 이론적 비교연구를 한다.

4. 연구의 제한점

(1) 무용수 또는 무용가의 용어가 시대에 따라서 상이하기 때문에 무용가
  로 통일한다.

(2) 종교적 흐름을 배경으로 연구함에 있어서 종교로 국한시키지 않고 종
  교적 의식 또는 유사관념 및 의식에도 관계를 맺고 연구한다.

(3) 현대의 무용의 고찰에는 중점을 두지 않고자 한다. 현대는 오늘날 진
  행중이며, 문서화하기에 시기적으로 합당치 않으므로 약술 및 제언에
  국한한다.

(4) 주로 무용가 및 여성 무용가의 위치에 의한 무용발달과의 관계가 본
  연구의 중심을 이루기에 상세한 연대분석 및 연대표기는 생략한다.

(5) 무용사의 고찰은 종교적 배경 및 무용가의 신분, 무용의 특성, 무용발
  생동기 등을 중점적으로 한다.

Ⅱ. 본 론

1. 무용사의 고찰 및 그 종교적 배경

1) 고대부족국가

일반적으로 우리나라의 고대의 무용은 제천의식에서 비롯되었다고 한다. 무
용이라기보다 총체예술의 개념을 가진 유사개념의 것으로 간주해야 할 것이
다. 神이 계시다는 것을 믿으며, 제사장, 천군, 군왕을 통해 모든 인간의 삶과
관계되는 大·小事를 빌고 의지하는 의식적인 삶이 고대 민족의 바탕이요, 의
지이기도 하였을 것이다.

「『삼국유사』에 의하면 천제의 아들 환웅 천왕이 홍익인간의 대망을 품
고 태백산 마루에 내려와 웅녀와 결혼하여 단군왕검을 낳았으니 단국은 단기
원년 왕검성에 도읍을 정하고 나라이름은 조선이라 하였으며, 천 수백년 나라

를 다스리다가 후에 아사달에 들어가 산신이 되었다는 것이다.

천왕이라는 것은 고조선 이래 우리 고대사회에 널리 공통되는 수호신의 이름으로서 부락과 성읍에는 으레 이 천왕을 위하는 제단, 즉 천왕당(후에는 서낭당이라고 함)이 있었으니, 단군은 그 제사를 맡은 제사장으로서 환웅천왕을 조상신으로 받들어 위하던 고조선의 제정일치시대의 君長인 것이다.」[1] 라는 사실처럼 천제의 아들이 내려와 아들을 낳았고 그 아들 단국이 다스리되, 직접 신분에 관계없이 제사장이 되어 나라와 민족을 사랑하는 제정일치의 治國을 하였고, 하늘로부터의 어떠한 뜻이 우리나라에 임하여 건설되었다는 것은 역사적으로 상기시켜 보아야 할 점일 것이다.

「삼신을 순수한 우리말로 이름 하면 환인은 한임이고, 환웅은 한울이며, 환검은 한큼이라 불러야 한다. 여기에서 삼신은 각기 다른 개체를 말함이 아니라 한 뿌리에서 나온 분신체들이다. 삼신은 원래 하나이며 위격(位格)이 셋으로 갈라질 뿐이다. 삼신은 조화, 교화, 치화의 세 기능을 담당하고 있을 뿐, 분리해서 존재할 수 없는 절대적인 큰 하나이다.」[2] 라고 했으며, 「기독교의 성경에서는 聖父, 聖子, 聖神의 삼위신(三位神)이 一體임을 가르쳐 주고 있으며, 이것이 근본의 神이라 믿고 있다. -中略- 우리의 단군설화에 나오는 세 분과 대응시켜 본다면, 환인은 아버지 되시는 하나님, 환웅은 성령 되시는 하나님, 환검은 아들 되시는 하나님에 해당된다고 할 수 있겠다. 이와같이 기독교의 삼위일체신관과 우리 민족의 고대 삼위일체신관과의 관계성이 너무 일치하고 있음을 발견할 수 있는 것이다.」[3] 라는 사실에 비추어 볼 때, 삼국유사에서 앞서 밝힌 바와 같이 천제, 환웅, 단군, 산신으로 이어지는 고대국가 건립배경은 기독교적 삼위일체신관과 흡사한 것을 알 수 있다.

애국가에서도 나타나 있듯이 "하나님이 보우하사, 우리나라 만세"라는 귀절은 우리 민족의 敬天사상을 잘 나타내주고 있는 것이다. 이러한 종교적 국가건립배경을 갖고 살아온 우리 민족은 「그 부족이나 씨족장이 제사장임과

1) 김용덕, 「신한국사의 탐구」, 범우사, 1992, pp.299~300.
2) 석영환, 「새역사와 한민족」, 미래문화사, 1991, p.83.
3) 상계서, p.83.

동시에 君長이었다. 다시 말하면, 씨족사회의 族長이나 酋長은 神格을 가진, 즉 신의 계시를 대변하는 역할을 했고 민중을 대신해서 祈祝하고 惡靈을 구축하는 일을 맡았다.」[4]고 하였듯이 오랜 세월 하늘에 의지하고 靈的인 생활로 民心이 다스려지고 스스로 보호받기에 합당하였다고 볼 수 있겠다.

「원시인들에게 있어 생명에 직접 위험을 주는 질병과 사망에 관한 聯想은 神必不可解의 중요한 문제였다. 그들은 눈에 보이지 않는 자연의一惡神이 인간이나 동물에 붙어 질병과 사망을 가져다주는 것으로 믿었다. 여기에서 呪術과 巫祝 등 儀式이 발생하고 이 祭儀式을 통해 예술이 태동하게 된 것이다.」[5] 이와 같이 祭政一致 및 祭天儀式으로 말미암아 각종 파생된 儀式이 오늘날 무용 및 예술의 모체가 된 것이라 추측할 수 있겠다.

인간의 나약함과 자연으로부터의 피해를 하늘의 神에게 의탁하며 惡을 의식하며 경건의 삶을 살았던 우리 선조들의 삶이 오늘날 현대인의 삶과는 현저히 차이가 있음을 드러내며, 일단, 무용 및 예술의 모체라 할 수 있는 각종 의식의 주관자들이 제사장, 君王, 부족장 등으로 그 위치 및 신분에 있어서도 차이점이 있음을 알 수 있었다.

이러한 의식들은 어떠한 내용으로 진행되고 형성되어 왔을까?

「제천의식은 迎新儀禮의 逐鬼儀禮, 그리고 播種儀禮, 收·儀禮라 할 수 있다. 이러한 모임에서의 춤판(舞場)은 降神과의 神場이거나 잡귀들이 침범할 수 없는 聖域으로 되어 있기 때문에 不淨이 없는 신선한 공간이라 할 수 있으며, 또한 공동체적 단합생활의 현장이기도 하다. 따라서 춤춘 의례춤은 주로 신과의 교합춤인 동시에 陰陽의 결합을 촉진시킨 性舞踊이거나 아니면 공동체적 단합춤이라 할 수 있다. 따라서 이러한 춤은 수직적인 춤과 수평적인 춤 陰陽(男女)의 춤, 그리고 發作的인 감정적인 춤과 身體調和를 이룩한 춤 등의 복합적인 성격을 띠었으리라 보아진다. 즉, 수직적인 춤은 巫王이 跳舞하여 天神과 접신하고 地神(惡神)을 밟아버리는 呪術행위에서 나온 춤으로서, 이러한 춤은 迎神과 逐鬼的 기능의 지배자의 춤이라 할 수 있다.」[6] 고 하였으며 「陰

---

4) 정병호, 「한국춤」, 열화당, 1985, p.21.
5) 상계서, p.20.
6) 상계서, pp.22~23.

은 女王의 춤이라 한다면 陽은 투사의 춤이라 할 수 있다. 따라서 여왕의 춤은 요염하고 아름다운 춤을 추며 투사의 춤은 거칠고 전투적인 춤을 추게 된다. 또한 발작적인 춤은 어떠한 상황에 흥분하거나 飮酒로 말미암아 춤추게 되 신체조화를 이룩한 춤은 藝技가 뛰어난 춤꾼들의 춤이라 할 수 있다.」[7] 고 하였다.

또 「우리 한민족은 원래 하늘에 祭하고 吉凶禍福 및 除災招福을 비는 信仰을 가지고 있었고 한민족이 하늘에 제사하는 제천의식에 대하여는 魏志, 漢書,後漢書 등에 기록되어 있다.

魏志東夷傳에 의하면 夫餘에서는 臘月에 하늘에 祭祀하고 大會를 열어 連日 飮食歌舞 하였으니 迎鼓라 불렀다고 하며 이때에 罪人들을 풀어주었다고 한다.」[8]

또 「우리나라 춤에 관한 최초의 기록으로 五經通義에 "東夷之樂 技矛舞助時生也"라고 한 대목이 있다. 이 원시 무용은 兵器槍을 들고 추었다 하는데 그 당시의 神俗으로 보아 농사와도 관련이 있는 戰鬪舞的 성격의 巫俗儀式舞踊이 아닌가 추측해 본다.」[9] 고 하였다.

馬韓條에는 「그 춤추는 모습은 수십인이 앞사람의 뒤를 서로 따르며 땅을 밟으면서 구부렸다 젖혔다 하며 손과 발이 서로 맞는데, 그 節素는 마치 탁무(鐸舞 : 손에 들고 소리낸 것으로 추정 :「한국인·여속, 멋 5000년」, 全完吉, 敎文社, 1980, p.130) 와 비슷하고, 10월 농사가 끝난 뒤에도 또한 이와 같이 한다.」[10]고 하였다.

이외에도 고구려의 동맹, 예의 무천 등 晝夜로 쉬지 않고 추수 전후로 파종이 잘 되고 풍성한 수확이 이루어지도록 飮酒歌舞한 것 等, 농경생활을 통한 단합적 무용의 형태가 발달하였던 것을 알 수 있다. 또한 고대 부족국가시대에서 두레제도를 빼놓을 수가 없다. 「두레는 일반적으로 마을(자연촌) 단위로

---

7) 정병호, 전게서, p.23.
8) 김온경, "고대제의와 춤의 기능에 관한 연구"「한국무용연구」,사단법인 한국무용연구회, 1986, p.42.
9) 정병호, 상계서, pp.20~21.
10) 전완길, 「한국인·여속·멋 5000년」, 교문사, 1980, p.130.

조직되어 동네의 전 경지면적을 全同民(여자와 노약자 제외)이 공동으로 동시에 경작하는 조직, 한국사회에서 예부터 존재해온 공동노동을 위한 마을 성인 남자들의 작업공동체라고 정의할 수 있을 것이다. - 中略 - 두레하면 으레 농악을 연상 할 만큼 두레와 농악은 바늘에 실가듯 반드시 따르는 것」[11] 이라고 했으며,「두레의 성원 자격은 16·7세 이상부터 55·6세 이하의 모든 성인 남자이며 평균 20~30명으로 조직되지만 큰 두레는 50여 명으로 구성된다.」[12]

한편「한마을에 반상이 혼거하는 경우, 양반들은 두레에 참여하지 않고 대신 양반이나 지주의 머슴들이 참여하였으며 두레는 상천민들의 것, 생산노동에 종사하는 자작농, 머슴들의 작업공동체였다.」[13]는 것이다.

이상 살펴본 바와 같이 제천의식 및 제정일치의 배경으로 마치 기독교적 敬神을 생활화한 고대부족국가의 무용은 역시 농경무용, 생활무용, 의식무용이며, 신분의 귀천없이 행하여졌던 의식적 무용이 상대적으로 서민들에게는 주술적, 희락적, 실용적 무용의 형태로 옮겨졌다고 볼 수 있다. 무용의 종류는 앞서 밝힌 바와 같이 敬神 또는 接神무용, 농경무용, 전투무용, 수확무용, 性무용 등으로 생활전반에 걸쳐, 마치 삶이 무용인 듯하였고 그 형태는 대체적으로 의식적인 제례무용 외에는 동적이며 감정적인 그리고 群集의 무용이었음을 알 수 있었다.

2) 삼국시대

고구려, 백제, 신라 및 통일신라의 무용사적 배경은 역시 유교 및 도교, 불교 혹은 巫俗信仰에 중점을 두고 발달하여 왔으며 중국의 영향 등 외래문화와의 접촉도 이루어진 시기로 보며 무용이 무용예술로서 그 면모를 갖추어 나간 시대이다.

「삼국시대에 들어와 부족장은 중장귀족으로 대두하고 왕권은 절대왕권으

---

11) 김용덕, 전게서, p.153.
12) 상게서, p.157.
13) 상게서, p.158.

로 바뀜에 따라 귀족과 천민의 계급이 뚜렷하게 구분되었다. 이렇게 성립된 절대왕권을 확립하기 위해서는 피지배자를 통치하는 권력이 필요함은 당연한 일이었다. 그리하여 피지배자에게 군왕에 대한 절대 복종과 충성심을 불어넣기 위한 수단으로 예술이 사용되었고 춤도 이에 따라 발달되었다.」고 했으며[14] 「상류층에서는 자기 자신이 춤추거나 노래 부르는 것에 상당한 관심을 가졌다.」[15]

또 「지배계층은 외래문화에 마음을 두고, 생활양식을 모방하였으며」[16], 「남녀의 지위는 대체로 평등하였으며, 통일신라시대도 일부 지배층을 제외하고는 여자들의 지위는 동요되지 아니하여 남녀의 歌舞는 성행하였다.」[17] 고 한 것으로 볼 때, 고대부족국가에 비해 지배자, 피지배자의 위치가 확고하여지고, 무용이 특권계급에 의해 발달되면서, 그들의 소유물, 독점물과 같이 一面, 특수화된 것을 알 수 있다. 또 외래문화와의 접촉 및 기호 성향이 높아짐에 그 內·外面的 구조 및 형태 또한 종래의 형식을 탈피하고 구체화되었을 것이며, 따라서 좀 더 예술적 형태로 발달되었다고 볼 수 있겠다. 이러한 여건을 더욱 더 분명하게 성립시킬 수 있었던 것은 고대부족국가시대와 같이 종교적 영향을 무시할 수 없겠다. 앞서 밝힌 듯이 고대부족국가의 종교적 흐름과는 다르나 불교, 유교, 무속신앙 등이 무용예술의 형태 및 내용을 발전시키는 데 일익을 담당한 것으로 볼 수 있을 것이다. 이러한 일반적 배경을 바탕으로 고구려의 무용을 살펴보면 다음과 같다.

「고구려는 삼국 가운데 가장 먼저 불교를 받아들여 불교예술을 창립하였으며 중국의 남·북조문화를 자기 것으로 조화·수용시켜서 나름대로의 독특한 예술을 창조했다. -中略- 고려악이란 훌륭한 樂으로 대규모의 가무를 편성하여 고구려인의 강건한 기질과 강력한 국력을 과시하는 발랄하고 직선적이며 동적인 춤을 만들어냈다. 각저총, 무용총, 수렵총, 동수묘 등의 벽화에서 무용가와 음악인의 생생한 표현으로 고구려인의 생동하는 기개를 느낄 수 있

---

14) 김매자, 「한국의 춤」, 대원사, 1990, p.9.
15) 상계서, pp.30~31.
16) 정병호, 전계서, p.25.
17) 상계서, p.25.

을 뿐 아니라, 이때 이미 무용과 음악이 독립되어 있음을 알 수 있다.」[18]고 하였는데 이상에서 알 수 있는 것은 불교적 예술의 탄생과 외래예술과의 접촉 및 수용, 그리고 재구성 등이 이루어졌다는 것과 고대부족국가에서의 생활무용적이며 순수하였던 자연발생적 의식이 아닌 형식과 내용면에 예술적 구조를 갖추어서 문화형성에 크게 기여하였다는 것이다.

일반적으로 흔히 만주 通溝에 있는 舞踊塚을 통해서 고구려의 무용형태를 알 수 있으나 매큔(Evelyn Macune, The Arts of Korea Illustrated History) 女史는 「通溝에 있는 舞踊塚의 '歌舞圖'는 남녀 혼성의 舞人들과 가수들이 각기 열지어 있는데, 그 복장이 주름잡힌 치마, 길게 입은 속옷, 축 처진 바지, 뾰족한 신으로 이루어졌는데, 그것이 오늘날의 한국 무용들의 무작과 흡사하다는 것은 흥미 있는 일이다.」[19] 라고 하여 벽화의 모습을 구체화시켜서 명백하게 밝혔으며, 오늘날 무용가들의 모습과 그 당시에 벽화에 나타난 모습의 흡사함을 지적하면서 장시간, 긴세월 동안 큰 변화없이 그 맥이 흘러왔음을 밝혀주고 있다.

뿐만 아니라 「왕산악이 칠현금을 개조하여 거문고를 만들었고 또한 백여 곡을 작곡했음을 볼 때, 고구려의 예술들은 중국의 문화를 그대로 모방한 것이 아니라 국가적인 지원하에 고구려화시키는 작업들이 이미 행해졌음을 알 수 있으며, 국교가 불교일 때, 이런 작업들이 이루어져 근원적인 사상의 바탕은 불교사상에서 이루어졌으리라 생각된다.」[20] 라고 한 점으로 미루어보아 외래문화의 맹종적 수용이 아닌 국가적 차원에서의 적극적, 진보적 수용이 이루어졌음과 무수한 음악의 작곡 및 발달로 말미암아 무용의 발달에도 큰 영향력을 끼친 것으로 볼 수 있을 것이다.

'이상의 배경으로 발전한 고구려의 구체적인 무용의 형태, 내용은 어떠한가 살펴보도록 하겠다.

「'魏志'에 의하면 고구려시대의 풍속에는 부락의 남녀가 밤낮으로 貴賤

18) 김매자, 전게서, p.9.
19) 조요한, 『예술철학』, 경문사, 1991, p.192.
20) 김현숙, 「불교영향을 받은 한국무용의 흐름」, 삼신각, 1991, p.35.

을 떠나 한자리에 모여 群集的(집단) 무용을 하였음을 알 수 있다. (其民喜歌舞 國中邑落 晝夜男女群 相就歌戲)」[21] 고 하였고 舊唐書 음악지에도 고구려의 通構 舞踊塚의 벽화내용을 자세히 설명하고 있는데, 「樂工人은 붉은 비단 모자에 새깃으로 장식하고 노란 빛깔의 큰 소매에 붉은 비단띠를 띠고, 몹시 넓은 바지를 입고 붉은 가죽신에 오색 끈을 한다. 舞者는 4사람인데, 머리를 뒤로 뭉치고 밝은 빛깔의 수건으로 머리를 동이고 금사슬로 장식한다.

2사람은 노란 치마 저고리에 붉고 노란 바지를 입고 2사람은 붉고 노란 치마 저고리와 바지를 착용하는데, 그 소매는 몹시 길고 烏皮靴를 신는다. 춤은 짝을 지어서 춘다.」[22]고 하였다. 또 「고구려 사람들의 화장이나 장식에 관한 기록은 우리나라 문헌에 보이지 않는다. 다만 고분의 벽화에서 유추할 방법밖에 없는데 5~6세기경의 고분으로 보면 머리에 관을 쓰고 있고 뺨을 연지로 단장하고 있다.

쌍용총벽화의 주인공은 女官 또는 시녀로 보임에도 연지 화장을 하고 있으니 上下 여인들이 모두 화장을 한 모양이다.」[23] 라고 하였는데 「고구려의 고분인 팔청리, 약수리, 수산리 등의 벽화에 나오는 角불기, 북치기, 칼싸움, 竹馬타기 등이 모두 가무백희에 속할 것 같고」[24] 라고 한 것을 볼 때, 신분의 귀천없이 단장을 하고 女子들도 각종 행사에 참여한 것을 알 수 있다. 호선무 같은 경우도 무녀가 큰 공위에 올라서서 종횡으로 등척하여 추었는데 무척 기개가 강한 것조차도 남녀 구별없이 참여할 수 있는 강인한 민족성을 가진 것을 여실히 나타내고 있다.

「三國中 문화수준이 가장 진보했던 고구려의 남녀는 매우 화려했던 것이다. 公事에는 반드시 비단옷에 금으로 장식하고 가죽신을 신었으며 새깃으로 장식한 모자를 썼다. 다만 장신구를 비교할 때, 백제·신라처럼 복잡한 수식이 적고, 단순한 점으로 미루어 담백한 일면이 있었던 것으로 생각된다.」[25]

---

21) 정병호, 전게서, p.26.
22) 장사훈, 「한국무용개론」, 대광문화사, 1984, p.133.
23) 전완길, 전게서, pp.29~30.
24) 상계서, p.140.
25) 상계서, p.30.

고 하였는데, 「舊唐書에 보면 무용수 4人이 머리뒤로 상투를 짜 올리고 이마에 곤지를 바르고 황금 귀고리를 달고 두 사람은 누런 상의에 붉고 누런 바지를 입고 긴 소매에 검은 가죽신을 신고 쌍쌍이 서서 춤춘다고 하여」[26] 고구려의 무용수들의 복식 및 춤의 형태가 거의 유사한 양상으로 발달되어진 것을 알 수 있다. 또 고구려의 무용의 변모는 만주 通溝에서 발견된 무용총 벽화에서 구체적으로 볼 수 있는데 「넓고 긴 소매의 두루마기와 비슷한 윗옷을 입고 왼손은 허리 위에 얹고 오른손을 옆으로 들고 오른발을 앞으로 내딛는 자세의 列舞이다.」[27] 라는 내용에서 나타난 바와 같이 오늘날 추어지고 있는 동자과 유사한 점이 있으며, 고대부족국가시대에 비해 질서있고 계획적인 형태를 띠고 있음을 알 수 있다. 이상 살펴본 바에 의하면 고구려 무용은 다음과 같이 정의할 수 있다.

불교적 영향과 외래문화의 영향으로 말미암아 지배자의 특권계급의 적극적 관심하에 구체적으로, 대규모로 발달되었으며, 귀족과 천민의 구분으로 인해 무용의 목적은 희락 또는 특권층의 권위과시 등으로 사용되었다. 그러나 서민층에서는 역시 집단적 단합, 생산적인 의미에서 지속적으로 男女 구별없이 집단적으로 가무백희하였고, 음악과 무용의 분리 및 의상의 고급화, 조형화가 무용예술로서의 면모를 갖추기 시작한 것으로 볼 수 있겠다.

백제의 무용은 왕성한 활동이 었던 반면 오늘날 잔존하는 작품의 數 및 내용, 형태가 무척 미약하다.

「침류왕 원년(384)에 晉으로부터 호승인 마라난타가 들어와 처음으로 백제에 불교를 전함으로써 정신적으로 풍만해졌으며, 예술에 있어 아름답고 우아한 멋을 더 한층 가하게 되었다. 불교의 수입과 더불어 문화적 영향도 무용에 다소 영향을 끼쳤으리라 생각된다.」[28] 고 하였다. 역시 고구려와 같이 불교의 여향과 중국의 영향을 받았는데 단지 고구려는 중국의 남북조의 영향을 백제는 남조의 영향을 받았다는 것이 다르다.

---

26) 송수남, 배소심, 김미자 編著, 「무용원론」, 형설출판사, 1991, p.83.
27) 상계서, p.30.
28) 김현숙, 전계서, p.37.

「백제는 경기 충청·전라도 지역의 54개 부족국가를 통합한 다음 중국과의 문화교류를 하였다. −中略− 삼국 가운데 문화 예술이 가장 발달하였다.」[29]고 하였듯이 군집의 능력과 불교의 도래, 중국문화교류 등으로 모든 면이 안정되어 있었을 것으로 추측되나 오늘날 문헌상 분명히 나타나는 것은 미마지의 기악일 뿐이다.

「추고천황(推古天皇) 20년(612)에는 백제 사람 미마지(味摩之)가 歸化하여 말하기를 "吳에서 배워 기악무(伎樂舞)를 얻었다" 하므로, 대화국(大和國) 십시군(十市郡) 앵정(櫻井)에 살게 하고 소년들로 하여금 그 樂舞를 익히게 하였다.」[30]고 한 사실을 보면 정식으로 일본에서는 이미 음악과 무용을 익혔고, 그들의 학습기관을 개설하여 별도로 특수교육화한 것을 알 수 있으며, 중국의 吳나라에서 배워서 日本으로 전한 것을 볼 때, 문화적 교류가 원활히 이루어졌음을 알 수 있다.

「기악무는 불교전파를 위해 만들어졌다. 당시 수행자들이 고승으로 인정받기 위해서는 악무를 교양으로 몸에 익히는 것도 필요하였으므로 불교악으로서 기악무의 중요성을 충분히 짐작할 수 있다. 이것은 일본으로 건너가 귀족 자제들에 의해 전파된 고급예술이라는 점에서 상민에 의해 발생된 탈춤과 내용을 달리 한다.」[31]는 것과 「기악무는 흔히들 불교에서 인용되는 말로서 부처님을 공양하기 위한 가무를 뜻하는데 이는 불교의 포교를 목적으로 권선징악 내용으로 되어있다.」[32]는 것 또 「法華經을 들춰보면 法師, 見寶塔品, 타라니품(陀羅尼品), 제파달다품(提婆達多品), 분별공덕품(分別功德品), 묘음보살품(妙音菩薩品), 보현보살품(普賢菩薩勸發品)....... 등등에서 발견되는데, 이러한 경우를 종합하면, "8만 4천의 천녀(天女)가 행함을 알 수 있고......」[33]라는 내용들을 볼 때, 기악무는 포교를 목적으로 하며 불교와 밀접한 관계를 갖고 권선징악의 사회성·윤리성을 내포하였다는 것과 아울러 무척 아름답고 고도의

---

29) 김매자, 전계서, p.11.
30) 장사훈, 「일본무용소사」, 세광음악출판사, 1989, p.8.
31) 김매자, 상계서, p.11.
32) 김현숙, 전계서, p.39.
33) 장사훈, 상계서, p.9.

예술적인 무용의 형태와 道를 통하면서만이 얻어지는 技를 넘어선 예의 경지의 것임을 알 수 있다.

또한 天女가 作한다고 한 것은 그만큼 아름다운 음악과 무용이기에 그에 상충하는 연기자를 필수적으로 택하였을 것으로도 보인다. 그런데 이러한 성향이 바뀐 사실을 볼 수 있는데, 「吳의 伎樂 이외에도 朝廷에 올린 외래악은 당악·고려악·도라악(度羅樂: 제주도의 음악이라고도 함), 발해악(渤海樂), 임읍악(林邑樂:인도의 악무라고도 함) 등이 있었으나, 조정에서 아악료(雅樂寮)에서는 남자, 內敎方에서는 여자에 속하는 것을 각각 익히게 하였다. 내교방에서는 唐의 제도를 모방하여 때로는 100명의 기녀(舞姬)가 있었고, 아악료의 歌人, 歌女, 舞生들이 고유의 악무를 배우는 데 대하여 외래악을 배웠다. 내교방이 폐지된 연대는 분명치 않으나, 내교방이 폐지된 뒤로는 女舞였던 것이 男舞로 바뀌게 되었다.」[34]라는 내용에서 밝혀진 바와 같이 무용가가 여성에서 남성으로 바뀐 것과 여성 무희와 남성歌人, 歌女, 舞生을 분리하여 그 능력과 특색에 맞게, 또는 그 연희 목적 및 대상에 따라 기능을 달리한 것을 알 수 있다.

또 朝廷에 올려진 외래악 中, 제주도, 인도 등 그 수입지역의 분포도가 다양한 것으로 보아 백제의 문화 및 무용예술이 무척 활달하고 다양했던 것을 짐작할 수 있는 것이다.

그러나 어떤 연유로 100여명 정도의 무희를 양성하였던 문화제도가 폐하여지고 男舞로 바뀌게 되었는지, 이렇듯 왕성하였던 백제의 舞踊이 오늘날 그 자취를 찾아보기 어려운 그 연유에 대하여서는 다시금 연구의 동기를 갖게 하는 요인이 될 것이다. 이상 살펴 본 백제의 무용은 불교의 영향, 중국 남조 및 외래문화의 영향으로 불교 포교 및 특권계층의 행사용으로, 연회용 등으로 발전을 했다는 것과, 일본으로 수출할 수 있었다는 것, 미마지와 같은 무용가의 배출 및 많은 官妓와 남자 음악, 무용인의 양성이 무용사에 있어서 중요한 사실인 반면 구체적으로 의상 및 춤동작 등 그 형태에 대하여는 확실히 알 수 없음이 아쉬운 점이라 할 수 있겠다. 그러나 오늘날 백제 무용의 대표적인 기

---

34) 장사훈, 전계서, pp.11~12.

악이 원형과 같지는 않으나 많은 산대잡희, 탈춤 등을 통하여 그 맥을 면면히 유지하고 있음이 다행스럽다고 하겠다.

신라는 지리적으로 중국과 멀리 떨어져 있었기 때문에 삼국 중 가장 늦게, 그리고 이차돈의 순교에 의하여 불교를 공인하게 되었다고 하는데 신라는 신라고유의 사상 및 불교사상, 그리고 무속적인 신앙이 한때 어울려져 삼국을 통일할 수 있었다고 본다. 또한 통일 신라에 있어서 대표적, 상징적인 것은 화랑제도일 것이다. 이러한 배경을 가신 신라는 「진한 12국 가운데 하나인 사로(斯盧)가 중심이 되어 이룩한 나라로 초기에는 중추절을 맞아 회소곡(會蘇曲)이라는 집단가무로 흥겹게 춤을 추었다. 여자들이 두 패로 나뉘어 삼실뽑기 내기를 하며 진 편이 이긴 편을 축하하고 음식을 내어 가무(歌舞)로 즐겁게 놀았던 것이다. 一種의 여자 두레의 기원으로 길쌈경기와 품앗이를 하는 유풍이었다.」[35] 라고 한 것과 「유리이사금 9년(서기 32년)초에 7월 보름부터 유풍이었다.」[36] 는 내용으로 보아 초기에는 여자들만의 두레형식의 집단가무를 배설하고 경기를 통하여 노동의 생산성과 수고에 대한 위로, 격려 및 화목 등을 목표로 문화장려의 성향이 무척 온건하고 수용적이며, 극히 대중적인 것임을 알 수 있다. 그런가 하면 「신라 제2대 남해왕(南解王) 3년 (서기 6년) 봄에 시조묘(始祖廟)를 세웠을 때, 그 主祭者는 남해왕의 여동생인 아로(阿老)였고 남해왕은 次次雄이라고도 한다.」[37] (金大問元 次次雄 方言謂巫也 世人以巫事鬼神 尙祭祀 故違 敬之遂稱尊長者 爲慈允或之尼師今 言謂齒埋也, <三國史記 券 1,14 第二, 南解王) 三年春 始立市組 赫居世廟四時祭之 以親妹阿老主祭(三國史記)권32.1 雜誌第一祭祀)라고 한 것처럼 女性이 직접 主祭하였으며, 王이 직접 祭祀하며 巫의 신분 및 역할을 감당했다는 것은 점차 고대부족국가 원시시대의 敬天사상이 아닌 극히 주술적, 무속적인 방향으로 흐르기 시작한 것이 아닌가 추측할 수 있겠다.

이렇듯 여성중심의 유희적, 주술적인 무용예술의 형성과 더불어 백제와 같

---

35) 김매자, 전게서, p.12.
36) 장사훈, 전게서, p.131.
37) 장사훈, 「한국무용개론」, 대광 문화사, 1984, p.140.

이 외래문화의 접촉 및 교환되었던 점을 발견할 수 있는데 「윤공천황(允恭天皇:412~452)이 죽었을 때(452), 신라왕이 (郡司正勝의 '舞と踊〈芸能と文學〉, 民族文學講座Ⅲ, 所收) 80인의 악인을 보내어 장례 행렬에 따르게 한 것이 기록상으로는 최초의 외래악(新樂劇論 本論)이었다. 그 80인의 장례가 끝난 뒤, 귀국했는지 또는 歸化했는지 알 길이 없으나 흠명천황(欽明天皇 15년(554)에는 백제의 악이(樂人) 數名이 교대하고 있다.」[38] 는 것이다.

樂人가운데 踊手가 있을 것으로 보며, 특히 장례식에 신라왕이 친히 일본 왕을 위하여 대다수의 樂人을 파견하였고 백제의 樂人과의 교대가 이루어졌음은 신라의 예술장려 및 보급과 그 활야범위가 무척 적극적이었음을 알 수 있겠다. 더 더욱 신라에서 특기할 것은 유교·불교 들을 중심으로 한 호국정책으로서의 花郎制度이다. 「지방호족들의 세력들이 비대해지기 시작하였고 이를 제지, 해소하기 위해 전통적 신앙이자 생활양식인 풍류도를 화랑도(천지·자연에 대한 제의 중심적 사상이 注가 되며 특히 산신에 대한 신앙)의 이념으로 채택하여 유교·불교·도교의 삼교를 화랑도의 실천덕목으로 도입했다.」[39]

이렇게 발생한 화랑제도를 통하여 「靈과 肉의 일치를 생각하여 일종의 정신공동체의 "若者두레"의 團長으로 미모의 여성을 택하여 源花라 하였고 후일에 남성의 단장을 택함에 있어서도 肉體美를 갖춘 자를 花郎이라고 하였던 것이다. 이것은 아름다운 육체에 아름다운 정신이 깃들인다는 全體美의 관념에 의한 것이다. 신라인의 이러한 영육일체의 생각은 그들의 佛像彫刻에서 찾아볼 수 있다.」[40]는 내용과 같이 국가 정책의 하나로서 발족된 화랑제도는 단순한 肉的인 강건함에 목적을 둔 것이 아니라 영육일체로서의 온전한 人格體 형성을 목표로 했으며 男女 구분없이 美的인 面을 고려한 고도의 수련단체였음을 인지할 때, 신라시대의 정치 및 문화면의 포괄적이며, 진취적 자세를 익히 알 수 있겠다.

통일 신라시대만 하더라도 일부 지배층을 제외하고는 여자들의 지위가 동

---

38) 장사훈, 전게서, p.8.
39) 김현숙, 전게서, p.41
40) 조요한, 전게서, pp.181~182.

요되지 않은 가운데 남녀의 가무는 성행되었다고 할 정도로 개방적인 면을 갖춘 신라는 그들 고유의 춤 뿐만아니라 「고구려의 옛 무용을 이어 받아서 무용의 종류 및 내용이 풍부했던 것」[41]으로 본 것처럼 대내외적으로도 역시 국가를 초월한 예술의 발달 또한 컸다고 보겠다.

한편 「一般郞徒가 15세로부터 18세의 청소년이었음에 비해, 승려들은 청소년이 아닌 이미 一位의 大師였다.」[42]고 한 것과 「화랑도에 속하고 있던 승려는 일반승려와는 구별되어 있었던 듯 『삼국유사』에는 다음과 같은 기사가 보인다. 臣僧은 國仙之徒에 속하고 있어, 다만 鄕歌만을 알 뿐, 佛歌는 모른다.」[43] 고 한 것, 「화랑의 무용이 呪的, 종교적 목적을 가지고 있다.」[44]는 내용을 종합하여 보면 화랑도의 歌樂 및 舞踊이 구체적으로 어떠하였는가는 아직 밝혀지지 않고 있지만 일반민들과 승려들이 합류하여 종교적인 면을 추구하며, 「신라인이 가무로 일본 天皇의 죽음을 애도」[45]했다는 것이나 「화랑이 제사와 밀접한 관계가 있었다 함은 祈願이 한국고대의 밝思想(光明이 세상을 다스린다는 뜻)에 있으며 그 사상에 의해 화랑이 출발하였다.」[46] 는 것에 밝혀진 것과 같이 呪術的인 면을 갖추고 있음을 알 수 있으며 신라의 무용은 고려사악지나 삼국 속악조 등을 통해 일반적으로 잘 알려진 궁중무용 및 검무, 잡기 중의 하나인 최치원의 '五伎' 등으로 7세기 후반에 삼국을 통일한 저력을 과시하듯, 가야, 백제, 고구려 등 신라의 고유 歌舞樂을 집대성하는 역할을 하였다.

「궁중무용은 儒樂, 곧 공자의 禮樂사상을 바탕으로 이루어졌다.」[47]는 사실을 볼 때, 종교적으로 앞서 기술한 바와 같이 포괄적으로 집대성한 종합적 종교관을 통한 歌舞가 성행한 것으로 보아야 할 것이다.

이상, 신라의 무용을 통하여 삼국을 통일한 국가답게 상류층 남녀의 무용의

---

41) 송수남, 배소심, 김미자, 전계서, p.84.
42) 이진수, 『신라 화랑의 체육사상연구』, 保景文化社, 1990, p.70.
43) 이진수, 상계서, p.70.
44) 상계서, p.180.
45) 상계서, p.176.
46) 상계서, p.177.
47) 김매자, 전계서, p.48.

정립, 서민들의 집단가무, 일반인 및 종교인의 결합 등으로 종교적, 국가적 차원에서의 광범위한 종합적 歌舞의 형성 및 발달, 외래문화의 도입 및 국내문화의 배출 또한 통일적이었다고 해도 과언은 아닐 것이다.

3) 고려시대

고려시대의 무용은 삼국시대 以上의 면모를 갖추며 발달했던 때로 본다. 궁중무용(呈才) 및 서민의 토속, 전통무용 및 놀이가 확대화되며 나아가 국가적 장려 또한 적극적이었던 것이다. 국가정책 및 국가방위의 제도와 삼국시대에 화랑제도 및 각종 종교를 통합적으로 받아들이고 생활화하였던 것처럼 고려 역시 그러한 상황에서 무용이 발달된 것이다.

그러한 이유 중 중요한 것은「僚의 80만의 大軍에 의한 네 번의 침략(993년 이후)이 있었고 蒙古, 즉 元에 의한 1231년 이후 여섯 번의 전쟁이 있었다. 그당시에 있어서 세계 최강의 군대를 맞이하여 한민족은 40여 년에 걸친 항전을 계속했던 것이다. 뿐만 아니라 그 전란의 어려움 속에서 부처님에 대한 信心을 높여, 그 佛力으로서 적을 물리치기 위하여 8만대장경을 제작하는 문화적인 위업을 성취하였던 것이다.」48) 라는 내용에서 알 수 있듯이 잦은 전쟁, 침략 등을 잘 극복하며 평정을 찾고 민심을 수습하여서 국가안정을 기할 수 있었던 것은 신앙심 때문이었던 것이다. 그 신앙심으로 말미암아 어려운 가운데에서도 예술문화가 사회 깊숙이 뿌리 내리고, 더불어 무용도 삼국시대 못지 않게 발달을 하게 된 것이다.

또 고려 후기에 이르러서는「충렬왕, 충선왕 때, 유교철학과 성리학을 받아들이면서 禮樂사상으로 중시하게 되었다. 이 시대의 음악은 전통적 향악의 외래음악인 행사인 팔관회와 연등회에서 많이 연주되었다. 연등회는 불교의 식의 일종이고 팔관회는 天靈, 五嶽, 明山, 大川, 龍神에게 제사 지내는 무속의식인데, 고려 중기 이후에는 제사의식보다 가무백희에 치중하여 원래 목적을 상실한 듯하다.」49) 라고 하였다.

---

48) 김일곤「한국 문화와 경제활력」, 한국경제신문, p.23.
49) 김매자, 전게서, p.18.

고려시대에서 특기할 것은 무속의 등장이며 유교철학 및 성리학을 중심으로 한 禮樂의 등장이다. 물론 불교가 중심적인 위치에서, 국가적인 차원에서 사회전반에 영향력을 끼쳤으나, 그것 못지않게 지배적 성향을 나타낸 것이 무속 및 禮樂의 출현일 것이다. 또 경건한 제사의식에서 가무백회로 전이된 팔관회 및 연등회 등이 직접 왕과 백성들이, 대신들이 한데 어울려서 음주하고 밤새도록 가무하는 등 신분의 위치에 관계없이, 남녀 구별없이 함께 참여할 수 있었다는 것을 볼 때 어떠한 형식적인 것이라기보다 온 민족이 하나되고자 하는 열망의 표현이라고 보아야 할 것이다. 그러나 이러한 열기도 서서히 고려말, 조선초를 거치면서 유교적 영향이 짙어짐에 따라 「당초의 남녀 혼합무용(사교무용)이 어느 시기에 이르러 남성집단 무용(農樂)과 여성집단무용(술래춤)으로 분화된 것으로 보인다.」[50]고 하였다.

한편 중국은 고대부터 禮를 중시하였고 그 禮는 樂이 반드시 수행된 것을 알 수 있다. 「禮가 인생교육에서 차지하고 있는 분량은 결코 악이 차지하고 있는 분량과는 서로 비교될 수 없다. 동시에 고대에는 음악을 교육의 중심으로 삼고 있고 음악은 본래 일종의 사람을 감동 시키는 힘을 갖고 있다. -中略- 禮의 가장 기본적인 뜻은 인류행위의 예술화, 규범화의 통일물이라고」[51] 한 것이나 「춘추시대의 인문교양에서 禮가 樂의 전통적 지위를 대신 차지하게 된 데에는 까닭이 없는 것은 아니었지만 당시의 제후가 來朝하여 천자를 알현하거나 회동할 때의 각종 예의에서는 예와 악이 함께 이루어졌을 뿐만 아니라 詩歌로써 뜻을 이야기한다는 風氣는 실제로는 음악활동이었다.」[52]고 했으며, 「예악은 모두 중요하나 악을 예의 위에 둔 것은 악이 개인의 인격완성의 경지임을 인정 한 것으로, 이것이 바로 공자의 立教의 宗指이다. 그러므로 공자는 시로써 일어나서 예로써 서며 음악으로 완성한다. 興於詩,立於禮,成於樂(論語)」[53] 라고 한 것을 볼 때 중국인들의 禮의 중시사상과 더불어 더 사랑하고 중시하였던 樂의 영향이 우리나라에 크게 영향력을 주어 오늘날 당

---

50) 정병호, 전게서, p.26.
51) 서복관, 박덕주 外 옮김, 「중국예술정신」, 1991, p.31.
52) 상계서, p.32.
53) 상계서, p.32.

악정재가 발달한 것도 사실이겠으나, 이러한 영향으로 다시 남녀구별 및 신분의 차이 등이 생기면서 폐쇄적인 경향도 사회구조의 하나로 형성된 것이다. 그리하여 서민들 사이에 굿이 성행하게되고, 농악이 일종의 가무백희 형식으로 그 본질을 잃게 되니, 긍정적인 방향에서 타종교에 의한 무용의 발달도 있었겠으나 오히려 그간 무용의 본질이 숭고하게, 건전하게 사회제도의 일환으로 구축되어 왔던 것이 사회의 놀이물로 전락했던 것을 알 수 있다.

「고려시대는 신분세습제 사회로서 양반계급과 중간계급이 속하는 지배층과 양인, 천인의 피지배층으로 구성되어 있었는데, 禾尺이나 才人 역시 천민과 같은 대우를 받았다.」[54] 고 했으며 「불교가 후에 圖讖思想과 겸합되면서 차츰 미신적으로 흐르게 되었음」[55] 을 볼 때, 결국은 유교중심의 중앙집권적 귀족정치 사회를 이루게 된 것이다. 이러한 중앙집권적 귀족정치사회제도로 인하여 앞서 밝힌 바와 같이 呈才가 많이 발달하였으며 특히 睿宗 11년 6월에 중국 宋나라의 휘종이 보내준 大晟雅樂에 맞추어 추는 각종 의식의 佾舞와 「문종 27년 乙亥敎技 여제자 眞鄕 등 13인이 踏沙行歌舞를 연등회에 쓸 것을 아뢰어 임금이 허락하였다. 11월 辛亥에 팔관회를 베풀고 임금이 神鳳樓에 나아가 觀樂하였는데 교방 여제자 楚英이 새로 전해온 抛毬樂과 九張機別伎를 아뢰었다. 포구락 여제자는 13인이고, 구장기별기 여제자는 10인이다.」[56] 라는 사실에서 알 수 있듯이 궁정내에서 임금 및 귀족들, 외국인들을 위한 연회용 무용이 활성화되었고, 특별히 선발된 무용가들이 있었음이 특기할 만하다고 보겠다.

반면 서민들은 농악을 비롯하여 민속놀이인 지신밟기, 답교, 단오제, 은산별신제 등, 여인들만의 집단무용인 강강술래, 놋다리 밟기, 남자들만의 집단놀이인 車戰놀이 등이 있는데 그 형태는 대체적으로 풍년을 기대하며 귀신을 쫓는, 그리고 기원하며 단결을 목적으로 하는 단조롭되 힘이 있는 춤들이며, 대체적으로 미신적인 성향이 짙은 방향으로 흘렀다고 볼 수 있다. 이러한 무

---

54) 송수남, 「한국무용사」, 금광, 1989, p.60.

55) 상계서, P.60.

56) 상계서, P.65.

용의 흐름으로 말미암아 고려시대의 무용수는 주로 舞童이라는 남자 어린아이와 직업적인 무용수인 女妓로 형성되었으며 무용수들의 신분은 극히 낮아졌었다는 것을 알 수 있다.

4) 조선시대

이성계에 의하여 건국된 조선시대의 무용은 崇儒抑佛정책에 따라 불교무용은 차츰 쇠퇴하여지고 유교의 바탕에서 발달된 시기이다. 고려시대의 무용에서 밝힌 바와 같이 중국의 禮와 樂, 그리고 詩歌와의 만남, 그에 다른 舞踊의 발전 및 보급은 오늘날 우리나라의 무용사에도 지대한 영향을 끼쳤으리만큼, 고려시대에부터 조선조에 이르기까지 전반적으로 귀족문화를 장악하였던 것이다. 반면 오늘날 되돌아보건대, 무용 및 무용가의 인식이 유교사상으로 말미암아 부정적인 면을 생성하게 되지 않았나 본다.

이러한 정치적 제도하에 불교는 「匹夫나 부녀들만의 종교로 전락하고 승녀들은 見性生佛의 포교방법으로 전환하여 萬日會, 念佛契 등을 設하여 염불을 유행시키고 作法을 내세움으로써 오히려 佛敎儀式舞踊이 성행하였던 자취를 발견하게 된다.」[57] 고 하였다.

또 「유교를 숭배하였기 때문에 불교의식인 팔관회나 연등회 등의 의식은 행하지 않았으나 儺禮나 山臺雜劇은 고려의 것을 그대로 계승하였다.」[58]는 것으로 보아 그 맥을 면면히 유지 하였음을 알 수 있다. 나례나 산대잡극을 통하여 불교적, 미신적인 민속무용이 발전하였는가하면 효명세자(익종)와 같은 名按舞家가 있어서 약 55~56종 정도의 정재 가운데에 다반수 이상의 것을 개작, 창작, 정리할 정도로 직접 군왕이 樂과 舞踊에 큰 관심을 가졌다는 것은 역사적으로 중요한 사실이 될 것이다.

따라서 官妓制度가 있었는데 「選上妓를 중앙에서 교육시킨 뒤 궁중에서 쓰다가 나이가 많아지면 제 고장으로 돌려보내면 그 지방 監營이나 營門에 매이게 된다.」[59] 는 것으로 볼 때 당시의 기방생활은 귀족들의 전유물이었으며

---

57) 정병호, 전계서, P.42.
58) 송수남, 전계서, P.87.
59) 장사훈, 전계서, p.45.

비참하고 한이 서린 부자유한 삶을 살았던 것이다.

「지배층인 관료계급으로부터 천민에 이르기까지 온 계층에 유교, 도교를 보급하기 위하여 많은 윤리서적이 간행되었다. 이러한 결과로 도덕성 곧, 충, 예 등이 강조되었다.」[60] 고 했는데 여성에 대한 것은 극히 폐쇄적이며 비인격적인 구조와 윤리로 대우를 받았던 것을 알 수 있다.

「鄕·(서민들의 교화를 위한 법)에서 길에서 남녀가 만나면 인사나 농담을 하지 말고 내외를 하라고 가르치고 있는데......」[61] 라든가, 「남녀유별(또는 有禮)은 조선시대에 있어서 상하유분(上下有分: 班常: 奴主), 長幼有序와 함께 삼대강령을 이루는 기본적인 질서였다.」[62] 라는 것, 「어자가 유식하거나 재능이 있으면 박복하다고 가르치지 않는 것이 원칙이었다. -中略- 성호 李翼 같은 석학도 여자는 부지런히 일하고 검소하게 살고 남녀칠세 부동석만 지키면 되는 것이지 독서는 남자의 일이라고 하였다.」[63] 는 것 등으로 보아 여자에 대한 대우는 조선시대에 들어와서 급격히 나빠진 것이다.

율법적으로, 윤리적으로 구속이 심해지므로 자연히 여자들은 절이나 무당집을 찾게 된 것인데 「절과 무당집은 挑出禮防하려는, 즉 자유를 찾는 부녀들의 피난처 구실을 하였고 따라서 부녀들의 절에 가는 것을 금하는 법을 일찍부터 마련되어 세종때에는 절에 간 부녀와 유숙시킨 스님까지 처벌하였으며......」[64] 라고 한 것처럼 종교적 변화에 따라 발생될 수 있는 사회적 갈등이 축적됨으로 말미암아 고려시대에서 발생연유를 두고 있는 미신에 대한 기호도가 높아진 것을 알 수 있으며, 한때 국교로까지 인정받던 불교가 사회적 정치적으로 열세에 몰린 것은 무용의 발달사에 큰 영향을 주는 전환점이라 할 수 있을 것이다. 그 예로 답교의 풍속은 고려시대에 매우 성행하였는데 「조선왕조 중엽 이후부터는 부녀의 옥외출입에 대한 단속이 심해짐에 따라 부녀

---

60) 김매자, 전게서, p.20.
61) 김용덕, 전게서, p.99.
62) 상게서, p.99.
63) 상게서, p.105
64) 상게서, p.107.

답교는 쇠미하였다. 동국세시기에는 그 당시 부녀는 답교를 하는 일이 없다고 되어 있다.」[65] 는 것이다.

「일방적으로 부계사회 중심으로 확대되는 한국사회에 대한 하나의 거부작용이고 그것을 조화시키는 힘이 무속신앙이었다고 하겠다. 또 제사의 사제권이 거의 남자에게 독점되어 있을 뿐만 아니라, 여성을 부정시하는 구조에서 무속을 여성들에게 사제권을 갖게하고 신앙심을 고조시켜 갔던 것이다.」[66]

또 「아비를 따르고, 남편을 좇고 자식을 따르는 三從之禮 뿐만 아니라, 외출커녕 뜨락을 마음대로 거닐지 못하고 외간남자 아닌 이종 4촌끼리도 상대가 남자면 웃을 수도 없도록 규제된 여인들, 머리장식을 마음대로 하지 못했고, 옷은 희망대로 입지 못했다.」[67] 라는 등의 내용을 볼 때, 자유가 없는 여인들의 무용의 퇴보, 구속감에서의 탈출의 도피구로서 미신숭배, 그에 따른 무속춤 발전 및 사회제도의 불균형 및 불안정성 초래, 여인들의 엄한 구속에도 불구하고 궁중 및 특정한 舞女들의 선출 및 기용에 의한 사회적 모순과 여인들의 심리적 갈등으로 무용 및 여성 무용가들의 위치는 타락해버리기 시작한 것이다. 「우리의 가락과 춤은 원래 민속 전체가 즐기던 것이지만 이것을 천시하던 李朝시대부터 서서히 양반들이 보고 즐기는 유희물쪽으로 발전하게 되었다.」[68] 라는 사실로 보아도 비극적 변화를 가져온 것이다. 이러한 역사는 연산군 시대 이후 많은 사화와 당쟁을 겪게 되어 온갖 문화가 퇴폐하여 가고 따라서 무용 및 관기의 대우는 더욱 비참하였을 것이다. 또한 외세의 침입으로 손실을 입은 가운데에 후대에 와서 회복이 됨을 볼 수 있다. 「영조에서 순조에 이르기까지 많은 춤이 창제됨으로써 조선은 궁중무용의 전성기였다고 볼 수 있다. -中略- 그것은 개국의 창업을 칭송하고 왕조의 권위를 과시하는 수단이 되었다. 따라서 개인과 사회, 집단과 집단 사이의 유대를 강화하고 기본질서를 유지하고자 하는 당시의 가치관을 춤으로 표현한 것이라고 할 수

---

65) 김현숙, 전게서, p.160.
66) 최길성, 「무속의 세계」, 정음사, 1985, p.35.
67) 전완길, 전게서, p.68.
68) 석영환, 전게서, p.115.

있다.」[69] 고 하였으며, 「근세조선 말기 고종황제와 대원군은 농악을 좋아하며 경복궁을 수축할 때에 팔도 농악대를 데려다가 놀면서 일꾼을 위로하고 토목공사가 잘 성사되기를 바랐던 것인데, 여기에서도 국가적인 차원의 祈福行事 자격이 농악에 있음을 알 수 있다. 지신밟기뿐 아니라 대보름에 줄다리기를 할 때도 서로 이기라고 풍악을 울리기도 하였다.」[70] 는 것으로 보아 조선 말기에 들어와서 혼란 속에 빠졌던 무용이 점차로 그 본질을 되찾게 되는 것을 알 수 있으며, 呈才는 呈才대로, 민속무용은 민속무용대로 그 나름대로의 무용의 목적을 달성하며 발전, 유지된 것이다. 무용 및 기녀들의 춤은 지속적으로 궁중 및 官內를 통하여 양성하면서 민속무용은 특별한 격식이니 법도가 없이 신분의 차이가 없이 서민들의 정서와 소박한 감정을 표출해내었으며 원초적가락이 잘 보전되어서 오늘에 이르도록 연출되어지고 있는 것이다.

4) 근대

근대 무용은 新舞踊의 시대라고 보아야 할 것이다. 조선의 무용이 유교사상에 의해 낙후현상을 일으키고, 천시화되다가 말엽에 회복되어가는 즈음, 1900년대에 들어오면서 무용은 다시 한번 전환기를 맞게 되는 것이다. 그러나 역시 사회적 배경은 봉건적이고 유교사상 등이 지배적이어서 무용이나 무용가를 천시하는 의식은 굳게 자리하고 있었다.

「1902년에 한성준에 의해 일면 무대의 새로운 서구식 극장이 탄생하게 되는 것이다.」[71] 또한 「1900년 초까지 왕실에 예속되어 무용을 담당했던 舞童呈才와 女伶呈才가 있었는데 그 女伶정재는 궁내에서 행사를 치른 후에는 자유로이 생활할 수 있었고 가무활동도 허용되었다.」[72] 고 한 것으로 볼 때, 지나친 유교사상에 의한 속박이 다소 완화되며, 서민들에게도 궁중무용이 공개되는가 하면, 놀이형식의 특별한 규격이 없던 우리의 무용예술이 극장화되면서 그 면모를 달리하기 시작한 것을 알 수 있다.

---

69) 김매자, 전게서, p.21.
70) 최래옥, 「우리민속의 멋과 얼」, 동흥문화사, 1992, p.145.
71) 송수남, 전게서, p.87.
72) 정혜란, "한성준에 관한 연구", 「한국무용연구 제5집」, 한국무용연구회, 1987, p.128.

이러한 즈음, 임진왜란, 한일합방 등의 혼란한 일본과의 관계를 겪으면서 일본의 영향을 주로 받은 新舞踊이 탄생하게 되는 것이다. 「안제승은 '고유 명사 신무용의 정의'에서 서기 1904년 坪內道遙가 신무용이라는 용어를 처음 사용했음을 인용하고 역시 일본인이 '신무용연구소', 서기 1926년 석정막의 신무용공연 등의 예증으로서 열거한 다음, 그런 까닭으로 신무용의 정의는 "思潮의 바탕을 현대 감각에 두고 현대무용운동으로서의 이념과 방법으로 창조되어지는 새로운 한국무용의 실체이며, 활동적이고 형식이자 체계이다."」[73] 라고 한 것처럼 오늘날 일본을 경계하고 벽을 두지만 실제로 무용 문화권의 일본의 침식력은 우리의 무용사에 지대한 영향을 끼쳤다.

이 시대의 무용가로는 한성준, 조택원, 최승희, 배구자, 박영인, 김민자, 조용자, 정인방, 진수방 등 많이 있으나 그 중 한성준, 조택원, 최승희를 대표적 무용가로 인정할 수 있겠다. 한성준은 국악인으로서 주로 한국 민속적 고유의 작품을 많이 만들고 제자를 양성하여 한영숙, 강선영 등의 무용가를 배출하였으며, 조택원, 최승희는 일반적으로 한국의 얼을 바탕으로 외색적 성향이 짙은 창작무용을 많이 추었고 만들었으나, 오늘날 그들의 제자는 그리 분명치 않다. 면면히 조택원氏의 아내인 무용가 김문숙과 또 최승희의 제자였던 김백봉이 그 流를 유지하고 있다고 보아야 할 것이다. 그러면 먼저 우리가 일반적으로 사용하고 있는 춤의 대명사 "舞踊"에 대하여 살펴보면 다음과 같다.

일본으로부터 전해오고 오늘날, 우리의 말처럼 된 舞踊은 다음과 같은 개념으로 정의되어 왔다. 「舞와 踊에 대해서는 逍遙 이래 많은 사람들이 거론했으나, 특히 중요한 것은 다음 두가지 설이다. 酉角井正慶에 의하면 이 문제는 먼저 柳田이 손을 대고 다음은 折口가 말하였다 한다. 折口信夫는 1929년 4월 발행인 '古代硏究' 국문학편 제2부 '戱曲, 舞踊詞曲의 見渡し'의 가운데서 "踊은 뛰어오르는 동작이고, 舞는 선희운동이다." 라고 말하고 芸能에서 분명한 구분을 처음으로 지적하였다. 그리고 柳田國男은 1942년 12월 발행의 『日本の 祭』에서 踊은 행동이고 舞는 행동을 부산물로 한 노래 또는 이야기이다."라고 하였다.」[74]

---

73) 안제승, "고유 명사로서의 신무용의 정의", 「신무용사」.

74) 장사훈, 『일본무용소사』, 세광음악출판사, p.96

　　그러나 「우리는 舞와 武가 통하기 때문에 무예라는 개념이 성립될 수 있겠다. 우리 고유의 가락, 춤, 무예는 그 맥이 어떤 형태로 남아 있다. 특히 우리의 춤(舞)은 자연스럽고 순수하며 힘이 있어, 그 속에 뚜렷한 맥이 살아 있음을 찾아볼 수 있다. 그것을 열면 닫고 맺으면 풀리는 陰陽의 조화이며, 움직임 속에 고요함과 정지되어 있는 가운데에도 격동을 담을 수 있는 상대적인 대비의 조화이며 팔을 들면 丹田에 힘이 모이고 한 발 딛을 때도 온몸에 氣를 느낀다는 점이다. 또한 머리는 天으로, 가슴은 人으로 하체는 地로 생각하고 작은 육신을 天地人에 비겨 우주의 신비를 조화시켜 주는 춤이라는 점이다.」[75] 라고 표현한 상대적 개념의 차를 서로 갖고 1900년대 이후의 무용을 형성해가는 데에는 다소간에 무용가들의 갈등이 있을 것이고, 한편 무용예술의 발전을 위해서 피할 수 없는 격동기라고 할 수 있겠다.

　　앞서 밝힌 한성준, 조택원, 최승희의 중심으로 근대의 무용을 보면, 주로 민속무용을 창작, 개작하였으며, 원래 鼓手였기에 1930년에 조선음악무용연구회를 조직하여 본격적으로 춤사위 및 기본을 정리하였다.

　　「한성준은 서울에 정착하면서부터 원각사 극장에서 官妓 및 妓生들에게 승무를 비롯한 각종 민속무용을 가르치기 시작한다. −中略− 茶洞기생조합, 한성기생조합시절에도 기생들에게 여러 가지의 무용을 가르쳤는데 −中略− 그가 官妓 및 妓生들에게 일방적으로 전수시킨 것은 아니었고 한성준도 관기나 기생들을 통해 평소 자신이 접해보지 못했던 궁중무용을 간접적으로 배우기도 하였다.」[76]

　　「1902년을 전후로 하여 官妓의 무용 妓生들의 춤, 산대탈춤들이 무용으로서는 처음으로 진출하였다. 이를테면 한일합방 이후 官妓制度가 폐지됨에 따라 掌樂院에 있던 官妓들이 지방으로 흩어져 기생조합으로 직결되면서, 옛기생들에 의해서는 궁중무용과 일반 기생들에 의해서는 고전형인 민속무용, 승무, 살풀이, 입무 등이, 그리고 광대들에 의한 탈춤, 농악무, 줄타기, 땅재주,

---

75) 석영환, 전게서, p.116
76) 정혜란,『한국무용연구』제 5집, 한국무용연구회, p.119

등이 단독으로 곁들여져서 공연되었다.」[77] 는 것을 볼 때, 궁중무용과 민속무
용의 만남, 구속적인 신분과 자유로운 신분과의 만남, 한성준의 높은 배움의
자세, 무용에 대한 관심, 사랑이 오늘날의 한국민속무용을 형성, 정립하는 원
동력이 되었다고 볼 수 있겠다.

그러나 「기생들의 예능활동도 점점 위축되어 검무, 승무, 四鼓舞, 長生寶
宴之舞, 舞鼓 등에 원래 궁중정래 모습을 찾아볼 수 없을 정도로 감축되고 변
질되기에 이르렀다.」[78] 는 것을 볼 때, 무용예술이 공연되어지는 장소가 무대
가 아닌 요리집과 같은 것으로 바뀌어 그 환경에 따라 용도가 비뀌었을 것이
고, 한층 무용예술의 본질이 순수하지는 못했을 것으로 볼 수 있다.

조택원은 최승희보다 1년 늦게 石井漠의 문하에 들어갔고 1932년에 귀국
하여 現 中央大學校 전신인 中央保育學校에서 무용을 가르쳤다. 1933년 조택
원 무용발표회를 통해서 신무용화한 승무의 인상(후에 가사호접)을 추었고, 1935
년 2회때, 포엠, 만종 등을 발표하였는데, 만종은 우리의 농촌을 서양적 음악
에 맞추어서 표현하였는데, 동·서양의 융화를 시도한 것이었다. 그 外 다수
가 있으나 「鶴은 그가 海外旅行時에 우리 고유의 춤을 탐구, 개척, 창조해
야하는 것이 그의 급선무적 일이라 확신한 뒤 귀국하여 만든 우리의 춤이
다.」[79] 결국 조택원의 활동은 현대무용을 우리 한국무용에 도입시켜 무대화
하는 데 큰 역할을 했다고 보아야 할 것이다.

崔承喜는 석정막의 문하에 들어가 1920년 귀국하여 연구소를 개설하고 1930
년 제 1회 발표회를 가졌는데 이 때 관객의 반응은 그리 좋지 않았다. 1931
년부터 최승희는 예술가적인 자세를 확립하고 사실적인 표현, 즉 영향적인 작
품세계를 더욱 구체화하기 시작했다고 하였다. 5회에 걸친 그녀의 공연에는
당시 나라잃은 민족감정을 표현하는 사상적인 것을 主로 하였는데, 춤의 기능
면이 高踏的이어서 관중들을 감화시키기에는 어려움이 있었다. 최승희는 월북
무용가로서 그간 국내에서 비공개된 무용사적 자료가 적은데 늘 무용계에서
는 베일에 싸인 의혹적 무용가며, 연구의 대상이 되는 무용가이다. 그녀는 「춤

77) 조원경, 『무용예술』, 해문사, 1967. p.120
78) 김천흥, 『무용(서울육백년사)』 제3집, 1979. p.375
79) 박미자, 『창작한국무용 발달과정에 관한 연구』, 1985, p.13.

의 생명은 공허한 아름다움에 있는 것이 아니라 진실의 표현여부에 달려 있
다고 행각하였다. 그것을 곧 자신의 춤이 얼마나 민족적일 수 있는가 하는 데
서부터 출발하는 것이었다.」[80] 는 것으로 그녀의 민족적 사상은 유별하였던
것으로 보이고, 「무용과는 불가분의 관계인 음악적 감각을 잃지 않기 위해
세탁이나 청소시간에는 발성법을 연습하였고, 남들이 잠자는 시간에는 틈을
내어 책을 읽거나 영어공부 역시 게을리하지 않았다.」[81]

이렇듯 자신의 세계에 대한 노력도 게을리하지 않는 최승희는 전병호(민속
학자, 전 중앙대 무용과 교수)氏에 의하면 참으로 아름다워서 공연을 본 후에
긴 생각에 잠길 정도로 그 무용하는 모습을 잇을 수 없었다고 한다. 참으로
많은 이야기거리를 제공하여 주는 월북무용가 최승희의 연구는 앞으로 지속
되어져 무용예술계에 어떠한 이바지를 할 것으로 보인다.

「최승희, 조택원 등의 공연으로 무용을 천시하던 우리 사회에 근본적인 인
식의 개혁을 가져오게 하였던 것은 사실이나 그들의 무용성격은 무용유희적,
음악적 율동무용의 단계를 벗어나지 못한 소위 석정막식 신흥무용의 기법에
우리 고전무용의 표피만 가미한 자기류의 정서적 무용이었다.」[82] 라는 것을
보면 무용예술의 의식면을 나름대로 진지한 태도로 개척하려 했던 의지와 반
면 뒤늦게 시작한 무용, 그리고 외국무용과의 접목과정에서의 완숙치 못한 기
능만이 역시 개척적이었다고 보아야 할 것이다.

이상 근세무용을 보면 조선조에 이르기까지의 격리, 분리되어 오던 무용이
한데 어울려서 새로운 한국무용의 역사를 형성하는 때였음을 알 수 있었다.

2. 무용가의 일반적 역할 및 위치

오늘날 무용가는 예술가라고 한다. 예술가는 기능의 단계를 거쳐 道의 단계
로 들어간 者들을 말한다. 무용가는 무용 전반의 내외면적인 것을 알고, 체험
하고, 분별하며 정립하는 경지에 이르른 者라고 볼 수 있겠다. 통상 무용은 인

---

80) 강이향 엮음, 김채현 해제, 『생명의 춤, 사랑의 춤』, 지양사, 1989, p.51.
81) 상계서, p.54.
82) 정혜란, 전계서, p.110.

간의 사상, 감정, 감각의 일체를, 세상에 존재하는 유형·무형에 관한 관념적, 감정적, 표현욕구를 미학적, 합리적 원리에 의하여 몸짓으로 형성화해 나가는 것으로 정의한다. 이러한 무용가는 왜 존재하며 왜 필요할까? 우리 인간에게 는 저마다 능력이 있고, 동일할 수도 상이할 수도 있으며 그 분량 또한 클 수 도 적을 수도 있는 것이다. 각양각색의 모습으로 존재하는 人間과 같이 제각 기 형성해 나가는 무용가의 참 역할은 무엇일까?

고대부족국가시대에는 단군, 天君, 軍長, 부족장 등이 직접 祭天의식을 하 고 祭政일치의 역할을 수행한 것을 알았다. 이들이 직접 하늘에 계신 신에게 빌며 기원하는 과정을 통하여 어떠한 무용의 형태가 형성되었을 것이며, 따라 서 부락민들도 의식에 참여하므로 군집의 움직임을 형성해간 것이다. 주로 농 경생활을 하여온 우리 조상들은 생활을 유지하고, 풍작하기 위하여 보호하고 보호받기 위하여 삶과 항상 유기적 관계를 맺는 무용을 형성한 것이다. 신분 의 귀천없이 남녀노소 구별없이 마당이 의식의 터, 춤의 터가 되어 생활무용 을 전개한 것이다.

「상고시대에 펼쳐지던 행사는 온마을 사람들이 한데 모여 노래와 춤과 술 로 즐기며 밤낮을 예측하는 집단적인 의식으로 마치 굿을 방불케 한다.」[83] 「상고시대와 부족국가시대에는 생활과 삶에 대한 하나의 방편이었으며 귀족 이나 평민 구분이 없이 신에게 간구하는 춤을 추었다.」[84] 는 것으로 볼 때, 온 부락민이 무용가며, 제사장이 무용가인 것을 알 수 있으며 생활의 영위를 위하여 간구하고, 스스로가 삶의 지배자가 되며, 돕는 자가 되어 (두레제도에 서 나타난 바와 같이 노인과 여자들은 제외하며 과중한 일의 무리에서 보호 하였던 것처럼) 인격적이고 평등하며 평화로운 삶을 구축한 것이다.

삼국시대에 들어와서는 고구려의 불교도입과 중국 남·북조의 영향으로 부 족장이 귀족으로 변화를 하게 된다. 절대왕권의 위치가 성립되면서 귀족과 천 민이 구별이 되며 무용은 일종의 귀족들의 전유물 또는 행사의 목적으로 양 성된 것을 알 수 있다. 특권계급의 일련의 행사를 위해 남자·여자 무용가들

---

83) 김매자, 전계서, p.8.
84) 상계서, p.30.

을 별도로 훈련한 것으로 나타나 있는데, 이에 반해 서민층은 역시 가무백희 하여 그들 스스로 단결하고, 노동의 수고를 위로하였던 것으로 본다.

반면 「10월에 고구려의 제천의식으로 거행된 동맹을 天神에 대한 감사와 기원의 추수감사제로서 또한 전국민의 추앙에 받드는 조상신일 逐神을 함께 모시는 거룩한 행사인 듯이 생각된다. 이밖에도 고구려에서는 星神과 社·神 에게 각각 제사를 지냈다. 동맹을 비롯한 이와 같은 것은 諸神에 대한 국가의 장대한 제사에는 근엄한 음악과 신비로운 무용이 그 중추가 되었을 것은 의 심할 여지가 없다.」[85] 는 것을 보면 고대부족국가에서 행하였던 신에 대한 의 식은 지속적으로 그 면모를 지켜온 것을 알 수 있다.

백제는 역시 불교의 도입과 중국 남조의 영향을 받아 고구려와 유사한 형 태의 무용을 형성하였는데, 단지 미마지의 기악무의 전파로 인하여 점차 그 무용가의 역할이 국내에서만 이루어진 것이 아니고 일본으로 그 활동범위를 확장한 것을 알 수 있으며, 특히 외래악을 내교방에서 훈련된 여인들에게만 연회토록 한 것은 외국인들을 위하여서만 춤추도록 한 것이 아닌가 본다. 특 히 미마지가 전파한 기악무는 오나라에서 배워온 것으로 이를 위하여 「미마 지를 앵정에 안치하고 소년을 모아 기악무를 익히게 하였다. 이에 진야의 수 제자, 신한, 제문 두 사람이 이것을 익혀 그 춤을 전하여 알았다.」[86]는 것과 「伎樂이란 어휘는 佛敎經典에 많이 인용되는 말로서 부처님을 공양하기 위 한 가무를 뜻하며 이 기악무는 그 당시 여러 절에서 거행되었고 일본 상류층 의 자제들이 많이 배웠다고 하며 불교의 포교를 목적으로 권선징악의 내용으 로 되어 있다.」[87] 고 하는 것을 통해서 백제에 와서는 무용가의 역할이 가르 치고 포교하는, 그리고 사회적으로 존경받을 수 있는 위치로 그 품위가 승격 된 것을 알 수 있으며, 반면에 서민들은 은산별신굿, 도당굿과 같은 의식을 통 하여 지속적으로 춤과 노래를 하면서 놀이로서의 기능적 역할을 계승하여 온 것이다.

고려시대는 불교정책을 호족세력의 약화를 기점으로 중앙집권 체제의 관료

85) 송수남, 전게서, p.34.
86) 상게서, p.40.
87) 상게서, p.40.

적 사회구조를 갖추고 있었다. 이에 따라 자연히 무용 및 무용가에 대한 처우도 특권계급을 중심으로 이루어졌다. 또한 불교는 서서히 圖讖思想과 결합되면서 미신과 결합되어 굿과 같은 형태로 형성되어 간 것을 알 수 있다.

고려시대는 신분세습제 사회였기에 양반계급, 중간계급이 속하는 지배층과 양인, 천인의 피지배층으로 구성되었는데 그 中 才人은 천민에 속하였다고 하는 것으로 보아 반드시 무용을 하는 사람이라고 지적하기 보다 예능인들을 천시하였던 것으로 간주할 수 있다.

고려 태조 왕건을 「고려를 건국한 뒤 敎坊을 설치하고 여기에다가 관아의 婢女중에서 才色이 겸비된 여자를 선발해 두었다. 그의 독창적인 아이디어는 아니고 중국의 제도를 모방한것이지만 교방을 마련하여 기생을 훈련시켰다. 교방을 국립기생양성소격으로 여겨서 기생이 갖추어야 할 여러 가지, 즉 걷는 법, 노래하는 법, 술 따르는 법, 춤추는법, 房事術들 남자접대 기술 外에 화장방법도 가르쳤다. 기생은 남편을 두지 않았으며 남자를 선택할 권리나 사랑할 권리가 없는 다만 선택당하고 애정을 강요당하는 愛玩物에 지나지 않았다. 고향을 떠난 守令의 밤을 위하여 먼곳에서 오신 손님을 위하여 무료봉사하는 위안물이었다.」[88]

이렇듯 중국의 제도가 들어와서 우리 본래의 순수한 가무 및 여성의 人格이 인본주의적, 관료적 제도로 인해 인권을 유린당하고 어느 특정인물의 快 및 喜樂을 위하여 여자 才人이 이와같은 대우를 받았다는 것을 무용가의 역할 및 위치를 정립하는 데 큰 장애요소가 되었으며 무용사의 발달에도 저해요인이 되는 것이라 볼 수 있겠다. 官 안에서 혹은 관료체제 안에서는 이렇듯 음성적 면이 있는가 하면 「태조 원년 11월에 팔관회를 베풀었다. 有司에서 아뢰기를 "전대의 임금이 해마다 仲冬에 팔관제를 크게 베풀어서 복을 빌었더니 그 제도를 따르기를 원합니다." 하니 왕이 이르기를 "짐이 덕이 없는 사람으로서 王業을 지키게 되었으니 어찌 불교에 의지하여 국가를 편안하게 하지 않으리요" 하며 -中略- 갖가지 유희와 노래와 춤을 그 앞에서 벌렸는데…」[89] 라고 하였는데, 이혜구는 한국음악서설에서 "국선이 가무백회로 龍

88) 전완길, 전게서, p.58.
89) 송수남, 전게서, p.61.

天을 歡悅시켜 복을 비는 것이 팔관회의 본질"이라고 하여 천대받던 巫覡이 아닌 國仙이 거행했던 것으로 보면 국가와 백성을 위하여 행하던 팔관회는 건전한 사명 아래 才人이 그 역할을 감당하도록 한 것을 알 수 있다. 음력정월 15일에 연등회를 열고, 악귀를 쫓는 驅儺部, 才人들이 추는 儺·部등이 있어서 고려시대의 무용가들은 특권층과 서민층의 양신분으로서 음성적·양성적 역할을 하였으며 그 위치 또한 自信의 의지와는 무관한 수동적 입장에서 혼란한 과정에 처해 있음을 알 수 있다.

조선시대에 이르러 고려시대의 반유교적 사상의 배경을 강화시키듯, 숭유억불 정책이 전개되어 불교는 차츰 쇠퇴하여가고 중국의 禮·樂사상이 지배를 하기 시작하였다. 이에 따라 불교의식무인 집단가무 형태로서의 팔관회, 연등회는 폐지되고 儺·舞가 확대되어 무용이 主가 되어 행해지는 나희나 나례에 의해 조선시대의 민속무용이 전개되었다. 아마 무용예술로서 분화된 무용의 모습이라고 보아야 할 것이다. 더불어 궁중 內에서는 그간 역사 속에서 응축되어온 중국의 영향을 받는 궁중무용이 집대성되어 말기에 이르러서는 55종의 궁중정재가 행하여 졌다. 이러한 결과가 오기까지 큰 역할을 한 사람은 효명세자(익종)이다. 국왕이 스스로 무용을 개작, 창작, 정리하는 일이 얼마나 무용예술의 발달에 큰 도움을 주었을까! 그러나 무용예술의 본질에 대하여는 숙고할 여지가 있을 것이다. 왜냐하면 자유스럽고 인격적인 춤이 아닌, 특권계급에 의하여 형성되어온 춤은 인격을 도외시하고 있기 때문이다. 대부분 그 내용이 국왕을 위하여 태평성세를 위한 것들이어서 인간의 개인적 의지와는 달리 一種의 목적을 위한 수단으로서 그 역할을 수행하였음을 알 수 있다.

앞서 밝힌 바와 같이 지나치리만큼 여인들을 속박하고 자유를 제하여버린 시대는 없다. 그 굴레에서 벗어나고자 불공과 굿으로 마음을 달랬던, 人間事를 해결하려 했던 것이 오늘날 볼 때, 사회가 불안정하여지고 신뢰가 없는 지식인들의 횡포가 심해지며 율법이 성행하는 사회였다고 볼 수 있겠다. 이러한 사회적 불균형 속에서 민속무용은 지속되고 성행하였으며, 유교사상으로 인해 혼성집단가무가 분리되어 여성, 남성무용이 분리되었으며, 「예인집단은 제정일치의 공동사회가 무너지고 봉건적 집단체제로 변천 고려시대부터 서민층의 생활에서 자연발생적으로 새로운 민중예술집단이 고개를 들기 시작하였고, 이

것이 조선조에 들어와서는 社堂牌, 乞粒牌, 廣大등의 패거리로 분화된 것이 아닌가 생각된다.」[90] 라는 것처럼, 궁중무용, 민속무용, 광대춤 등으로 분화되어 각기 그 역할 및 위치가 다양하였던 것이다.

특권계급의 전유물로 국가를 위하여, 귀족을 위하여, 춤을 사랑하는 예인들만을 위한 춤의 형성 보존을 위하여, 천민들의 애환을 달래며 서로가 힘이 되려 했던 광대춤 등이 형성되어 순수한 무용가의 사제적 모습은 사라지고 그 본질을 상실하여가고 있었다. 근대의 일본에 의하여 한국 역사의 조선조를 종식하는 고종황제의 비극적 정치배경의 여운과 함께 대원군의 지나친 봉건적 정치에 의한 민락과 쇄국정치, 구미의 봉쇄 등과 일본과의 국제적 관계 등으로 과도기적 사회적 배경으로 시작되었다.

갑오경장으로 인해 봉건 제도가 붕괴되고 신교육이 들어오면서 "춤"이라는 호칭이 "舞"라는 단어로 전이 되면서 우리나라 무용의 역사는 또 한번의 변화를 가져오게 된 것이다. 근대의 무용의 흐름은 과거 유교적 남존여비 사상으로 말미암아 구속받은 여성교육이 근대 학교교육의 도입으로 말미암아 다시금 회복되면서 다시 활기를 갖게 되었다.

1926년에 있었던 일본인 석정막의 공연을 시발점으로 우리나라에 신무용이 뿌리를 내리기 시작하였고, 1920년에는 1925년 사이에 러시아 海蔘威에서 박세민, 김동환, 현철 등에 의해 사교무도 및 러시아 민락무(Hopark Dance) 등이 소개되기도 하며 원각사라는 극장무대가 만들어지고 1920년경 청년회 주체의 천도교회 내 신축 기념관에서의 음악대회에서 발레가 소개되는 등, 우리나라 무용역사상 획기적 변모를 가져오게 된 것이다. 학교교육에 무용교과가 채택되어 유희, 율동, 댄스라는 내용으로 교육되기도 하고 기생이 아닌 직업무용가, 배구자의 활동, 석정막 문하의 조택원, 최승희역시 기생이 아닌 학구적 면모를 갖춘 무용가로서의 활약, 국악인 한성준의 왕성한 한국민속무용의 정립 및 공연활동은 그간 한국무용사에서 볼 수 없었던 예술적 형태를 갖춘 것들이었다. 음성적으로는 옛 관기나 기생들, 예인들에 의하여 과거 무용의 형태를 보존·유지하는가 하면, 중앙무대에서는 무용예술, 무대예술, 공연

---

90) 정병호, 전게서, p.26.

예술이라는 명목하에 연구소 개설을 통하여 정식 무용가, 예술가로서의 면모를 갖추었다. 주로 그들은 나라와 민족을 위해 시사성이 있는 작업들을 하기도 하고, 한성준의 경우와 같이 주로 한국민속무용의 정립에 그 열기를 쏟았던 것을 알 수 있다. 일본의 저명한 작가들과 평론가 들은 「최승희는 아름다운 신체적 조건을 구비한 천재적 표현력을 가진 사람이라고 평하는 동시에 30년대에 있어서 동양 최고의 스타라고 극구 찬양하고 있다. 또 원시적 동양무용을 무대로 옮겨 예술적 감상무용으로 승화시킨 민족성과 주체성을 살린 무희라고 평가하고 있다. 또 조선독립음모사건의 용의자로서 많은 문학청년들과 검거되는 과정에서 현실을 깊이 있게 보게 되어 그 생활을 반영한 투쟁적인 무용을 하였다.」[91] 고 하였다.

조택원 도미 고별 무용공연 기사 中에서 「이번 무용은 신진 여류무용가 林景喜 양과 콤비가 되어 민속적인 동양무용에 세련된 서양무용의 기교를 도입시키려는 노력가운데 상당히 완성된 경지에 이른 것으로 조택원의 도미를 앞에 두고 장차 조선의 무용이 세계적으로 진출한 특질 가운데 희망과 난관을 아울러 계시하게 될 것이다.」[92] 라고 하였다.

이러한 의욕적 무용가들의 자세에도 불구하고 신무용가인 장추화의 문화일보기재 내용을 보면 「우리들의 지도자 중에는 무대를 모르는 이가 많고, 봉건주의 사상에 젖은 무대란 특권계급의 유흥장이며, 그들의 노름터, 다시 말하면 妓生이나 광대들의 노름터로 알고 있는 분이 많다는 것입니다. −中略− 舞踊을 배움으로써 不良少女의 落印을 받고 무용을 工夫하였다는 것을 마치 큰 罪라도 지은 듯이 쉬쉬 감추어 시집을 못가느니, 집안꼴이 못되느니 하던 봉건시대의 지도자가 아직 이땅에 있다면…」[93] 라는 내용이다. 대중일보, 1947, 8게재 내용 중 ‘絢爛할 陳壽芳 新作舞踊’ 홍보기사에 보면 「진수방양의 요염한 자태가 옷자락 가득히 조선의 정서를 담고 조선의 고전무용을 하는 아담한 모습도 다시 없는 도취경이려니와…」[94] 라는 내용 등을 볼 때, 감상적

91) 최승희 著, 정병호 해제, 『조선민족무용기보』, 東文選, 1991, pp255~256.
92) 조동화, 『춤』, 춤사, 1992, 7月호, p.135.
93) 조동화 상게서, "장추화氏의 舞台와 나", p.134.
94) 상게서, p.139.

입장에서 본 사회의식구조는 아직 봉건적 의식구조에서 벗어나지 못한 것을 알 수 있는 것이다. 근대의 무용의 역할은 무용예술의 정립을 통해 민중의 정서를 고양시키며, 감상용 형태로서의 지도자적 개척자적 기능을 담당하였다고 볼 수 있으며, 그의 위치는 확립되어지지 못한 사회인식구조로 말미암아 편협한 대우 속에서 정립되지 못했음을 알 수 있었다.

3. 여성무용가와 무용의 발달

고대 부족국가시대에는 단군, 천군, 군장, 부족장 등이 친히 제사장이 되어 경천사상을 중심으로 제정일치의 治國을 한 것을 알 수 있었는데 백성들과 친히 동등한 격이 없는 입장에서 생활 전반에 걸쳐 함께 참여한 것이다. 「古來로부터 전통적인 것이지마는 婦女子들의 群舞와 여러 종류의 무용도 이미 이 때에 와서는 유희적인 행사로 그 형성을 갖추었던 듯하다.」[95] 고 고대의 여성 무용에 대하여 언급한 것처럼 여성이 남녀 구별없이 차등없이 모두 생활무용을 한 것이다.

그러나 두레제도에서 알 수 있듯이 노약자나 여성을 차별하여서가 아니라 그 능력 및 인격을 존중하는 사회구조를 갖추었는데, 이에 따라 주로 가무가 수반되었던 一體의 제의식에는 남성이 지배적인 역할을 하였던 것이다. 이에 따라 여성무용의 위치는 확고하지 못했으며 무용의 발달에는 신분의 차이가 없는 가장 이상적이고, 인격적인 신분에 있었다는 것이 중요한 부분을 차지하는 것임을 알 수 있다.

삼국시대에는 부족장 등이 귀족으로 대두하고 그에 따라 절대 왕권체제로 사회를 지배함에 천민계급이 뚜렷하게 생성되었다. 한편 불교의 도입으로 불교문화가 형성되고, 중국 남·북조의 문화원수입으로 말미암아 외래풍조가 조화를 이루었는데 이로써 승려들의 춤, 기악무에서의 소년들의 춤, 화랑들의 춤, 귀족들의 춤, 서민의 춤 등이 발달하게 되었다. 한편 신라시대에 오면서 불교, 도교, 유교 등의 종교가 혼연일체를 이루면서 고대 부족국가시대에서부터 삼국시대에 이르기까지 면면히 서민층 속에서 행하여 오던 의식들이 굿의 형태

---

95) 나현성, 『한국체육사연구』, 교학연구사, 1985, p.25.

로 틀을 잡았던 것이다. 또, 「불교의식은 종교적 체험과 신앙심을 불러일으키기 위하여 중요시 여겨졌으며, 이속에서 의식 무용은 불교에 의한 대중교화에 결정적으로 기여하였던 것으로 보인다.」[96]

이와 같이 불교적 행사가 종교적 체험 및 신앙심을 불러 일으키기 위하여 다소 巫俗的인 것으로 바뀌며 점차 여자들에 의하여 의식도 행하여진 것을 알 수 있다. 대체적으로 삼국시대의 여성무용가는 주로 특권계급을 위하여 추는 춤을 추었으며, 실제적으로 그것이 무용의 발달에 바람직한 영향력을 주진 못하였다. 오히려 귀족 스스로가 무용가가 되고 승려와 화랑이 직접 무용가가 되었던 것은 앞서 고대부족국가시대에서의 제사장과 같이 남성위주의 무용이 주로 이루어졌음을 알 수 있다. 단지 중국의 영향으로 유교·도교적 사상이 통일신라 말기에 흡수되어 무용의 발달에는 악영향을 주었던 특권층을 위한, 그들의 기호성을 만족시키기 위한 수단에 불과하는 그러한 맹종적 위치에 있었고, 잡기에는 남녀가 공히 구별없이 연희되었다는 것이 특기할 만하다.

고려시대에는 불교사상을 중심으로 시작해서 서서히 말기에 이르러 유교적 사상을 받아들여서 결국은 미신적인 신앙을 믿는 구조로 변모를 하였다. 특기한 것은 「문종에 이르러서는 점차 중앙집권체제가 확립되고 무용과 음악이 크게 일어났으며…」[97] 라고 했는데도 불구하고 신분세습제로 말미암아 禾尺이, 才人이, 천민과 같은 대우를 받았다는 것이다. 또 불교가 유교와 결합되면서 도참사상으로 미신적으로 흘러서 굿을 하였을 것으로 보는데, 굿을 통하여 여성무용가가 많이 배출되었을 것이다. 더불어 불교의식행사인 팔관회, 무속적 배경을 지닌 연등회를 통하여 여성무용가의 역할은 천민의 대우를 받았을 지언정 인도자적, 지도자적인 임무를 수행하였다고 볼 수 있다. 특히 팔관회는 巫覡이 아닌 國仙이라는 국가에서 친히 뽑은 자가 행하였던 것을 볼 때, 미신적인 경우에도 신분이 높은 자, 가난한 자로 분리하여 그 행사를 더욱 효과있게 치렀다는 것을 볼 때, 고려시대에 신분은 보장되지 않았으나 나름대로 선별하여 합당한 무용가를 배치한 것을 알 수 있다. 실제로 고려의 무용은 무

---

96) 김현숙, 전계서, p.49.
97) 송수남, 전계서, p.60.

당이라는 여성무용가의 등장이 획기적이며, 팔관회를 통해 군왕이 직접 참관하고 주관하는 것, 또한 무용이 단순한 오락물이 아니라 국가적 행사로서, 정치의 일환으로서 진행되어 왔다는 점 들이 무용의 발전과 그 역할에 중요한 일이 될 것이다.

한편 정재를 통하여 향·당악이 분리되어 우리의 것과 중국의 것의 차이점을 드러내고 이에 따라 중국의 禮樂思想이 중시화되면서 내교방에서의 官妓제도가 여성무용가의 그 역할과 위치를 설정함에 있어 바람직하지 못한 폐쇄성을 낳게 되었다. 그러나 교방 여제자 진경, 초영 등에 의해 팔관회 및 정재가 가무백희 되도록 권장되고 발달하는데 기여를 하였고 어느덧 남성 집단무용, 여성 집단무용을 형성케 하여 궁정내에서는 舞童과 官妓, 서민층에서는 농악 및 강강수월래와 같은, 그리고 굿과 같은 형태로 분화, 발달된 것을 보면 무용의 본질면에서 그 내용상의 충실성은 비발전적이었을지 모르지만, 여성무용가에 의해 다변화현상을 일으킨 것은 주목할 만하다.

조선시대에 이르러 고려시대 말기의 여운이 숭유억불정책으로 말미암아 분명히 무용에 대한 일반적인 인식이 전반적으로 천시화된 때이다. 중국의 禮樂정신으로 말미암아 특권층의 독점물이자 극히 일반성·보편성을 잃어버리게 되었다. 효명세자와 같은 名按舞家가 있는가 하면 특권층의 노예이다시피한 官妓들의 비참한 생활에 따른 공연이 있었다. 지나치리만큼 유교사상으로 말미암아 많은 윤리·율법이 강경하게 사회 전반에 확대되는 반면, 여자들의 처우 또한 비인격적으로 변하게 되자, 절에 가서 위로받고 무당집을 찾아드는 여인들의 풍습이 발달한 무용예술의 발전에 저해요인이 발생하고 따라서, 무용가의 역할 및 그 위치는 더욱 불분명하여지고 바람직한 양상을 낳지 못하였던 것이다. 다행히 조선 말기에 이르러 극대화귄 무용의 낙후성이 다소 진정되고 회복되어 가면서 특권층에 의하여 사랑을, 인격적 대우를 받아 나간 것을 알 수 있는데 조선시대의 여성무용가의 역할은 특권층의 오락물로서, 여성신분의 위로매체로서 자위적인 기능을 감당하였다.

한편 「우리의 가락과 춤은 원래 민족 전체가 즐기던 것이지만 이것을 천시하던 이조시대부터 서서히 양반들이 보고 즐기는 유희물 쪽으로 발전하게 되었다. 그 당시 일반 대중에게는 가락과 춤 모두가 즐기고 춤추는 대중문화가되었으나 日帝의 민족문화 탄압과 함께 사회 분위기가 우리의 것을 행하는 것조차 나쁜 것으로 인식되어 우리의 가락이나 춤은 몇몇 예인들에 의해 그 맥락을 잇게 되었고 일반일에게는 아주 어색하고 격에 잘 맞지 않는 문화로 전락되어 버렸다.」[98] 라는 것처럼 그 위치 또한 저급화되었고 일본의 영향으로 발달면에 있어서도 활성화될 수 없는 환경에 놓이게 되어서 침체될 수밖에 없었음을 알 수 있다.

근대에 이르러 우리나라는 신교육, 신문화의 일본으로부터의 도입으로 말미암아 신무용, 민족무용, 사교무용, 발레 등 각종 무용의 종류가 형성되면서 그간 사용해오던 "춤"이라는 우리의 고유명사가 "舞踊"으로 전환하는 시기이다. 또 원각사라는 극장무대가 생기는가 하면, 「1920년대에 들어서면서 妓生組合이 생긴 후로 남자 대신 기생이 상좌와 소무도 맡게되고, 또 가면 대신 얼굴자랑으로 가면을 착용하지 않게 되었다고 한다. 또 사리원으로 옮겨온 뒤로 평지에서 놀아오던 것을 관람석을 만들고 무대용 다락을 매어 그 위에서 연기하는 등 가설 극장이 생기게 되었다.」[99]

이와같이 전통무용에서 창작무용에 이르기까지 마당놀이 형태에서 극장식 무대공연으로 변하여 가면서 남자무용가에서 여성무용가로, 순수한 연희에서 감상용 예술로, 보이기 위한 예술로, 관기 및 기생들의 사회 진출, 무용계 진출로 말미암은 일반인들과의 접촉 및 교류, 많은 남·녀무용가의 등장, 무용연구소 개설, 무용협회 및 조직과 많은 발표회 등으로 그간 침체되었던 무용계가 활성화되고 좁은 영역에서의 무용활동이 국제무대로 전이되는 획기적으로 전환을 맞이하였다. 이러한 배경을 두고 많은 내외면적 갈등이 무용계에는 있었을 것이다. 신무용의 도입으로 말미암은 우리 전통문화와의 대립, 마당놀이에서 극장무대용으로서 춤의 본질의 갈등, 기생 사회유출에 의한 일반 무용인들과의 갈등, 순수예술을 지향하는 무용하와 봉건적 관습에 젖어 있는 관중들과의 갈등 등, 참으로 걷잡을 수 없는 격동 속에서 근대의 무용은 자리를 잡기 시작하였다.

---

98) 석영환, 전게서, p.115.
99) 김영탁『한국의 농악(上)』, 地方文化財保護協會, 1981, p.62.

「신무용이야말로 설혹 궁극적인 목적을 달성하지 못한 형태이긴 하지만 적어도 우리 전통적인 한국무용을 현대화 시키고 무대화시키는 첫걸음이고 그런대로 성공한 예가 아닌가하고.」[100] 라는 내용에서 알 수 있듯이, 근대무용은 현대화, 무대화로서의 전환시대이고 무용예술이라는 범주를 형성해가는 시대였다고 보아야 할 것이다. 이러한 시대적 무용가 및 여성무용가는 대체적으로 한성준, 조택원, 최승희, 장추화, 배구자, 진수방, 김민자, 박외선, 정인방 등이다. 이 가운데 지대한 역할을 한 무용가는 한성준, 조택원, 최승희로서 각각 민속무용의 정립 및 창작무용의 시도로서 그 역량을 아낌없이 발휘하였다. 그러나 개방적 시대가 전개됨에도 불구하고 무용인 및 관중들의 의식은 순수함과 불순함, 봉건적 사고방식과 진보적 사고방식 속에서 많은 고충을 겪어야 했으며, 정치적 비극으로 말미암아 유일한 대표적 여성무용가였던 최승희는 월북을 할 수 밖에 없었기에 오늘날 현대무용계의 신화적 인물로 표현되었으며, 이제 그에 대한 연구 빛 공개가 시작되고 있는 실정이다. 대부분의 여성무용가들은 무용가 및 관중들의 비인격적 인식에 환멸을 느꼈는가 하면 저항적 의식 속에 깊은 뿌리를 내리지 못하고 잠식하였고 꾸준히 한성준, 조택원만이 근대무용을 현대에 이르기까지 그 영향력을 발휘하였다. 현재 진수방, 박외선은 외국에 체류중이다.

근대무용에 있어서 여성 무용가는 최승희를 대표적으로 꼽고 있다. 월북후에도 북한무용을 지도하였으나 오늘날 그에 생존여부 및 활동상태는 알 수가 없다. 그러나 그의 창조적, 학구적, 사상적 예술성은 많은 연구의 의욕을 낳게 한다. 그의 작품성에 대하여는 「1996년 3월대학신문에 실린 "조선무용동작과 그 기법의 우수성 및 민족적 특성" 이라는 글에서 무용예술가들은 고유한 민족적 성격과 그 행동과 사상, 감정을 반영한 조선무용의 동작과 기법의 우수성을 깊이 이해하고 이를 완전히 체득할 뿐만 아니라, 시대적 요구에 적응하고 더욱 발전시킨다는 것을 아주 커다란 예술적 과제라고 전제하면서 조선무용의 동작과 표현기법이 나와야 한다고 말하고 있다.」[101] 라는 내용을 통하여 알 수 있다.

---

100) 송범, 한국무용의 현대화 試論, 『무용한국』, 무용한국사, 1976, p.42.
101) 최승희 筆, 정병호 해제, 전게서, p.259.

이와 같은 예술정신으로 대부분의 여성무용가는 근대무용을 이끌었다. 그러나 한성준·조택원 이외에는 끝까지 무용계에서 활약한 여성무용가가 없었다는 것이 역사적으로 볼 때 아쉬울 뿐이다. 「신문화운동과 발맞추어 싹트기 시작한 근대무용은 다른 관련예술에 비해 부진성을 면치 못하였다. 그것의 가장 주된 요인으로는 그 당시 사회를 지배하던 유교사상, 봉건의식이었는데, 대체로 유교사상이나 봉건전통이 강한 사회에서는 음악, 연극, 무용 등을 직업으로 하는 사람을 극히 천시한다. 그밖에도 무용이 큰 발전을 보지 못한 이유로 무용을 하나의 독립된 예술로 간주하지 않았다는 것」[102] 을 들고 있다.

이렇듯 여성무용가들 스스로 의욕적, 창조적, 예술성으로 노력을 하여 바람직한 역할을 수행하려 했지만, 그의 위치는 종래의 의식에서 큰 발전적 성향으로 전이하지 못하였다.

4. 현대의 무용과 여성무용가의 관계

신문화, 신교육, 신무용의 단계를 거쳐 1960년대 전후로부터 오늘에 이르기까지 현대의 무용으로 간주하여 본다. 그 이유는 민속무용 및 전통무용만이 아니라 학교교육, 대학교육의 전개로 콩쿨 및 창작무용의 시도가 있기 시작하였기 때문이다. 1955년 5월에 이인범의 서울발레단 공연, 6월에 이화여대의 전국 여자 중·고등학교 무용콩쿨, 1956년 한국무용가협회 조직, 1959년 한국무용협회를 결성하는 등, 구체적 무용계가 조직화되어 나가기 시작했다.

1968년 한국무용협회를 결성하는 등, 구체적 무용계가 조직화되어 나가기 시작했다. 1968년 한국민속무용단의 멕시코올림픽 등으로 외국에 정식으로 과시하고 소개하는 일이 있었는가 하면 1974년 한국문화예술진흥원이 발족되어 18년간 각 분야의 진흥을 위해 최선을 다하고 있다. 그 외에도 국립발레단, 국립무용단은 주로 민속무용류를, 국립국악원에서는 전통무용류, 서울시립무용단에서는 창작무용류, 국립발레단은 Ballet를 예술화시키면서 나타내었다. 1980

---

102) 조원경, 전게서, p.121.

년대에 들어서면서 각 市에 시립무용단이 생기며, 각 대학 무용과의 동우회를 비롯 개인무용단체와 무용학원동우회 등이 왕성한 활동을 하였다.

오늘날 한국무용계의 대표적 무용가는 국립무용단장인 송범, 경희대 교수인 김백봉, 작고하신 한성준의 손녀 한영숙, 전통무용가인 이매방 등이며, 국립발레단장인 임성남 등이다. 이제 그 제자들이 그 맥을 이어가고 있다.

서울을 비롯한 각 지방에 산재해 있는 대학과 市에 있는 무용단 등의 무용 후진들이 무용계를 지지하여 나갈 것이다. 그러나 역사의 흐름을 통하여 오늘과 비교를 할 때, 무용인구의 확대, 대학무용인구의 확대, 공연의 확대 및 입시경쟁 등을 통한 과다한 학구열, 각종 무용단체의 활성화 등으로 내외면으로 팽배하여진 데 비하여, 또 여성무용가도 많고, 무용지원인구의 대부분이 여성인데도 불구하고 현재 중요 위치에서 그 역할을 감당하는 대부분의 인물이 남성이라는 점과, 그 후진 또한 남성이라는 것, 또 무용대학 및 그 여성인구가 많은데 비해 무용에 대한 저변인식이 아직도 사대주의적 관념 속에 머물러 있어서 남성이 무용을 지원하면 사회적 보호 및 장려범위가 국한되어 있는, 마치 역사를 역류하는 현실을 부정할 수가 없다.

대부분의 대학교수는 여성들이다. 사회적으로 그 활약 범위를 넓히는 무용가들은 대부분이 남성이다. 例를 들자면 국립무용단의 송범, 그의 제자 국수호, 국립발레단장 임성남, 한국무용협회장 조흥동, 故한영숙의 제자 정재만, 이애주 등, 정재보유자 김천흥, 그의 제자 이흥구 등, 거의 중요위치의 담당자들은 남성무용가로 그 맥을 이어가는 중이다. 무용인을 양성하는 교육기관의 중요인물들은 여성인데 반해, 실제 활약범위 안에 있는 대부분이 남성이라는 것, 그러나 남성무용학도 및 무용가를 배출하기에는 그 지원 및 의식구조가 극히 봉건적이고 남성무용가는 극히 희소하다. 고대부족국가시대에서 근대에 이르기까지 무용의 중요인물은 대체로 남자였다. 이러한 점 등으로 볼 때, 현대는 마치 무용은 여성의 전유물이며, 아름다움을 추구하는 미학적 측면에서 무용의 도구 및 본질은 여성이라고 정의할 수 있으리만큼 독점적이다.

「우리의 춤 풍토는 대학원 무용이 융성했던 지난 80년대를 지나면서 너무나 현장성이 약화되고 있고, 또 그와 함께 작업적 춤꾼들의 구성이나 독립성이 매우 약화되고 있다는 느낌을 갖게 된다.」,[103] 「90년대에 대두하고 있는 문제 중 가장 중요한 것의 하나가 춤의 직업화이다. ─中略─ 단순한 춤의 전문화와 직업화의 차별성을 두었다. 전문화란 춤을 선택하고 춤꾼이 춤꾼으로 훈련되고 학습되어지는 일종의 일차적인 과정으로 나는 봤으며 그 다음의 단계로 보았다.」[104] 라고 평론가 김태원은 말한다.

이렇듯 여성의 독점물인 듯한 무용이 잘 보존·발전되지 못하는 이유가 앞서 말한 것처럼 대학을 졸업 후 대부분의 여성은 결혼을 거쳐서 그 무용에 대한 의욕 및 예술성이 약화되거나 그 활약범위가 축소·제한을 받는다. 그에 따라서 여성에 의한 무용전문화는 자연히 약화되는 것이며, 우리나라 현실이 각 대학 무용과를 나와서 직업을 가질 수 있을 만큼 일할 터전이 없다는 것이다. 극히 제한된 직업무용단, 또는 1973년 학교교육에서의 무용교육시간 축소 이후로, 무용교사가 거의 부재하다시피 한 현상과 무용인구의 팽배로 인하여 과거 수여되던 교사자격증마저도 최근의 대학무용과에서는 발급을 받지 못하여서 무용의 직업화를 이르기에는 자족적 능력이 없는 한, 거의 불가능한 상태인 것이다.

또 「실질적인 시립무용단의 역사는 넉넉지는 않아도 단원들의 급료까지 보장하였던 서울시립무용단이 창설된 1975년에 시작하였다고 생각된다. ─中略─ 따라서 명칭상으로 '시립'을 달고 있으나 실질적으로는 무급자원봉사자의 단체나 다름없었다는 이유에서 지방의 몇몇 시립무용단에 대한 시·행정당국의 감독과 요구가 자연히 느슨해질 수밖에 없었을 것이며, 이에 따라 단체마다 차이는 있겠지만 시립무용단에서 여느 동호인 단체와 흡사한 일면이 때로는 강하게 느껴지기도 한다.」[105] 는 말과 같이 발전된 오늘이지만, 대부분의 무용단은 관료체제하에 운영되고 있고 이제 90년대에 들어와서 그 처우가 호전적이지만 예술가, 무용가를 위한 단체가 아니라 관료들을, 행정을 위한 단체였다고 해도 과언은 아니기에 직업화, 전문화라는 것은 어려운 실정이고 더더욱 여성에게는 그 활동영역 및 기간이 극히 제한적인 형편이다.

---

103) 조동화 「춤」, 춤사, 1992, 4月호, p.74.
104) 상게서, p.73.
105) 한국문화예술진흥원, 「문화예술」, (무용평론가 김채현 氏의 글 中), 1992, p.74.

한편 대학입시 과열로 인해, 진정한 목표를 갖고, 또는 무용에 대한 능력을 자타가 인정하는 가운데 입문하기보다는 대학을 졸업해야 한다는 소위 학벌 권위의식으로 말미암아, 현재이전의 다소 구습적 무용훈련과정 및 예술의 경지와는 비교할 수 없는 단기적·외형적 전문교육의 일면도 지적해야 할 점으로 본다. 현대의 무용이 양적으로 풍성한 데 비해, 그리고 여성무용가가 많은 데 비해 그 실효는 생각의 여지가 있다. 경제 강국으로서 부상되고 있는 오늘날, 좋은 대학교육, 대학원 교육, 학원교육, 적극적인 부모의 교육열, 전문예슬학교 등장등, 좋은 조건과 환경을 갖추고 있는 이 즈음, 무용인구의 대부분을 차지하고 있는 여성무용가들이 추구해야 할 것은 무엇인지 목표있는 행위로의 발전을 해야 할 것이다.

「1960년대 이후에는 미래지향적인 창작활동이 점차 일어나기 시작하여 전통의 현대화를 부르짖었고, 그러나 의식적으로 받아들이려고 했던 것은 다만 상충적이고 귀족적인 전통에 불과했으며, 고급관중의 취향에 맞는 고급예술 성향만을 지닌 것이었다. 이같은 의식은 1970년 중반까지 계속되어 왔으나 1970년 말부터 차츰 경향이 달라지기 시작했다. 젊은 무용학도들이 춤을 이론적인 학문으로 정립하고 이를 다시 예술창조의 세계에서 절대적으로 수용하는 작업을 해낸 것이다.」[106] 또 「70년대 말부터 남성무용수의 등용과 집단적인 공연을 통하여 창작춤운동이 일어나 춤의 위상이 달라졌다. ─中略─ 80년대 후반기에는 한국의 사회와 현실을 비판하는 호소를 담고 있는 민중춤들이 시작되었다.」[107] 고 하였다.

무용예술의 질과 양이 심층·확대되어가고 있는데 어떠한 여성무용가이어야 하는지, 그 역할과 위치는 과거에 비해 어떠해야 하는지, 또 과거와 관계없이 여성무용가의 역할과 그 위치는 어떠해야 할까? 「사람에게는 타인의 표현에 반응하는 자질과 자기를 표현할 수 있는 자질이 다 있습니다. 즉, 타인의 표현을 통해 영감을 받을 수 있는 자질뿐만 아니라 자신의 의사를 전달할 수 있는 자질도 지니고 있습니다. 스스로 예술작품을 만들어내는 것도 중요하지

---

106) 김매자, 전계서, p.29.
107) 상계서, p.30.

만 그에 못지 않게 다른 사람이 만들어낸 예술을 올바르게 이해하는 것도 중요합니다. 자신의 창조적인 여러 행동을 통해 자신의 의사를 전달하는 것뿐만 아니라 다른 사람이 창조적이 될 수 있도록 격려하는 것도 중요합니다.」[108]

과거 특권층에 의해, 외래문화에 의해, 중국 예악의 영향에 의해 종교의 변화에 의해 추어지던 여성무용가들의 춤은 자발적 표현력이 금지, 절제되어 있다. 그러나 인간은 저마다의 개성과 능력, 자질이 있기에 그것을 표현할 권리가 또한 있는 것이다. 일종의 개인적인 창조적 작업이 예술인 것이다. 마치 들에 핀 풀포기가 모두 틀려도 조화를 이루어 우리에게 푸르름과 신선함과 자연의 美를 그리고 맑은 공기를 제공하여 주듯. 또 타인을 인정하고 존중하는 것 또한 중요하다. 예술의 경지란 道의 경지이다. 중국의 禮樂에서 나타난 것처럼 禮보다 樂을 중시하였으며, 그 樂을 위하여 詩·歌·舞를 동원하였다

그 樂은 道의 극치였다. 그럼에도 불구하고 자칫 무용예술에 있을 수 있는 왜곡된 가치관이 있다. 정치적 활동, 경쟁, 비교, 비판 등이 그것일 것이다.

예술은 의식적인 훈련을 필요로 한다. 동작의 훈련이 의식적이어야 하듯이 그 동작을 이행하는 사람의 마음이 의식적이어야 할 것이다. 「오염된 음식과 식수는 그 안에 건강에 해로운 성분이 들어 있다는 것을 인식하지 못한 채로 몸 속으로 들어갈 수 있다는 점에서 사람을 속인다고 할 수 있습니다. 음식과 식수에 해로운 것이 들어 있다는 점을 지적하고 그것을 조사해 보는 사람들이 오랜시간에 걸쳐 독성이 몸 속에 쌓이는 것을 눈치채지 못할 수도 있습니다. 오염은 음식 때문에 생긴 병의 결과로 죽음이 올수도 있습니다 －中略－ 무엇보다도 가장 위험한 오염은 참된 진리가 오염되고, 하나님의 절대적인 성경 말씀인 성경이 오염되는 것입니다.」[109] 라고 하였는데, 무용가들의 작품의 결과보다도 행위의 동기 및 과정에 있어 人性의 결합체가 예술의 결과라고 볼 때, 세상에 존재하는 저마다의 진리가 아닌 만물이 운행되고 소생되는, 그리고 그안에 신비한 능력으로 사는 우리 인간들에게 영원히 변치 않는 진리로 전이될 때, 서로를 위하고 존재의 가치를 느끼며 바라고 원하는 좋은 문화

---

108) 에디스 쉐퍼 지음, 이상미 옮김, 「최고의 예술가이신 하나님」, 두란노, 1991.
109) 상게서, p.75.

권을 형성해 나갈 것이다.

과거 무용의 발달에는 종교적 영향이 지배적 역할을 하였다. 오늘날도 각종 종교가 존재하고 있다. 고대부족국가에서는 하늘을 경외하였다. 역사과정에서 불교, 유교, 도교, 도참사상등, 각종 종교의식에 의해 인간이 경외하는 대상이 바뀌었다. 따라서 무용이 변천하였고 무용가의 역할 및 그 위치가 변해온 것을 이미 앞서 밝혔다. 최근 불교, 미신(굿)이나 기독교 등, 많은 종교가 범람하고 있다.

과연 인간의 참 존재를 구속하는 진리는 무엇일까? 고대 부족국가시대처럼, 하늘, 즉 절대신인 하나님께 경외하며 모두가 하나되며 서로가 제사장이 되어서 신분의 귀천 및 세력다툼, 분쟁없이 화목제의 매개체가 되어야 할 것이다. 때로는 우리나라 무용의 원초적인 형태를 굿으로 보기도 하는데 「무당의 자격은 神의 초월적인 힘을 체득하는 神病 체험을 거쳐 神格化한 사람이어야 한다. 신병을 통해 획득한 영통력을 가지고 신과 만나는 종교적 제의로 굿을 주관할 수 있는 자라야 한다. 민간인의 종교적 욕구를 충족시켜서 민간층의 종교적 지지를 받아 민간층의 종교적 지도자 위치에 있는 사람이어야 한다.」[110] 라고 한 것과 굿은 「무당이 노래나 춤을 추며 鬼神에게 치성드리는 儀式」[111] 이라고 한 것처럼 신은 신이되 귀신을 섬기는 것으로 나타나 있으며 귀신이 있다면 분명 신성한 신이 있음을 알 수 있는 것이다.

「로댕과 같은 사람들은 "예술가는 가장 종교적인 인간이다."[112] 라고 했으며 「피카소는 예술이란 우리로 하여금 진리를 깨닫게 하는 허구이다.」[113] 라고 했다. 또 예술가의 진정한 소명이란 「행위가, 존재가 예술가와 그의 작품의 관계안에서 일치된다는 것을 의미한다.」[114] 고 하였고 「세상의 이와 같이 깊은 신비로운 생존력이 전제된 예술가의 소명은 어떤 중요한 점에서 사

110) 김태곤,「한국무속도록」, 집문당, 1982, pp.199~200.

111) 이희승,「국어대사전」, 민중서관, 1961, p.368.

112) R·하젤턴 지음, 정옥균 옮김,「신학과 예술」, 대한기독교書會, 1983, p.77.

113) 상계서, p.11.

114) 상계서, p.79.

제와 예언자의 부르심과 비교될 수 있다.」[115] 라고 한 것 등을 볼 때, 진정 인간의 소명, 무용가의 소명의 실체를 표현한 것이라고 볼 수 있다.

지난 날 여성무용가의 본분을 상실한 채, 세상의 흐름에 따라 상대적 역할을 하는 위치에있어서는 안된다는 것을 강조하고자 한다. 성경 벧전 3:3~4에는 「너희 단장은 머리를 꾸미고 금을 차고 아름다운 옷을 입는 외모로 하지 말고 오직 마음에 숨은 사람을 온유하고 안전한 심령의 썩지 아니할 것으로 하라. 이는 하나님 앞에 값진 것이니라」고 하였다. 니체는 「훌륭한 무용수가 자양분을 섭취하여 바라는 것은 지방질이 아니고 최대로 가능한 유연함일 것이다. 그리고 나는 철학자의 정신이 훌륭한 무용수보다 훨씬 더 원하는 것이 무엇인지 몰랐다. 왜냐하면 무용은 그의 이상이고, 또한 그의 예술이며, 결국 그의 유일한 경건함(신앙심), "신을 향한 봉사 ' 인 것이기 때문이다.」[116] 라고 한 것처럼 여성무용가의 역할 및 그 위치를 정립함에 있어 진정한 소명감을 갖어야 할 것이다. 「진정한 예술은 技와 道의 결합으로 이루어진다는 것이 우리동양인의 사고방식이다. 따라서 예술품을 바라보는 동양인의 눈은 작품의 겉에 나타난 기교를 보는 것이 아니라 그 뒤에 숨어 있는 정신을 본다.」[117] 라는 것이다. 이상을 통하여 현대의 무용과 여성무용가의 관계를 현실제시를 통하여, 제언적 의미로 여성 무용가의 역할 및 그 위치에 대하여 論하여 보았다.

---

115) R. 하젤턴 지음, 전게서. P.88.

116) Maxine Sheets Jhonstone 엮음, 장정윤 옮김, 「무용철학」, 교학연구사, 1992, p.21.

117) 허순선 저, 김광숙 감수, 「한국의 전통 춤사위-이론과 용어해설 및 도해-」, 형설출판사, 1991, p.18.

Ⅲ. 결론 및 제언

농경사회가 중심이었던 우리 조상들의 민속놀이의 남녀 참여 통계에 의하면 「남자들의 47.68%, 그 가운데 여자들이 14.34%를 차지한다. 더구나 재주꾼 놀이의 연희자는 대부분 남자 이므로 이를 더하면 남자놀이는 여자놀이의 4배이다. 」[118] 라고 한 것처럼 본 연구의 중심적 대상인 우리나라 여성의 관심은 극히 소극적이었음을 밝히면서 고대 부족국가시대부터 근래에 이르기까지 종교적 배경을 바탕으로 무용에 영향을 준 종교적 의식의 변화, 무용가의 역할 및 그 위치, 여성무용가의 역할 및 그 위치, 여성무용가와 무용의 발달과의 관계 및 현대의 무용과 여성무용가의 역할 및 위치를 분석 연구한 결과 다음과 같은 결론을 내리고자 한다.

1. 고대로부터 근대에 이르기까지 무용이 어느 시대를 막론하고 종교적 영향을 받았는데 고대는 제천의식의 경천사상을, 삼국시대는 불교 및 유교, 고려는 불교 및 유교, 도참사상, 조선은 유교 및 미신적 영향이 근대에 와서는 유교적 사상 및 봉건적 사대주의 사상이 지배적 영향력을 끼친 것을 알 수 있었다.

2. 무용가들의 역할 및 그 위치는 고대에는 祭政一致의 정권으로 天君, 君長 등이 스스로 제사장이 되어 무용가의 위치에서 그 역할을 감당하였고 서민들도 신분의 귀천없이 같이 참여하였다.
   삼국시대에는 부족장 등이 귀족으로 등장하고 불교의 장려로 말미암아 신분이 차이가 생기므로, 才人, 관기, 무동 등은 천민에 속하였고 그 역할은 감상용, 접대용, 오락용의 일을 맡았다. 왕이나 귀족, 승려는 특권계층으로서 스스로 춤을 추기도 하며 무용가로서, 감상자로서의 입장에 있었다. 특히 중국 남·북조의 영향으로 관기·무동 등은 자유없는 접대·감상·오락용 무용가로서 그 역할을 감당하여야만 하였다.

118) 김광언 글, 김수남 사진, 『민속놀이』, 대원사,1990, p.74.

조선에 이르러서는 그간 다소 융화적 관계를 맺었던 예능인과 귀족들의 관계가 숭유억불 정책으로 말미암아 봉건적 사상은 더욱 짙어져서 정재무를 담당하는 무동 및 관기를 제외한 예능인은 천시되었고 무속신앙은 고려보다 더욱 강화되면서 그 위치는 더욱 저하되었다. 조선조에 이르러서 일본, 구미 등의 영향과 유교적·불교적·미신적 사상 등이 봉건적 사대주의 사상과 함께 병행하면서 특별한 종교적 배경이 무용을 지배하지는 못하였지만, 무용가들의 역할을 예술가로서 담당하면서 그 위치는 개척적인 자세 및 노력은 엿보였으나 천시하는 민족의식이 뿌리깊이 박혀서 격하된 무용가의 위치를 조속히 정상화 시키지는 못하였다는 것을 알 수 있었다.

3. 여성무용가의 역할 및 위치와 무용과의 발달관계는 다음과 같다.

고대 부족국가시대에서 조선에 이르기까지 고대 부족국가시대를 제외하고는 대체로 천민계급에 있었으며, 주로 특권계층의 감상용, 접대용, 오락용 등의 정치적 제도의 一手段으로 유지되어왔다. 단 고대 부족국가 시대만이 남녀 구별없는, 신분의 차이가 없는 공동체 사상인 것을 알 수 있었으며, 근대 말기에 사회를 유도하고 문화와 삶을 기경하는 창조적, 사상적 창작의 의도 및 공연의 의도가 발흥함으로써 그간 침체된 무용가의 역할 및 위치가 다소 회복된 것으로 나타났다. 무용의 발달에는 여성무용가를 통하여 중추적 역할은 하지 못하였고, 조선조에 들어오기 전까지 남성무용가가(무용, 예인, 才人, 광대) 그 중심을 이루었으며, 여성무용은 외래악 중심의 정재 및 무속무용, 연희용, 오락놀이, 민속무용, 집단무용 등의 사상에 의한 能人의 위치를 잘 극복하여 오늘에 이르러 왕성한 활동을 하고 있음이 역사적으로 중요한 사실임을 알 수 있었다.

4. 현대의 무용은 과거 무용의 역사를 바탕으로 천민의 계급의식 및 유교적, 사대주의적 사고 방식을 벗어나 창조주이신 하나님이 진정 인간에게 나름대로 허락하신 인격, 지식, 능력을 제사장적인 위치에서 소명감을 갖고 발달시켜 나가야 할 것이다.

여성 무용가가 지배적인데 비해 그 역할은 난해하다. 주어진 직분은 교수, 교사, 무용가, 무용수, 무용단원, 학원장, 이론가 등 참으로 많은 데 참 결실을 맺을 수 있는 여성으로서의 위상정립과 동시에 여성무용가의 이상형을 구체적으로 실현해 나가야 할 것이다.

최근 예총회장으로서 무용가이신 강선영이 국회의원이 되었다. 그 직위도 중요한 것이지만 이러한 역할과 위치를 맡을 수 있는 사회적 여건이 조성되었기에 이제 맡은 바 본분이 무엇인지, 그 주어진 본분을 내 것으로가 아니라, 他의 것으로, 그리고 사회의 올바른 등불이 되는 것으로써 모색해야 할 것이다.

이상과 같이 연구결론을 내리면서 논자는 다음과 같은 제언을 하고자 한다.

1. 우리나라 무용이 외래적 문화권에 의해 무용의 형태, 규격등 질적·양적으로 발전한 것도 있으나, 외래적 문화수용과정에 있어서 올바른 철학이 정립되어 있지 않아서 외형적, 형식적 규모로만 성행하였던 것을 알 수 있기에 오늘날 역사적 배경을 바탕으로 한 올바른 무용철학의 정립이 있어야 하겠다.

2. 과거 무용의 활동 및 무용가들의 역할이 여성이 지배적이었을 것으로 추측되었는데 연구결과 남성무용가가 거의 중추적 역할과 위치에 있었다는 것을 볼 때, 性的 구별이 없는 전반적 무용가의 활동 및 역할을 형성해야 할 것이다.

3. 오늘날의 여성무용가는 과거의 역사에 비해 무척 긍정적, 신뢰적 환경 가운데 있음을 인지 할 수 있고, 과거 왜곡되어온 여성무용가의 본질을 우리 것이라 하여 수용하기보다는 근본적 인간의, 여성의 삶과 그 사명에 비추어서 여성무용가의 위치를 재정립해야 할 것이다.

4. 현대의 무용인구의 대부분을 여성이 차지하면서도 무용가의 중요직분 및 적극적 활동은 남성무용가가 지배적이라는 것을 감안할 때 여성무용가에 대한 적극적 활동을 교육 및 사회제도로 장려해야 할 것이다.

5. 여성이 여성의 직분을 이탈한 역사가 많다. 이러한 왜곡된 여성상으로 사회생활을 할 수는 없다. 또 주어진 사회생활은 적어도 세상에 드러

나는 작업보다도 무용계의 그 어느 부분이라도 내면을 정립해가는 역할 및 위치 또한 바람직할 것이라고 보았다. 그러므로 여성의 많은 발달과 변모를 통하여 오늘날 무용계 여성상을 다양화시키고, 그간 개발되지않은 분야를 개척하여 인력이 전체적으로 기능을 감당하면서 능력별 위치를 확산시켜 나가야 할 것이다.

6. 오늘날과 같이 많은 종교가 범람할 때, 고대 부족국가시대처럼 진리되시는 하나님을 섬기는 기독교적 여성상으로 정립해봄이 바람직할 것이라는 것을 제시 하고자 한다.

이상의 내용을 현재 및 미래의 여성무용가의 정립에 적용, 반영, 발전시켜간다면 바람직한 여성무용가의 위치정립에 이바지될 것으로 본다.

참 고 문 헌

강이향 엮음, 김채현 해제, 『생명의 춤·사랑의 춤』, 지양사, 1989.

기엔 카렌, 김순희 譯, 『가장 아름다운 여인』, 생명의 말씀사, 1991.

김광언 글, 김수남 사진, 『민속놀이』, 대원사. 1990.

김매자, 『한국의 춤』, 대원사, 1990.

김옥진, 〃한국의 노동무용에 관한 연구〃, 『무용학회논문집』 제13집, 대한무용학회, 1991.

김용덕, 『신한국사의 탐구』, 범우사, 1992.

金泳卓 著, 『한국의 농악(上)』, 지방문화재보호협회, 1981.

金日坤 著, 『한국 문화와 경제활력』, 한국경제신문사, 韓經文서, 1987

김태곤 編, 「한국무속도록」, 집문당, 1992.

김현숙, 『불교영향을 받은 한국무용의 흐름』, 삼신각, 1991.

나현성 著, 『한국체육사연구』, 교학연구사, 1985

문화예술진흥원, 『문화예술』, 6月호, 1992.

Maxine Sheets Jhonstone 엮음, 장정윤 옮김, 「무용철학」, 교학연구사, 1992

邦正美 著, 金貞姬 譯, 『무용의 창작과 연출』, 학문사, 1987.

徐復觀 著, 朴德周 外 옮김, 「중국예술정신」, 東文選, 1991.

석영환, 「새역사와 한민족」, 미래문화사, 1991.

송 범, "한국무용의 현대화 試論", 『무용한국』, 무용한국사, 1976.

송수남, 배소심, 김미자 편저, 「무용원론」, 형설출판사, 1991.

송수남, 「한국무용사」, 금광, 1989.

에디스 쉐퍼 지음, 이상미 옮김, 「최고의 예술가이신 하나님」, 두란노, 1991.

올드리치 버질 C. 오병남 옮김, 『예술철학』, 종로서적, 1990.

王克芬 著, 고승길 譯, 『중국무용사』, 교보문고, 1991.

李相日, 『한국인의 굿과 놀이』, 문음사, 1981.

이진수, 『신라 화랑의 체육사상연구』,보경문화사, 1990.

이희승, 「국어대사전」, 민중서관, 1961.

나현성, 『한국체육사연구』, 교학연구사, 1985.

장사훈 譯註, 「일본무용소사」, 세광음악출판사, 1989.

장사훈, 「한국무용개론」, 대광문화사, 1984.

全完吉, 「한국인·여속·멋 500년」, 교문사, 1980.

정병호, 「한국춤」, 열화당, 1985.

趙元庚, 『무용예술』, 해문사, 1967.

趙要翰 著, 『예술철학』, 경문사, 1991.

조사자, 김천흥, 홍윤식, 『무용문화재 조사보고서 44호』, 문화재관리국, 1968.

조택원, 『춤』, 4·7月호, 춤사, 1992.

최길성, 「무속의 세계」, 정읍사, 1985.

催東熙 外, 『한국의 민족종교사상』, 삼성출판사, 1977.

최래옥, 「우리민속의 멋과 얼」, 東興文化社,1992.

최승희 著, 정병호 해제, 『조선민족무용기보』, 東文選, 1991.

최철·전경욱 공저, 『북한의 민속예술』, 고려원, 1990.

R·하젤턴 지음, 정옥균 옮김, 「신학과 예술」, 대한기독교서회, 1983.

허순선 저, 김광숙 감수, 「한국의 전통 춤사위-이론과 용어해설 및 도해-」, 형
    설출판사, 1991.

10-2 동·서양 무용사를 통한 여성무용가 출현의 사회적 배경과 영향

◀ 목 차 ▶

I. 서론

1. 연구의 동기 및 목적

본 연구자는 1992년도에 "한국 무용사를 통한 여성무용가의 위치"라는 논문을 썼었다. 이 논문을 통하여 역사적 흐름에 따른 사회적 현상이 무용가의 등장 및 그 기능과 위치를 정립하는 데에 지대한 영향이 있음을 알게 되었다.

이에 동양과 서양의 여성 무용가의 출현은 사회적으로 어떠한 차이가 있으며 그 특성은 어떠한지에 대하여 분석하여 세계적인 여성무용가에 대한 사회적 영향 및 그 기대치를 점검하여 나아가 현재 우리나라의 대부분의 대학에서 지배적으로 다량 배출되는 여성무용학도에게 현시점에서 과거와 세계의 여성무용가의 사회적 배경을 인지시켜 미래를 향한 무용계의 안목을 제시하기 위하여 본 연구에 임하게 되었다.

2. 연구의 내용 및 방법

본 연구의 목적을 달성하기 위하여 주로 동양의 무용은 한국무용사를 통한 여성 무용가의 출현 및 활동과 사회적 배경을 분석하고 서양은 주로 Ballet와 현대무용사를 중심으로 여성 무용가의 출현 및 활동과 그 사회적 배경을 분석하고자 한다. 대체적으로 한국무용의 발전에는 일본, 중국의 문화왕래가 있었기 때문에 한국을 동양적 범위에 두었으며 서양은 Ballet와 현대무용이 형성되기까지 유럽과 미국이 주체적 역할을 하였기에 연구대상 범위로 설정하게 되었다.

이상의 연구는 문헌연구 및 선행연구 분석 등으로 하고자 한다.

3. 연구의 제한점

1. 무용이라는 예술로서의 규정이 고대 이후에서부터 주로 이루어지고 문자 기록이 이루어진 시기부터 그 자료를 분석할 수 있기에 연구의 이론적 배경이 동일하지 않을 것이다.

2. 동양과 서양이 여성무용가 및 무용인물 사적 자료가 상이하므로 연구의 공정성이 다소 부족할 것이다.

3. 연구의 내용 중 현대는 현재 진행중이며, 결론적 판단을 하는 것이 불가능하기에 연구의 내용에서 제외하기로 한다.

4. 선행 연구의 분석

동 연구와 유기적 관계가 있는 논문 자료를 수집하여 본 결과 「무용예술을 개척해온 무용가를 중심으로 본 간추린 서양무용사」가 민족 춤 패출 (발표자: 김경수 http://chool.dance. co.kr)에서 발표가 되었고「여권주의 입장에서 본 최승희 무용예술연구」가 1997년 이화여자대학교 대학원 1996년도 박사학위 청구논문으로 유미희가 발표하였다. 또 정병호는 최승희에 대해서 1992년도에 전기집을 발간하였다.

먼저 김경수의 글은 르네상스시대이전의 무용과 르네상스시대의 무용, 낭만발레, 러시아 발레, 현대발레, 현대무용, 후기현대무용으로 분류 고찰한 결과 「시대의 선구자적 역할을 한 무용가들이라고 내 나름의 판단과 문헌자료에 기초하여 몇 사람에 대해서만 언급하였으나 이것」으로는 매우 부족할 것이다.

무용사 또한 한 무용가가 무용예술의 발전을 꾀한 것이 단지 개인의 천재적 기질만으로 이루어진 한 순간으로만 여긴다면 짧게 이야기 될 수도 있는 것이다. 그러나 한 사람이 위대해지기까지는 개인의 천재적 기질도 있었겠지만 그가 그렇게 될 수 있도록 도와준 환경이라는 것이 그것을 가능하게 했으리라 생각된다」고 하여 환경적 여건의 심도 깊은 연구의 필요성을 말했다.

김경수는 결론적으로 중세시대의 경건하고 엄격한 기독교에 대한 반작용으로 출현한 르네상스시대의 무용과 프랑스 혁명과 전쟁을 거쳐 현실에서의 도피를 원하는 대중들에 인해 형성된 낭만 발레, 또 다시 현실로의 회귀를 원함으로 낭만발레가 쇠퇴하고 러시아로 옮겨서 오늘날 클레식 발레의 정립을 가져왔다고 보며, 이때 현대 발레와 현대무용이 미국을 기점으로 부흥케 되었다는 결론을 맺고 있는데 본 연구자가 연구하고자 하는 시대적 분류는 동일하지만, 남녀 무용가를 다룬 내용이기에 본 연구에 사적 배경 및 사회적, 환경적 분석은 도움이 되겠으나 여성 무용가의 출현 및 그 배경에 관한 연구 방향과는 다소 다른 점이 있다.

또 유미희의 논문은 특별히 여권주의와 관련하여 최승희의 무용예술세계를 그의 생애 및 작품경향 예술관을 통하여 연구하였는데 본 연구자가 연구하고자 하는 방향 및 내용에 상충하는 면이 높다. 그 결론을 보면 무용가인 최승희를 비롯한 다방면의 여성운동가들의 활동분석을 통해서 90년대 한국여성운동은 내용적인 측면에서 첫째, 정치참여를 통한 평등한 제도의 확립, 둘째, 직업의식의 확립 및 경제 활동의 확대, 셋째, 인권의식과 민족 통일을 향한 역사의식의 심화라는 80년대 한국 여성운동의 내용에 보다 적극성을 띠며 전개가 된다고 보면서 1960년대에는 농업 경제 사회에서 산업 경제 사회로 구조적 개편을 함에 따라 국가발전을 위한 여성의 역할과 참여를 인식하였으나 여성의 상대적 성차별, 인식부족 등으로 인한 사회의 인식의 한계가 있다고 보았다.

1977년 이화여자 대학의 여성학 강좌의 신설로 인해 한국여성운동이 실제와 이론을 겸비하면서 남녀 평등의 이론적 실천화가 시작되었다고 하였으며 80년대에는 산업화 도시화를 중심으로 한 핵가족화와 여성교육의 대중화로 후반에 여성들의 세부적 전문화를 이루어서 다소 여성문화운동 등이 적극성을 띄었다고 하였다.

이러한 여성주권주의의 흐름의 분석을 통한 최승희의 예술은 1960년 이전 무용이 빈곤한 시대에 혜성같이 등장하여 동양의 정서를 지니고 세계무대를 제패함으로써 「근대무용의 대표적인 무용가」로 평가받았다고 보고 있다.

또한 유미희의 논문에는 최승희이 무용예술을 분석연구하기 위하여 서양사에 나타나는 안무가들에 대한 정신을 아울러 연구함으로써 본 연구의 목적과 부합하는 면이 높다.

정병호의 전기집은 최승희 무용예술이 국내외적으로 기여한 업적이 큼에도 불구하고 국내에서 금기시 된 무용가로 지적하면서, 7년 동안 국내, 일본, 중국, 몽고, 러시아 등을 방문하여 자료를 모으고 증언하는 가운데에 본 연구에까지 이르렀기에 본 연구의 목적과 어느 정도 상충하는 목적을 이루고 있음을 알 수 있다.

나아가 정병호는 최승희의 생애, 업적을 다루면서 무대 위에서 빛나는 아름다움, 자존심에서 무장된 성격, 마음속의 저항심, 신비성과 사치, 남자기질이 있는 거인 등으로 나누어 최승희의 개인적 분석과 더불어 예술의 세습화 정치와 예술의 분거론자로 보았다.

이에 결론은 친일적 인물, 월북 예술가라는 약점을 가지고는 있지만 좀더 깊게 추적해보면 일상생활이나 예술을 하는 동안에 노출된 행각은 반일 반사회주의적 행위도 적지 않게 나타나고 있는 등 위선적인 면이 여러 곳에서 나타난다고 보았다. 그렇기 때문에 「그녀는 의식적으로 정치를 이용하기는 했지만 그 자체는 모두 예술에 대한 광기에서 온 것이라는 생각이 든다」고 하면서 최승희는 연구할수록 풀리지 않는 수수께끼가 남아 있어서 분단이라는 상황이 안겨 준 한계성을 지닌 연구일 수 밖에 없음을 인정하면서 근대무용의 선구자적 역할을 한 무용인으로 결론을 맺었다.

이상의 선행연구 분석을 통하여 볼 때 선행연구 사례가 많지 않으며, 또 연구의 유기성을 보았을 때 많은 제약과 더불어 다소의 유사성이 있음을 알 수 있다. 그러나 여성무용가들을 위한 관심이 무용학계를 통해 사실 수년 전부터 있었다는 것이 발전적인 모습임을 알 수 있었고, 지속적인 연구대상으로서의 가치가 충분히 내재하여 있음을 발견하였다.

Ⅱ. 본론

1. 동양 무용사의 변화에 따른 여성무용가의 출현과 사회적 배경

세상에 사람이 존재하고, 또한 우리나라가 성립되면서 무용적 현상은 생활적 수단 및 목적으로 고조선에 이어서 짐작이 간다.

상고시대는 단군에 의해 B.C 2333년 건국된 고조선에 이어서 기자조선을 거쳐 위만조선이 멸망한 B.C 108년경까지를 말함인데 상고시대에 후한서(後漢書), 동이전(東夷專)에 일반적으로 춤의 형태가 즐겁게 술 마시고 노래하고 춤추었다고 기록되었다. 남녀노소가 한데 어울러서 추었던 것으로 생각된다. 또한 제천의식(祭天儀式)의 몸짓이 있었을 것으로 보는데 삼국유사에는 「천제의 아들 환웅 천왕이 홍익인간의 대망을 품고 태백산 마루에 내려와 웅녀와 결혼하여 단군 왕검을 낳았으니 단군은 단기 원년 왕검성에 도읍을 정하고 나라 이름은 조선이라 하였으며, 천 수백 년 나라를 다스리다가 후에 아사달에 들어가 산신이 되었다는 것이다.

천왕이라는 것은 고조선이래 우리고대사회에 널리 공통되는 수호신의 이름으로서 부락과 성읍에는 으레 이 천왕을 위하는 제단, 즉 천왕당(후에는 서낭당이라고 함)이 있었으니 단군은 그 제사를 맡은 제사장으로서 환웅천왕을 조상신으로 받들어 위하던 고조선의 제정일치시대의 군장인 것이다.」[119] 라는 것으로 보아 여성중심의 무용이 아닌 것을 알 수 있으며, 단지 제천의식 가운데 여성도 공동체적인 집단무의 구성원으로 차별 없이 즐겁게 춤을 추었음을 알 수 있다.

사마천의 사기 중 「天老王 出遊拂游江 使樂工 奉迎仙 樂使宮女 作迎仙舞」[120] 라는 기록이 있는데 음악연주인과 궁녀들에 의해서 영선무가 추어진 것을 알 수 있으며 天老王을 위한 춤으로서 여성이 추었으나 특정계급을 위한 것

---

119) 김용덕, 『신한국사의 탐구』, 범우사, 1992, pp.299-300.
120) 송수남 『한국무용사』, 금광, 1998, p.30.

이었음을 알 수 있다.

부족국가시대에는 북방의 개마족이 남하 이주하여 한반도 남부에 소규모 부족국가를 형성하고 다시 그 부족국가를 중심으로 연맹을 형성하여 마한, 진한 변한의 삼한이 세워지는데 3국의 지리적 환경에 따라 생활양식이 틀렸지만 상고시대처럼 天神이나 자연신 숭배의 생활을 하였다고 한다.

마한에 대한 기록으로 陳壽의 삼국지에 의하면 「5월에 씨를 뿌리고 귀신에게 제사를 지내는 것으로 밤낮 쉬지 않고 수십 명이 함께 떼를 지어 모여 술 마시고, 노래하고, 춤을 추었다」[121] 고 한다. 이에 따라 제사장격인 천군(天君)이 의식적인 춤을 추었는데 부족국가시대에는 남녀노소 모두가 한데 어울려 춤을 추었으나 의식적인 행사에 천군이 오늘날의 무격과 같이 춤을 춘 것을 알 수 있다. 그러나 고대 부족국가 시대에서 두레제도를 빼놓을 수 없는데 「두레는 일반적으로 마을(자연촌) 단위로 조직되어 동네의 전 경지 면적을 全同民(여자와 노약자 제외)이 공동으로 동시에 경작하는 조직, 한국사회에서 옛부터 존재해온 공동노동을 위한 마을 성인 남자들의 작업공동체라고 정의할 수 있을 것이다. -中略- 두레하면 으레 농악을 연상할 만큼 두레와 농악은 바늘에 실가듯 반드시 따르는 것」[122]이며 「두레의 성원 자격은 16.7세 이상부터 55.6세 이하의 모든 성인 남자이며 평균 20~30명으로 조직되지만 큰 두레는 50여명으로 구성된다.」[123]는 것과 두레구성이 주로 천민이라는 점으로 미루어보아 고구려의 동맹, 예의 무천, 부여의 영고 등의 제천의식적인 집단 무용은 특별히 여성무용에 대한 정확한 흐름을 언급할 수가 없다.

한편, 정병호는 「제천의식무 가운데에서 추어진 의례춤은 주로 신과의 교합춤인 동시에 陰陽의 결합을 촉진시킨 性舞踊이거나 아니면 공동체적 단합춤이라 할 수 있다. -中略- 陰은 女王의 춤이나 요염한 아름다운 춤을 추며 투사의 춤은 거칠고 전투적인 춤을 추게 된다」[124] 고 하였는데 성 무용이라는 의식을 통하여 여성특유의 춤이 있었을 것으로 볼 수 있겠다.

---

121) 송수남, 전게서, p.30.
122) 정병호, 『한국춤』, 열화당, 1995, pp.22-23.
123) 김용덕, 전게서, p.157.
124) 정병호, 상게서, pp.22-23.

삼국시대에 들어와 특이할 만한 변화는 「부족장이 중장귀족으로, 왕권은 절대 왕권으로 대두되며 귀족과 천민의 계급이 뚜렷이 구분되었고, 예술은 귀족을 중심으로, 귀족을 위한 것이 되었다는 것이다.」[125] 또한 종교적으로는 「불교의 수입과 공인은 모두 專制王權의 확립과 국민 사상의 통일이라는 안목에서 받아들여지고 -中略- 이에 여성들도 승려로서 활약을 국외까지 미치며 신도로서의 기반을 굳히게 된 것을 알 수 있다.」[126] 이러한 사회적 배경에 따라서 고구려는 삼국 가운데 불교 및 그 예술을 가장 빨리 받아들이고 중국 남북조 문화를 수용하여 독특한 예술을 형성하고 고려악으로 대규모의 가무를 편성하는 등, 강인하고 기개가 굳은 강력한 국력을 과시하며 직선적이고 동적인 춤을 만들어 냈다. 고구려의 대표적 벽화인 각저총, 수렵총, 동수묘, 등에서 알 수 있듯, 무용가와 음악인의 조화를 이룬 모습은 능히, 고구려의 가무예술을 잘 나타내고 있다. 특히 「안악고분 후실동벽의 벽화에 나타난 연주자 4인의 의상, 머리 모양 등의 모습」[127]과 「고구려 고분 무용총 벽화의 연주자와 춤추는 모습」[128] 에서 남녀가 연주하고 춤 출 때의 의상, 머리 동작 등을 통해서 남녀 무용을 파악할 수 있는데 通典에 의하면 악인만이 새깃으로 장식한 붉은 모자를 쓰며 무용수는 모자를 쓰지 않는다는 등의 자료에 의해서 남녀가 공히 평등성을 드러내며, 예술에 대한 사회적 관심이 상승하는 가운데에 남녀의 가무형태 및 연주자와 무자의 구분이 뚜렷이 나타나게 된 것을 알 수 있다. 매큔(Eyelyn Macune, The Art of Korea Illustrated History) 여사는 「통구에 있는 무용총의 "歌舞圖 는 남녀 혼성의 舞人들과 가수들이 각기 열지어 있는데 그 복장이 주름잡힌 치마, 길게 입은 속옷, 축 처진 바지, 뾰족한 신으로 이루어졌는데, 그것이 한국무용들이 무작과 흡사하다는 것은 흥미 있는 일」[129] 이라고 했다.

또 하나의 대표적 여성무용으로 「무녀가 큰 공 위에 올라서서 종횡으로

---

125) 김매자, 『한국의 춤』, 대원사, 1990, p.9.
126) 최숙경·하현강, 『한국여성사』, 이대출판부, 1993, p.57
127) 송수남, 전계서, p.36.
128) 상계서, p.37.
129) 상계서, p.36.

등척하여 추는 춤으로 이는 곡예에 가까운 것」[130] 으로써 호선무가 있었던 것을 알 수 있다.

백제는 경기, 충청, 전라도 지역의 54개 부족국가를 통합한 다음 중국과의 문화교류를 하였으며, 삼국 가운데 가장 예술이 발달되었다. 이러한 백제의 기록중 기악무에 대한 것이 있는데 「일종의 불교선교 무극으로써 서남방계나 서역계의 것으로 추측된다. 당시에는 樂에 대한 교양이 高僧資格의 하나가 되어 있었으므로, 기악은 중요시되어 사찰 주변에서 자주 演舞됨으로 민중적 접촉이 많아졌으며, 그로 인하여 기악무는 점차 농경의식성을 갖추면서 민속가면극으로 변천하게 된다.」[131]고 하였다. 이렇게 백제의 민중들에게 확산되었던 기악무가 일본으로 건너가 일본의 귀자제들을 가르쳤다고 하는 것이다. 이 기악무는 불교에서 인용되는 말로서 불교의 포교를 목적으로 勸善懲惡의 내용으로 구성되었는데, 이러한 기록은 법화경을 들춰보면 「法師, 見寶·品, 陀羅尺品, 提婆達多品, 普賢菩薩勸, 發品… 등등에서 발견되는데. 이러한 경우를 종합하면 "8만 4천"의 선녀가 여러 가지 기악을 작하여 와서 이를 맞이한다」는 구절을 통하여 기악은 오직 선녀가 행한다는 결론을 맺고 있다. 이와 같은 기록으로 보아 무척 아름다운 무용과 음악을 위하여 실력이 뛰어난 여자 무용가가 있었을 것으로 짐작할 수 있다.

또 「吳의 기악 이외에도 조정에 올린 외래악은 당악, 고려악, 도라악(度羅樂:제주도의 음악이라고도 함) 발해악(渤海樂), 임읍악(林邑樂:인도의 악무라고도 함) 등이 있었으나 조정에서의 雅樂燎에서는 남자, 內教坊에서는 여자에 속하는 것을 각각 익히게 하였다. 내교방에서는 唐의 제도를 모방하여 때로는 100여 명의 무희가 있었고, 아악료의 歌人. 歌女, 舞生들이 고유의 악무를 배우는 데 반하여 외래악을 배웠다. 내교방이 폐지된 연대는 분명치 않으나 「내교방이 폐지된 뒤로는 女舞였던 것이 男舞로 바뀌게 되었다.」[133] 는 것을 보

---

130) 김현숙, 『불교의 흐름』, 삼신각, 1991, p.35.

131) 대한무용학회, 『무용학회 논문』12집, 1990, p.78.

132) 장사훈,『일본무용소사』, 세광음악출판사, 1980, p.8.

133) 상계서, pp.11-12.

아 여성무용이 외래악을 중심으로 그 활동이 왕성하였으나 궁정내 환경의 변
화에 따라 내연까지도 男舞로 변화되었다는 것은 여성의 기능과 위치에 사회
적 큰 변화가 있었음을 알 수 있다.

　『삼국사기』에 인용된 통전 및 구당서에 「백제악은 중종(684~710) 때에
工人이 죽고 흩어졌는데 開元(713~741)중 기왕범이 태상경이 되어 아뢰어 다
시 이를 두었으나 음악과 춤이 많이 빠졌다. 춤추는 사람은 붉고 큰소매의 치
마 저고리와, 장포관에 피리(皮履)를 부는데 치마와 저고리를 입은 것으로 보
아 여자들만의 춤인 것 같다.」[134] 는 내용을 통해 미루어 볼 수 있는 것은 어
려운 여건속에서도 歌舞에 대한 관심과 장려가 높았음을 알 수 있으며 특히
귀족에 의해 권장되어 본디의 모습을 회복하려 하였던 점이 백제인의 문화예
술에 대한 열정을 잘 드러낸 기록이다. 그러함에도 실제로 현재 백제의 무용
및 여성무용의 실상을 알 길이 없다는 것이 아쉬운 점이다.

　신라는 삼국 중 외래의 문화를 가장 늦게 받아들였으나 삼국 통일 수 삼국
의 문화와 當代의 악무를 남겼다.

　「신라가 고대국가로서의 체제를 갖추게 된 것을 지증왕과 그 뒤를 이은
법흥왕 때 즈음으로 보며 지증왕 때 신라는 영토의 확장도 이루고 종래 고유
한 국호를 중국식으로 고쳐 신라라 하였고 종래 麻立于이라는 고유한 王의
칭호도 중국식으로 (王)으로 바꾸었다.」[135] 삼국 중 외래의 문화를 가장 늦게
받아들였으나, 삼국통일 후 삼국의 문화와 當代의 악무를 흡수, 문호의 황금
기를 누리며 문헌상으로도 많은 악무를 남겼다.

　또한 이차돈의 순교에 의해 불교를 공인하게 되며 신라 고유의 사상 불교
사상, 중국사상, 무속 신앙 등 다양한 사상이 신라 문화예술을 구축하는데 기
여했다고 보인다. 특히, 고구려나 백제에 비해 왕비족의 등장 시기가 훨씬 늦
었으나 발전과정은 비슷한 단계에 있어서 똑같이 왕권의 전제화, 즉 왕의 권
위를 높이는 것과 聖骨男系 가 단절된 뒤, 신라만은 유래가 없이 女王을 세웠

---

134) 송수남, 전게서, p.41.
135) 한국 여성사, 전게서, p.61.

다. 이러한 女王의 옹립은 당시 聖骨의 男系가 끊어진 결과라고도 하겠지만 이것은 여성을 남성과 같은 표준에서 능력자로 인정하였음을 보여주는 증거」[136] 라고 하였다. 즉, 여성의 지위가 결코 낮지 않았음을 나타내며 이에 따라 국가 안전 및 수호와 귀부인들을 섬기는 화랑제도 역시 이러한 배경에서 형성되었다. 신라는 「진한 12중 가운데 하나인 斯가 중심이 되어 이룩한 나라로 초기에는 중속절을 맞아 會盧曲이라는 집단 가무로 흥겹게 춤을 추었다. 여자들이 두 패로 나뉘어 삼실 뽑기 내기를 하며 진 편이 이긴 편을 축하고 음식을 내어 歌舞로 즐겁게 놀았다.」[137] 노동을 흥겨운 가무에 곁들여 여성들의 생활을 정치적 관심과 배려로 한층 품격을 높인 좋은 사례로 여겨진다.

또 「신라 제 2대 남해왕 3년(서기 6년) 봄에 始祖廟를 세웠을 때, 그 主祭者는 남해왕의 여동생은 阿老였고 남해완은 次次雄도 한다.」[138]는 것으로 귀족인 왕의 여동생이 主祭하고 王이 직접 제사 하며 왕의 신분 역할을 감당하였으며 이에 따른 고유의 歌舞가 제사장과 왕의 신분을 동격으로 보았다는 점으로 추측이 된다.

『삼국사기』악지에 보면「하신열, 사내무, 한기무, 상신열, 소경무, 미지무의 무용이 있으면서 감, 茄尺, 舞尺, 歌尺으로 등장인물 표기해 놓았다.」[139] 이는 歌舞의 전문적인 체제를 잘 나타낸 것이며 이들의 신분이 평민이 아닌 것으로 보고 있다.

그런데 신라 때 연희되었던 춤들은 문헌의 기록에

「가야지무 : 나마 견주의 아들 능안이 15세에 춘 춤.

혜성가무 : 진평왕이 화랑도들에게 풍악놀이를 시킴.

도솔가무 : 월명사라는 중이 유리왕에게 도솔가를 지어 바침.

옥도령 : 헌강왕 때 북악의 산심이 나타나 춤을 춤.

상염무 : 헌강왕 앞에 포석정에서 남산신이 나타나 춤을 춤.

오기 : 서역계통의 춤으로 금환, 월전, 대면, 속독, 산예인데 모두 남성춤.

---

136) 고대여성사, 전게서, p.62-63.

137) 상계서, p.62-63.

138) 장사훈, 한국무용개론, 『대광문화사』, 1984, p.131.

139) 송수남, 전게서, p.43.

검무 : 황창랑의 넋을 기리며 추게된 가면무이며 검기무.

사선무 : 네 사람의 화랑들이 금강산의 무선대에서 즐기며 춘 춤.

선유락 : 신라 귀족들의 뱃놀이를 묘사한 춤 곱게 단장한 채선을 준비하며 여러 기생들이 뱃줄을 끌고 어부가, 어선가를 부르고 춤추는 것.

처용무 : 『삼국유사』(권2) 처용랑 망해사조에 나오는 처용설화를 가문무로 만든 것.

무애무 : 원효대사가 포교를 위하여 조롱박을 들고 추던 춤」[140]

등이 있는데 여왕이 많았던 국가였고 여권신장시대여서 남성왕권 시대와는 달리 남성중심의 무용이 대부분이고 오직 선유락만이 여자 기생들의 사치하고 화려한 군무였음을 나타내고 있다.

고려시대에서는 문종에 이르러서 점차 중앙집권체제가 확립되고 무용과 음악이 크게 일어났다. 그러나 앞서 밝혔듯이, 화척이나 무인은 천민 계급이었다. "국선이 가무백희로 용천을 환열시켜 복을 비는 것이 팔관회의 본질"이라고 했는데 천대받던 무격이 아닌 국선으로 하여금 팔관회를 거행하게 하였다는 내용이다.

한편 원효대사가 추었던 무애무가 훗날 고려의 고려사악지에 의하면 「이 춤이 점점 오락화되어 여성의 향악무로 변천되었고, 고려를 거쳐 조선소에 와서는 12명의 무원으로 추었다고 하며 무원 12명 가운데서 2명이 두 손에 표주박을 들고 주변 다른 사람들은 그 둘레에서 회무한다.」[141] 또한 「가뭄이 심하면 나라에서 전국의 무녀를 모아 기우제를 지냈으며 재상 김준은 집에 출입하는 무녀를 총애하여 국사의 길흉을 물었으며, 황후 가운데에 무녀의 고궁 출입을 허락한」[142] 경우도 있었다.

나아가 「죄지은 여인이나 가난하여 시집가기 어려운 경우의 처녀가 그 적당한 해결 방편으로 머리를 깎았으며」[143], 「귀족여성들이 가정 경제를 위해

140) 송수남, 전게서, pp, 45-53.
141) 최숙경·하현강, 전게서, p.175-176.
142) 상계서, p.177.
143) 상계서, p.179.

또는 절제 기진하여 세운 절의 운영 등으로 이자놀이를 하는 것이 일반화된 풍속」[144] 이었다.

한편 농민은 자유민이지만 「천민에 속하는 사람들로 −中略− 노비나 화 척, 무인들이 있었다.−中略− 노예는 천인 중에서도 가장 천대받던 사람들이 다. −中略− 노비 가운데 여종이 여러모로 쓸모가 있어 매매될 때는 남종보다 비싸게 매매 되었다.」[145]

이렇듯 신분의 차이를 현격하게 둔 고려는 「문종 27년 을해(乙亥) 교방 여 제자, 진경(眞境) 등 13인이 답사행가무(踏沙行歌舞)를 연등회에 쓸 것을 아뢰 어 임금이 신봉루에 나아가 관악(觀樂)을 하였는데 교방 여제자, 초영이 새로 전해온 포구락(抛毬樂)과 구장기별기(九張機別伎)를 아뢰었다. 포구락 여제자는 13인이고 구장기 별기 여제자는 10인이다.(고려사악지권25에서) [146] 라는 내용 을 통해, 첫째: 여자 무용가가 있으며, 둘째: 궁정 내에 무용가를 양성하는 교 방이 있었으며, 셋째: 외부연도 여자 무용가가 했으며, 넷째 무용가 가운데에 도 지도자급이 구성되었다는 것을 알 수 있다. 「정재의 최초의 기록은 문종 (1073) 때이며 인종, 의종 때에 군왕의 향락으로 교방을 설치하고 양수척 [(揚 水尺): 유랑민의 무리]들을 선발해서 무희로 만들어 국가의 경사때나 외빈의 접대에 의례적으로 공연케 하면서부터 궁중무용이 시작되었다는 내용」[147] 으 로 보아 충분히 고려시대의 여성무용의 출현 배경 및 그 상황을 짐작 할 수 있다.

또한 고려무용 중 향·당악정재 등을 통한 무용으로서 석노교, 곡파, 헌선 도, 수연장, 오양선, 포구락, 연화대, 왕모대무, 무고, 무애, 동동, 처용무 등이 있는데, 이 가운데 석노교, 곡파, 헌선도, 수연장, 오양성, 포구락, 연화대는 대 곡에 들며 내용 또한 모든 왕의 안위를 비는 것이며 여자무용가로 구성되어 있음을 알 수 있다.

---

144) 최숙경·하현강, 전계서, p.179.
145) 상계서, p.181−182
146) 송수남, 전계서, p.65.
147) 김매자, 전계서, p.18.

왕모대무는 55명의 여기가 군왕만세, 천하태평이라는 글자를 새기며 춘 호사스러운 무용이며 일종의 매스게임이었다.

무고, 동동, 무애는 남녀가 여건에 따라 달리 추었던 것을 무보를 통해서 알 수 있으며, 처용무는 유일한 남성무용이었다. 귀족들과는 달리, 서민들은 농악을 위시한 여러 가지 무용 또는 민속놀이가 있었다. 그 가운데에는 남쪽 해안 남방에서의 부녀자들의 춤엔 강강술래와 경북안동 의성지바의 부녀자놀이인 안동 놋다리밟기가 있으며, 대부분의 무용들이 각 지방의 토속신에게 제사를 지내는 등. 많은 굿들이 서민들로부터 형성되었음을 볼 때 많은 제사 굿 등을 통하여 여성무용이 더욱 활성화되었을 것으로 본다.

조선건국은 위화도로 가던 군대를 회군시켜 정권을 세운 이성계에 의하여 이루어졌다. 숭유배불 정책으로 모든 분야가 유교사상으로 전환되는데 여성들 또한 유교적 사상의 지배를 많이 받게되는데 특별히 그 이유는 「고려말에 풍속이 퇴폐해져서 사대부의 아내가 권문세가(權門勢家)의 장례에 직접 참례하고도 부끄럽게 여기지 않아 식자(識者)들이 이러한 현상을 수치스럽게 생각하니 앞으로 사대부 부녀들은 가까운 친척 이외의 장례에는 내왕하지 못하게 하여 풍속을 바로 잡자고 하였으며 -中略- 불교와 관련된 여성들의 사찰내왕은 큰 관심사가 되었다. 고려말까지만 하더라도 여성들이 사찰에 숙박하기도 하여 풍기 문란의 요인이 되었기 때문이다. 이와 함께 무속신앙과 관련된 야제(野祭)와 산천 선황사묘에 제사 지내는 여성들의 행동을 규제하였다.」[148] 이러한 사회적 배경을 중심으로 4기로 나누어 여성의 상황을 나누어 보면 다음과 같다.

「1기는 여성의 유교적 부덕을 정책적으로 적극권장 하고,

2기는 유교적인 부덕이 엄격하게 제도적으로 강요되었으며,

3기는 중전의 전통적인 여성관이 약간 동요하는 특징이 있었고,

4기는 전통적인 신분질서에 대한 비판과 저항이 일어나면서 새로운 여성상이 대두하는 특성이 있다.」[149]

---

148) 최숙경·하현강, 전게서, p.304.
149) 상게서, pp.304-307.

이러한 상황에서 조선왕조의 정치,사회, 구조상 필요 불가결한 여성이 궁녀, 기녀, 의녀, 무녀 등이었는데, 의녀는 여자 환자가 발생한 경우를 대비하여 필수 불가결하였으며, 무녀는 무속이 한국 민족의 의식구조를 지배하고 있고, 부녀들의 무세(無稅)가 국가재정의 중요한 몫을 차지한다는 이유로 방치되었다. 기녀의 경우는 조선왕조 건국이래, 폐지에 대한 논의가 빈번하였으나, 시간이 지나고 시대가 변화할수록 그 수가 증가하고 계층도 다양하여졌으며, 지배계층에게는 필수 불가결한 부분이었기에 막을 길이 없었다. 궁녀 역시, 조선왕조 초기에 후궁이나 궁녀로 말미암아 폐해가 지적되어서 대비책에 대한 의논이 있었으나 이 역시 막을 길이 없었다. 이러한 조선조의 배경 가운데서도 여성문학의 경지가 뛰어났으며, 이들의 폭넓은 활동이 여건적으로 어려웠던 조선시대를 극복한 훌륭한 사례요, 지표로 남아 있다고 볼 수 있다.

이상의 조선의 여성 및 사회여건 가운데에서도 4대 세종대왕, 7대 세조에 이르러 훈민정음의 창제 및 금속활자의 발명, 측우기 발명 등을 이루고 금속활자를 통한 서적 간행과 건축, 공예, 회화 등 큰 발달을 이룬다.

음악에 있어서도 한국의 전통 음악들의 기초를 아울러 이루는데 이러한 음악적 기초에 따라 성종과 영조에서 순조에 이르기까지 지속적으로 안장된 발전을 가져왔다.

이에 무용은 「궁중무용이 36가지의 춤이 만들어졌고 말기에 55종의 궁중정재가 행하여졌다.」[150]

또, 「궁중무용은 진연과 진찬의식을 통하여 연희되었는데 조선조의 궁중연희는 진작, 진찬, 진연, 진풍정 등으로 구별된다. 진작보다는 진찬이 규모가 큰 것이고, 그보다 진열이, 진연보다 진풍정이 규모가 크고 의식이 장중한 것이다. 이것은 연희의 규모에 따라 결정하여 행해졌으며, 이러한 의식에서 자라왔으므로 알맞은 형식과 춤사위가 형성되었다. 예로써 외연(外宴)때는 무동(舞童)들이, 내연(內宴)때는 여성들이 참가했다.」[151] 는 내용과 김은희의 무고 구성요인에 대한 연구에서 p.31, p.38, p.45, p.59, p.66, p.68, p.72, p.76, p.

---

150) 송수남, 전계서, p.87-125.(궁중무용의 내용이 주로 군왕의 장수 및 치덕과 태평성대를 노래한 것이기에 무용 명칭 및 내용의 설명을 생략하기로 함)
151) 김은희, 무고 구성요인에 대한 연구, 숙명여자대학교 대학원 2001, 8월 석사논문, p.1.

83, p.89를 통해서 무고에 국한된 것이지만 시대별로 연희의 성격과 크기별로 무용수, 그 외 등장인물, 의상, 무구 음악에 대한 자세한 설명이 되어 있으며, 원전에는 남녀 무용수의 이름이 기록이 되어있는 것을 알 수 있다.

지나친 유교정책으로 말미암아 다소 폐쇄적이다시피 했던 문화, 그 가운데 무용 문화는 현대 예술을 정립하는 데에 필수적인 역할을 하였으며, 조선시대는 귀족, 서민의 양대 신분 속에서 확실한 규제가 있었음에도 불구하고 그 종류와 무용수의 수는 더욱 더 풍성하여지고 있음을 알 수 있다.

조선시대 말 갑오경장을 통하여서, 정치면에서 청국과 전래적인 종국관계를 단절하고 경제면에서는 재정관리 체계의 일원화를 기하였다. 또한 신식화폐 발행처에 의해 은본위 화폐제를 채용하고 조세의 전면적인 국납화 및 민폐의 근원을 폐지시켰다.

사회생활과 관련된 개혁은 노예제도, 인신매매를 비롯하여 전통적인 신분제도를 최종적으로 폐지시켰다. 나아가 여성의 근대화와 직접 관련되는 남녀의 조혼이 금지되고 여성은 혼인과 가족제도 및 사회 생활에 불평등이 강요되었다. 조선후기에 급격한 신분구조의 변동과 더불어 전통적 남녀 관도 사회 저변에서부터 변화가 일어나기 시작했으며 또한 천주교의 변화는 신분을 초월한 각계 각층부녀간의 전도와 신앙을 통한 교제를 가능케 하였으며 선교를 위한 여성들의 옥외 활동 등은 종래의 유교적 윤리와 남녀간에 도전한 것이기도 한다.

이런 사회적 배경 아래 봉건제도가 붕괴되는 갑오경장이라는 사회개혁 이후 국내는 신교육이 일어나며, 도처에 학교 설립 및 현대식 극장 원각사의 출현 등으로 여러 가지 공연 예술로 승화하는 계기가 마련되었다.

「무용 호칭 "춤" 또는 "무"라는 단어밖에 없었던 1900년, 무도라는 호칭이 나타난 이래 한국의 근대무용은 1926년 석정막의 신무용 공연에서부터 시작되었다고 할 수 있다. 신무용이란 용어와 더불어 전통무용조차 그 맥을 잃어가고 있던 시기에 신무용 그 실체를 가져주게 된 것이다. 우리가 말하는 신무용이란 뜻은 "양" 춤의 뜻도 되면서 재래식 춤에 대한 신식춤이란 말로 된다. 즉 새시대에 맞는 창조와 표제가 있으며, 무대를 의식하고 만든 무대시설에 관심을 갖고 만든 춤」[152] 이라 할 수 있다고 하였는데, 이러한 배경을 통해 1930년대 최승희, 배구자씨 등이 나오게 된다. 석정막 씨의 공연에 큰 영향을 받은 최승희 씨는 제2회 석정막씨 공연에 같이 출연을 할 정도로 급진적인 성장을 보였고, 「한국의 민속무용가인 한성준에 의해 1934년에 열게 된 조선무용연구소를 통해 1938년 원각사 무대를 토대로 1941년까지 4년여동안 민속무용을 공연했는데 −中略− 이때 그의 수제자는 장홍심, 강선영 그의 손녀인 한영숙씨 등이 있어서 신무용시대와 현대를 연계시키는 중간 세대 역할을 했다.」[153]

한편 「1902년을 전후로 하여 宮妓의 무용기생들의 춤, 산대 탈춤 등이 처음으로 진출하였다. 이를테면, 한·일 합방 이후 관기제도가 폐지됨에 따라 掌樂院에 있던 宮妓들이 지방으로 흩어져 기생조합으로 직결, 옛 기생들에 의해서는 궁중무용, 일반기생들에 의해서는 고전형의 민속무용, 승무, 살풀이, 입무 등이 그리고 광대들에 의한 탈춤, 농악무, 줄타기, 땅재주 등이 단독으로 곁들여져서 공연되었다.」[154]

신무용에 의한 것과, 관기제도 폐지에 따른 큰 특성에 의하여서 무용의 확산 무용의 비정체성 등 혼란을 겪을 때, 최승희는 「춤의 생명은 공허한 아름다움에 있는 것이 아니라 진실의 표현 여부에 달려 있다고 생각하였다. 그것은 곧 자신의 춤이 얼마나 민족적일 수 있는가 하는 데서부터 출발하는 것이었다.」[155] 는 그녀의 민족적, 예술적 감각과 「무용과는 불가분의 관계인 음악적 감각을 잃지 않기 위해 세탁이나 청소시간에는 발성법을 연습하였고, 남들이 잠자는 시간에는 틈을 내어 책을 읽거나 영어 공부 역시 게을리 하지 않았다.」[156]고 한 것처럼 종합적, 총체적 감각과 사생활이 오늘날에 이르기까지 그녀의 무용예술에 영향력을 끼치며, 시대적 변화의 큰 속성 앞에서도 요동치

152) 송수남, 전게서, p.132.

153) 김매자, 전게서, p.24.

154) 조원경, 『무용예술』, 해문사, 1967, p.120.

155) 강미향 엮음, 김채현 해제, 『생명의 춤, 사랑의 춤』, 지양사, 1989, p.51.

156) 김매자, 상게서, p.54.

않는 무용의 큰 정신을 부여하고 있는 것이라 생각된다.

또한, 배구자는 「1928년에는 일본인이 경영한 송구제천승 곡마단의 인기 연예인이며 이등박문의 자녀 배정자의 조카인 배구자가 무용계에 등장한 것도 일반적인 것은 아니라고 할 수 있다. -中略- 배구자는 기생이 아닌 여자로서 최초의 직업무용가였고, 무용을 격조 높은 신무용 문화로 인식시킨 선구자적 역할을 한 사람이다. 그녀는 1929년 7월에 개인으로서는 최초로 우리나라 무용 연구소를 개관하여 9월에는 무용발표를 열었는데 우리나라 근대 형식의 무용발표회는 처음 있는 일이라는 사실이 주목되었다. 최승희의 예술적인 면, 기교에는 못 미쳤으나 흥행면에 크게 앞섰다고 할 수 있으나 비예술적이며, 흥행성 위주였던 것이 무용가로서 대우를 받지 못한 사실」[157]을 지적하고 있다.

이러한 사실로 관객들은 흥행성 위주의 무용이 아닌, 삶 속에 마음으로 느낄 수 있는 무용에 대한 관심이 있었음을 알 수 있다.

「최승희는 1930년 2월, 제1회 최승희 발표회를 가졌고, 이를 계기로 2년 동안 3회에 걸친 공연을 가졌으나 흥행에는 실패하여 일본으로 다시 건너갔으며 -中略-1934년 9월 동경청년회관에서 제 1회 일본 공연에서는 일본인의 큰 호응을 얻었다.」[158]는 사실이 그 시대의 상황을 잘 나타내 주고 있다.

1946년 8월에는 3일간에 걸쳐 조선무용 예술협회창립을 기념하는 공연이 있었으나 이미 월북한 최승희와 병고로 불참한 진수방을 제외한 대부분의 무용인들이 참석했던 것을 알 수 있는데 이때 참석자 중 여자 무용가는 정지수, 조용자, 김혜성, 장수화, 김미화 등으로 나타내고 있으나 이들의 무용가로서의 자료는 발견할 수가 없다.

단지 많은 여성무용가들의 눈에 띄는 활약이 있었음을 알 수 있다. 6·25 전후에 사회적 불안과 혼돈으로 잠시 무용에 대한 흔적을 볼 수 없지만 「6·25 사변 이후 많은 무명인들이 납북되거나 피살되었는데 이때 김민자, 진수방

---

157) 송수남, 전게서, p.137.
158) 상계서, p.138.

등이 남아 맥을 잇게 되었으며」[159] 이후에는 우리나라 무용계가 정리되며 대학가의 무용활동, 중, 고등 콩쿨 등으로, 무용의 재정립과 안정의 시대가 오게 되었다.

「1945년 김백봉의 무용발표회가 있었는데 당시 한국무용의 수준을 벗어난 발전된 모습의 공연」[160]이 있었음을 나타내고 있다.

진수방, 김백봉, 송범, 임성남 등이 1956년에 한국예술인 협회에서 탈퇴하여 「한국무용가협회」를 조직하는 등, 지속적인 무용의 발전에 전력을 다하는데 역시 여성 무용가들이 일익을 담당하였음을 알 수 있다. 최승희의 동서인 김백봉은 현재 경희대 명예교수로 지내며, 국내 유일하게 신무용의 정수를 전수하고 있다고 보아도 과언이 아니며 부채춤과 산조 등으로 국내외에 한국 고유의 무용을 보급하는데 큰 역할을 지금까지 해오고 있다. 진수방은 외국으로 이주하여 일단 한국 무용계에서의 활약은 정체 상태라고 볼 수 있겠다. 그 외에 1960년대 이후 박외선, 홍정희 등이 외국무용으로 이대교수로서 활약했으나 박외선은 외국으로 홍정희는 타계하므로 외국무용분야의 활약 가운데 여성 무용가들 활동은 미약하였음을 알 수 있다. 한편, 스페인에서 2000년에 귀국한 주리의 스페인 춤이 뒤늦게 꽃을 피우고 있다.

끝으로 한성준의 조카 한영숙은 「승무를 배운 후, 검무, 살풀이, 바라춤, 태평무, 한량무, 학춤 등을 배웠다. 계속된 연습 끝에 1937년 10월, 16세 되던 해에 부민관(현재 세종문화회관 별관)에서 첫 발표회를 열었다」[161]늘 몸이 약한 상태였지만 무용은 "마음의 춤"이며 모방하지 않는 순수한 한국적인 춤과, 한성준 할아버지의 정성스런 국악과 춤 교육을 13세부터 한 몸에 받아온 한영숙의 춤은 이미 고인이 되셨지만, 현재 벽사 아카데미(대표:정재만:현 숙명여대 교수)및 이애주(서울대 교수), 정승희(종합예술학교 교수) 등 많은 후배 및 제자들에게 그 무용의 정신, 한국적 무용의 정신이 전수되고 있다.

한영숙은 「예술은 아름다움을 통한 서로의 동작에 의한 것으로 표현할 수

---

159) 송수남, 전게서, p.145.

160) 상계서, p.145.

161) 상계서, p.138.

있는데 반드시 이상한 동작·음악·의상만이 최상의 것이고, 창작화·현대화
가 정도(정도)인 것으로 받아 들여서는 안 된다고 하며 한국춤은 뼈 마디 마
디 소에서 춤의 정신이 우러나야 한다는 것이지요, 한국춤은 극히 자연발생적
이므로 과장되지 않아야 해요, 또한 얼굴(표정) 중심인 춤이 아니라 발끝이 중
심이 되기 때문에 발놀림이 멋들어져야 해요, 단, 내면적인 표현을 하되 질서
와 균형을 깨뜨리지 말아야 해요」[162] 라고 하여, 오늘날 한국무용의 맥 가운
데 중요한 맥을 이루고 있는 한영숙류의 춤의 철학을 표현하였다.

　이상으로, 상고 시대부터 근대에 이르기까지 한국무용의 발전에 기여하여
온 여성무용가들의 출현과 그 사회적 배경을 살펴보았다.

2. 서양 무용의 변화에 따른 여성무용가의 출현과 사회적 배경

　서양무용의 역사를 살펴보기 전 「무용의 역사는 곧 인간의 역사」[163]와 같
다고 한 것처럼 인류가 존재할 때부터 무용은 시작되었고, 서양 무용의 시작
은 마치 인류가 존재하기 시작한 그때부터의 무용으로 보아도 좋을 것이다.

　춤의 초기 역사를 말해주는 유일한 일차 자료도 「프랑스에 현존하는 수만
년 전의 원시인이 그린 석벽화」[164]로 본다. 과연 그 오랜 시간이 흐른 시대
의 것들을 어떻게 우리는 판단하고 느낄 수 있을런지 막연하다.

　「몸의 동작으로 표현하는 언어라고 할 수 있는 무용은 원래 인간이 지구
상에 존재하면서부터 함께 있었다고 말할 수 있을 정도로 가장 오랜 예술 형
식이다.」[165] 라고 하였듯이 자칫 잘못 판단하고 해석하는 것은 금기사항이어
야 할 듯하다.

　「춤을 묘사한 그림은 아마도 다른 어떤 것보다도 드물 것이다. 왜냐하면
구석기 시대의 화가는 주술의 효과를 얻기 위하여 기원하는 그림을 그렸기
때문에 춤을 재현할 이유가 거의 없었던」[166] 것으로 보았기에 구·신석기 시

---

162) 서울시립 무용단,『한국명무전』, pp.85-86.
163) 제르멘느 프뤼도모작, 양선희 옮김. 『무용의 역사』, 삼신각, 1990, p.15.
164) 쿠르트작스, 김매자 역, 『세계무용사』, 풀빛, 1983, p.265.
165) 정승희 편저, 『서양무용사』, 보진재, 1981, p.2.
166) 쿠르트작스, 김매자 역, 전게서, p.265.

대 무용의 개념정의는 가능하지만 정확한 춤의 정의는 불가한 것이다. 또 현재 유럽의 문화와 과거의 문화는 크게 대응하는 현상을 갖고 있기에 더욱 그러하다고 본다. 이러한 역사적 배경을 바탕으로 서양의 여성무용을 분석하여 보도록한다.

중기 구석기 문화 중 피그미족의 춤에서, 「특별히 한 남자를 여자들이 둘러싸고 춤춘다던가, 혹은 한 소녀를 남자들이 둘러싸고 춤추는 주제는 옛날 석기 시대의 유럽이나 오늘날 원시적 민족에게서도 발견된다.」[167] 이것은 남녀가 같이 춤을 출 수 있었고, 공동체적인 의식과, 남녀가 평등한 모습으로 볼 수 있는 외향적 유형이라고 본다. 또 동물 춤 군무가 있고, 춤에 뛰어난 재능과 육체를 의식한 자유로운 춤 등이 이들의 특징인 것에 반해 피그모이드족은 내향적 유형으로서, 독무가 지배적이고, 발작적이었음을 알 수 있다. 고로 동물 춤이 없고, 재능이 뛰어나지 않는 피그미족과는 반대적 성향이었다고 볼 수 있다.

후기 원시 문화권에서는 남동부 오스트렐리아의 kumai.족의 입사의식은 태즈매니아 춤을 잘 설명하고 있는데 「군무 형식이며 원형이고 전혀 남녀가 접촉함이 없는」[168] 춤을 추었다.

또 에스키모 골기(骨器)문화의 춤에서 caribon 에스키모족은 문화 수준이 대표적인데 「고유의 유일한 춤은 골반을 앞뒤로 가볍게 돌리고 이따금 엉덩이를 내렸다 올리면서 남녀 양성이 추는 독무」[169] 이다. 특이한 것은 석기 시대의 원시 문화에서는 독무와 원의 형태에 익숙하며 남녀 양성의 접촉이 없다는 것이다. 한편, 선사시대의 조형 유물 중, 여성적 특징이 분명히 드러나는 부분적 형상을 볼 소 있는데 「동물로 변장되지는 않았으나, 분명한 윤곽을 알 수 없다」[170] 라는 내용으로 보아 이는 윤곽을 감추고자 하는 의도가 있는 것으로 볼 수 있으며, 앞서 밝혔듯이 원시인들은 주술적 이유에서만 사람을

---

167) 쿠르트작스, 김매자 역, 전게서, p.267.
168) 상계서, p.268
169) 상계서, p.269.
170) 제르멘느 프뤼도모작, 양선희 옮김, 전게서, p.71.

그리기 때문에 정확한 것에 대한 관심이 없었기 때문인 것으로 볼 수 있다.

묘사된 여성의 다수가 「불룩 나온 배와 큰 가슴을 가진 임신 상태인 것으로 알 수 있고, 이 역시 여자와 관계된 주술의 힘이 이용된 것으로 볼 수 있겠다. 또 프랑스의 로쯔지방 까오르 근처의 까브를에 인접한, 쁘슈-베를르 동굴에서의 얕은 연못의 발자취를 보면 한 발자국은 깊고, 한발자국은 얕은 것을 볼 수 있는데 추측하건데 왼쪽 발에 강한 박자를 주는 제자리걸음인 것을 알 수 있다.」[171] 이렇듯 선사시대의 여성의 무용은 수태를 위한 그리고 가문을 유지하여 가는 목적으로 있었으며, 여성은 수태를 위한 주술적 무용에 깊은 관심과 생활적 습관이 주류를 이루었다고 보겠다.

부족문화권 가운데 초기 신석기 문화와 중기부족 문화권 자료에 의하면 후기 농경 마제 도기 문화권의 무용에는 초기 농경인 처럼 기하학적, 장식적, 곡선, 노선, 그리고 이중나선을 선호하였는데 내려온 춤이 「머리사냥과 머리 가죽 춤이라는 새로운 주제가 가미되면서 이중 원에서, 삼중 원, 사중 원 그리고 그 이상으로 확대되며, 또한 남자들로 된 한 열과 여성 한 열이 추가된다는」[172] 기록으로 보아 여성 역시 함께 춤을 추었지만 후기 농경문화는 다른 모든 중기 부족문화처럼 춤의 확대가 약하고 풍요롭지 못했음을 알 수 있고, 또 여성 중심의 춤이 많지 않았던 것을 알 수 있다.

신석기시대, 금속시대, 후기 부족문화를 보면 고도한 문화의 가교역할을 하는 이 시대에서는 농노 문화와 영주 문화가 대표적이다.

또, 춤은 성적인 것에 강조, 남근 숭배, 구애와 성행위에 가까운 것을 모방하는 표현 등이 일반적인 것이다. 어느 때는 즉흥적으로 춤의 뒷부분에 성행위가 일어나며 「흔히 집단 윤무의 형태를 띠고 추며 남자들의 열은 여자들의 열에 바짝 다가가 마주보게 된다. 때때로 춤은 두부분으로 나뉘어 뒤엉키고 혼란스러운 상태에서 감겼다가 풀리곤 한다. 남녀의 쌍쌍춤은 부끄러워하

---

171) 제르멘느 프뤼도모작, 양선희 옮김, 전게서, p.71
172) 쿠르크작스, 전게서, p.272.

는 소녀에게 구애하는 주제를, 다음에는 사랑에 빠진 소녀를 포옹하는 주제를 표현한다. 여성의 독무는 훨씬 더 중요한 역할을 담당하는데 흔히 애욕과 성기를 노출하는 주제를 사용한다. -中略- 선정적인 춤과 특히 배꼽춤(danc 여 ventre) 은 순수한 농부 춤이 아니며 영주 문화에 속하였다.」[173] 고 한 것으로 보아 금속시대, 후기부족 문화권을 크게 영주 문화, 농민 문화로 구별하여 남녀 혼성춤, 포옹춤, 구애춤, 배꼽춤 등으로 나눌 수 있으며 여성의 무용이 후기 농경시대보다 더욱 적극적으로 변화한 것을 알 수 있다. 또한 여전히 여성의 큰 관심사는 수태에 대한 것이며 「꼬귈(cogul) 에서는 4쌍의 여인상 벽화가 발견되었는데-中略- 각 쌍마다 두 여인은 비슷하나 약간씩 다르다. 모양은 같으나 자세가 똑같지 않다. 동작을 재현해 보면 엉덩이를 흔들거나 배의 춤이라는 것을」[174] 알 수 있는데 춤의 근원적 의미에서 볼 때, 일종의 흉내 내기이며, 아기를 가진 여인의 배가 강조되는 듯한 동작이며 모방적인 주물의 전형적인 유형이라고 보았다.

원시인 미개민족의 무용을 나타내는 내용 중 「종족의 생명과 재산을 보호하기 위한 것이라는 종교의 지대한 중요성은 의식을 아무렇게나 즉흥적으로 행하는 것을 금지했으며, 선조 들이 훌륭하게 이룩한 것을 따르도록 요구하였다. 그 이유는 자칫 실수를 저지르면 신비한 행위의 힘과 효험을 잃게 되기 때문이었다. 하는 자나, 보는 자가 모두 조심히 추고 지켜보았는데 옛날 뉴 헤브라이드스(New Hebreides)에 있는 기우아(Gaua)라는 섬에서는 나이 많은 부족 어른이 활과 화살을 준비했다가 실수하는 무용수들을 쏘아 죽이기까지 했다는 것이며 오스트렐리아인들이나 중앙 아프리카의 피그미족 등은 어머니가 어린아이에게 춤을 가르쳤다.」[175] 는 것은 최초의 무용예술의 현상과 과정으로 접근해 보았을 때, 상식적인 것을 초월한 삶과 生, 死를 능가하는 중요한 무용이었던 것을 알 수 있으며, 여성의 무용적 역할이 중요한 것을 알 수 있다. 아프리카의 로앙고 지방에서는 소녀의 머리에 물이 가득한 유리컵을 얹고

---

173) 쿠르크작스, 전계서, pp.273-274.
174) 제르멘느 프뤼도모작, 전계서, pp.80-81.
175) 쿠르트작스, 전계서, pp.227-278.

춤을 추는데, 본연구자가 멕시코 민속무용을 배울 때도, 머리에 물컵을 얹고 몸의 균형을 잃지 않는, 가운데 보기, 발 구르기 등을 연습한 체험이 있는데 이렇듯 연습을 엄격히, 그리고 절묘한 테크닉을 구사하는 여성특유의 춤이 있는 것은 놀이나, 즉흥의 동기가 아닌 의식으로서 행하였던 것을 새삼 강조하는 내용이다.

제르멘느 프뤼도모의 무용역사 분류 중 미개인에는 크게 수렵, 낚시, 채취, 유목, 농경시대로 분류, 연구하였는데, 여성중심보다 남성중심으로 바뀌어서 동물 모방의 춤, 무기 춤, 전투를 모방하는 춤, 농경시대의 정지 작업의 춤, 파종기의 춤, 발아기의 춤, 추수의 춤, 농사를 돕기 위한 춤 가운데 비의 춤, 태양을 찬양하는 춤, 등으로 설명하였다. 이 분류를 통한 결론에서 「미개 상태에서 문명으로 넘어가는 단계에 있는 농경민들에게서 무용은 다른 곳에서 볼 수 없었던 다양한 양상을 띤다. -中略- 춤은 이들에게서 항상 중요한 위치를 차지하고 있다는 것을 알았다. -中略- 춤을 또한 주술적 성격에서 종교적 성격으로 옮아간다」[176]고 하였는데 무용문화로 바치며 여성무용의 약화 현상이 드러난 때로 보아야 할 것이다.

이상의 삶 중심의 의식적인 여성무용에서 춤추는 직업의 탄생시기로 접어들지만 언제 직업적인 무용으로 변화하였는지 그 연대나 상황을 정확히 알 수 없고, 포르투칼어로 바이아 데이라스(bailadeiras), 혹은 무희라고 흔히 자칭되는 춤추는 인디안 여자와 하우사(haussa) 종족 중의 젊은 코카(koka) 여인은 모두 呪物과 사제에게 봉헌되며, 「축제 때는 북과 노래에 맞춰 외설적인 춤을 추어 도취된 군중을 즐겁게 해준다.」[177]는 것으로 보아 종교성과, 원시민적의 특유한 춤의 형태가 섞어져 다소 직업적인 양상을 띠기 시작한 여성 무용수의 모습을 알 수 있다. 아프리카에서는 사람이 죽었을 때 좁혀서 집단으로 모여 있으며 그 효험이 높다든지, 종교의식에 참여하는 춤추는 여자는 가사나 노동으로부터, 나와서 춤을 추는 직업에만 몰두한다. 또한 「사원에서 춤

---

176) 제르멘느 프뤼도모 작, 전게서, p.280.
177) 쿠르트작스, 전게서 p.28.

추는 사람은 신의 시녀, 즉 데바다시(Devadasi)이며 또는 기독교 수도원의 수녀처럼 신에게 바쳐진 존재이다. 그러나 봉헌은 결코 상징적으로만 끝나는 것이 아니다. 처녀가 완전히 성숙했을 때, SIVA 신의 남근상이 그녀의 처녀성을 차지한다. 이리하여 그녀는 신의 의로인 사제의 소유 속에 들어간다.」[178]

역사의 흐름에 따라 인간의 행위는 이상하게 특별한 발전의 이유나 목적을 발견하지 못한채, 인간의 존엄성을 망각하는 문화로 흘러가는 것을 발견한다.

이 시대의 직업적, 종교적 수단 및 목적으로서 여성무용은 이와 같이 비상식적 결과를 낳는 것을 알 수 있다. 이러한 종교적 춤과 동시에 희랍인과 마찬가지로 이집트인에게도 춤은 '즐거움'으로 나타나는데,「제5왕조 속하는 샤의 분묘에는 그것을 할렘 여자들의 춤으로 표현하고 있으며, 전기 왕조시대(제4왕조)의 꽃병에는 전문적으로 춤추는 여자의 기교가 그려져 있고 사원은 남녀 무용수를 특별계급으로 육성」[179] 하기도 하였다.

꽃병의 춤추는 여자의 모습은「기원전 2500년경으로 보며 친구들이 캐스터네츠나 딱따기를 가지고 반주를 해주고 있으며 소녀의 팔 위치는 오늘날 고전 발레의 모습과 유사」[180] 하다.

또 이집트의 미술 양식 중 신체의 각 부분을 다른 관점에서 그리는 것이 있는데, 그 그림에는 소년과 소녀가 함께 춤추는 그림이 없는 것으로 보아 남녀를 엄격히 분리시킨 것으로 보고 있다. 의식무용에서는 여자들이「긴 반투명의 의상을 입었고, 때로는 가는 허리띠를 둘렀다. 그러나 좀 더 강한 동작을 할 때는 보통 남자처럼 상체를 벗고 짧은치마를 입거나 혹은 심지어 일부 남자들이 그렇듯이 완전히 나체로 춤춘 듯이 보인다. -中略- 소녀들은 어깨까지 내려오는 가발을 쓰거나 머리를 3갈래로 땋는데, 등뒤의 굵은 것이 끝에는 돌려 흔들 수 있도록 무거운 매듭을 묶었다. 때로는 향료와 조미료를 기름에 섞어 만든 반죽을 머리 꼭대기에 붙여두어. 그것이 녹아 흘러내릴 때 향기로운 냄새를 내도록 했다.」[181] 이러한 치장은 신 왕국 말기에 없어지고 그리스

---

178) 쿠르트작스, 전게서, p.281.
179) 상계서, p.287.
180) 상계서, p.287.
181) 정승희, 전계서, p.13.

의상과 같은 서정적 옷을 입었고, 또 인간의 나체가 마귀를 놀라게 한다고 하여 종교적인 축제 때 옷의 앞부분을 트는 습관이 있었다. 이와 같이 영주 문화를 향유하던 이집트는 종교의식을 위해 외국에서 무용가를 초청할 정도로 종교적 의식무의 진정한 즐거움을 위해 노력하였고 따라서 여흥 무용도 발달을 못 하였고, 정식 무대는 아니지만 관객과 무대를 분리시켜 전문화하는 형태를 취하기도 하였다.

수세기가 지나는 동안 점차 그러한 위용을 잃게 되었다. 고대 그리스는 문명의 온상인 크레테섬이 이집트 해안으로부터 200마일 내에 있었기에 나일강 예술과 크레테 미술을 통해서 알 수 있다. 추측컨데 「일종의 신화와 관련된 작품으로 여사제가 두 손에 뱀을 한 매씩 들고 추었는데, 뱀 같은 동작을 했을 것으로 보며, 짧은 볼레로 쟈퀼과 크레테 여인들의 평복인 긴치마를 입고 추어 오늘날의 스페인의 플라멩고(flamenco)춤과 매우 흡사 했을 것으로 보며 혹시 플라멩고의 기원이 있었을지도 모른다」[182]고 보고 있다.

다이달로스가 아리아드네를 만든 무용장에서는 부유한 청춘 남녀가 춤을 추었으며, 그리스의 여류시인 사포(sappho, B.C 600)는 「장단에 제단 주위를 섬세한 발로 또는 춤추며, 초원의 매끈하고 부드러운 꽃들을 밟는 크레테 여자에 관해서 썼다」[183]

또, 스파르타의 남녀 어린이들은 모두 7세부터 전투무용을 의무적으로 배웠던 것을 잘 알고 있다(쿠르투작스의 세계무용사 p.297 에서는 5살로 보고 있음.) 그 가운데 여자와 아이들을 위한 [멤피드] 춤이 있는데 가벼운 방패를 들고 추었다.

정승희의 세계무용사에서는 "얼굴을 가리고 춤추는 여자"(p.25)의 象이 있는데 기원전 200년경에 제작된 청동상의 일종의 창작무용으로서 얼굴을 가리운 채 공식석상에서 춘 것이 아닐까 생각한다. 그리스 후기를 맞이하면서 디오니시우스 숭배가 일어나는데 개인의 황홀상태를 통해서 신과 개인간의 합

---

182) 정승희, 전게서, pp.17-18.
183) 상계서, pp.17-18.

그리스 초기에 행해졌던 얌전한 사슬 춤(chain dance)이 사라지고 곧 마에나드(maenad) 디오니인 개념을 가져오고 무아지경에 도달하기 위해 술과 같이 여인들에게 자극을 주어 「시우스의 여신 또는 여사제들의 광란의 춤이 벌어졌는데, 종국에는 제단 주위를 돌며 성행위까지 하게 되는 결과」[184]를 초래하였다. 그런가 하면 「아멜레이아(emmeleia)신을 찬양하며 추는 경건하고 엄격한 성격의 윤무인 에멜레이아를 플라톤은 선동적이고 전투적인 성격의 춤과 날카롭게 대비시켰다. -中略- 이 춤은 파르테는 신전에 놀라울 정도로 잘 보존되어 가장 아름답게 전해 내려오고 있는데 처녀들이 그레이스(Grace) 여신들 [아름답게, 우아, 기쁨을 상징하는 3자매 여신—아글라이아(Aglaia), 에우프로시네(Euphro-syne). 탈리아(Thaia)]처럼 손에 손을 잡고 찬가 같은 노래를 부르며 여신에게 경배하는 모습이 보인다 -中略- 좁은 의미에서의 신에 대한 경배로부터, 초월적인 것에 대한 공동의 대중적인 존경으로부터 군무는 가정 생활 영역까지 들어오게 되었다. 출산 후 열흘째 되는 날 밤의 여성의식, 사춘기를 들어가는 입사의식, 결혼식 날 신방 문 앞에서 소녀들이 조롱 조로 부르는 합창, 그리고 묘지로 가는 애도 행렬에까지 이 춤이 도입되었다.」[185]

참으로 아름다운 경건한 여성무용이었던 것을 상상할 수가 있다. 또, 고대 그리스인들은 지중해 민속적 특유의 성격을 소유한 몸짓의 천재로 보고 있는데, 고전시대에는 길거리에서 손을 긴 웃옷의 바깥으로 내 놓을 수가 없었다는 사실로 미루어 보아 동양적, 또는 한국적인 보수성, 전통성(한삼을 끼는 형태 또는 옷자락을 길게 입는 것)과 비슷하며, 나아가 그러한 사회적 현상으로 말미암아 절제된 생활, 표현을 할 수밖에 없었기에 여성들의 광란적 춤 또한 이해가 갈 듯한 현상이라 할 수 있다.

알렉산더 시대에 가서 좀더 움직임이 자유로워졌으며 오리엔트 문화를 많이 수용했던 것을 알 수 있다. 이때 들어온 오리엔트 문화, komos는 모든 영역에 영향력을 끼쳤으며 소녀들이 고대 풍요의식이 모든 움직임을 나타냈는가 하면, 지극히 육체적인 매력을 과시하기도 하였다.

---

184) 정승희, 전게서, p.24.
185) 쿠르트작스, 전게서, pp.298-299.

그리스 말기에 이르러 춤추는 여자의 신성(divinity)을 재조명하고자 하는 역설적 사회의 미련을 남긴 채 「에스킬루스, 소포클레스, 유리피데스, 아리스토텔레스와 같은 극시인들의 등장으로 노래와 무용의 코러스 역할은 단순한 음악적 막간 공연으로 전락하고」[186] 참가자들을 포함한 모두가 종교성을 잃어가기 시작했으며, 이를 위해 시라큐스에서 수입된 무용수 가운데에는 최초의 여성무용연기자들이 들어오게 되었다.

결국 그리스 무용은, 부유층, 서민층, 군인들, 극단적인 절제에서 극단적인 개방의 춤으로 전이되며 오랜 시간 지켜온 종교성의 속성이 여흥성으로 바뀌는 결과를 갖게 된 것을 알 수 있다.

로마는 특별히 자체의 예술을 성립시키지 않았다. 주변국가의 예술문화를 흡수하여 발전시키고 즐겼다. 주로 무용은 가면극으로 남자가 행하였는데 키케로(cicero)도 "냉정한 사람은 춤추지 않는다"라고 한 것처럼 어찌 보면 무용의 극단적인 암울한 시기가 아니었나 생각한다.

로마는 1기, 2기, 3기로 그 시대를 구분하는데, 이 3기를 거치는 동안 여성무용에 대한 특별한 언급이 없다.

「네로황제의 첫 번째 교사가 무용교사」[187]였으며, 유명인들이 연예인들과 애정 편력을 갖기도 하고 「두 명 이상의 원로의원들이 유혹적 무용수 미르미두스(Myrmidus)의 품에 안겨 죽음을 당했다.」[188] 또 여성 무용수는 정식 무언극에는 참가하지 못하고 여흥의 자리에만 참석하게 되었고, 그런 가운데에도 장례행사에 고인을 애도하며 따르는 춤을 추기도 하였다.

네로 자신의 시인 비루길루스(Virgius)의 디도(Dido) 공주역을 공연하기 위해 아테네의 디오시우스 극장을 수리하기도 했으며, 「클라우디우스 황제의 황후 멧살리나(Messalina)는 방탕한 바커스 춤을 좋아하여 연기자와 정사까지 하여 황제에 의해 피살까지 당했다.」[189] 또, 「추수를 위한 전형적인 여신은 세레스(ceres)이나, 이 여신을 위한 무용의 자취는 없으며」[190] 인간의 다산을

186) 정승희, 전게서, p.29
187) 상계서, p.34.
188) 상계서, p.34.
189) 상계서, p.35.
190) 제르멘느 프뤼도모, 전게서, p.217.

위한 「원시 형태를 물려받은 일신에 관계된 의식이 두 가지 정도 존재했을 것으로 보며, 그 중 하나는 인도에서 그 형태를 찾아 볼 수 있는데 임신을 하고 싶은 여자가 제사의식 도중에 프리아 포스(Priape) 신의 像과 결합하는 것이다. 인도에서는 이 의식에 예비무용이 있었는데, 로마에서는 어떻게 되었는지 알 수 없다. 단지 성 아우구스티누스의 격렬한 반대만이 있었으며 제사의식에서 곳곳에 무용의 흔적이 있었으나 군주시대까지도 남아 있었던 이 흔적들조차 사라지게 되어 현재에는 그 형태를 알 수 없다.」[191] 로마는 군사 무용 외에는 그 흔적을 찾을 길이 없으며 여흥과 무절제로 말미암아 여성무용이 특히 중요한 기능 및 위치를 차지한 적이 없는 것으로 볼 수 있다.

로마제국의 멸망은 유럽의 모든 예술 분야에서 변화를 가져왔으며 특히, 로마의 번영은 쾌락주의적 문화로 육성되었다. 여흥주의를 찬성하는가 하면, 앞서 밝혔듯이 키케로 등이 무용을 반대하고 기독교 장로 등이 배우와 무용인들이 도덕을 위협한다고 하였다.

한편, 북부 민족의 침략이 있은 뒤, 가난과 잔인성이 유럽전역을 휩쓸고 안정이 되지 않는 상태에서 기독교 교리가 신앙적 큰 힘이 될 수 있었다.

「아이러닉하게도 고대 주신제 의식의 일부 유물이 기독교 교회 자체 내에 남게 되었다. 그리하여 무용은 로마에 있는 몇 몇 작은 신비주의 교파의 의식에서 일부 역할을 담당하고 있었다. 그리고 일부 기독교회의 예매에서 무용이 지속되었다.」[192] 지속적인 교회의 반대와 춤추는 사람들의 끝없는 춤 문화는 결국 교회 차원에서 보면 다음과 같다.

12세기의 작가 지랄두스 캄브리에(Giraldus cambresis)의 저서 「이티네라리움 캄브리에(Itinerarium cambriaes)」의 기록에는 「당신은 교회묘지에서 남자들이나 소녀들이 춤추는 것을 볼지 모른다. 그들은 교회묘지를 돌며 노래하다가 갑자기 실신하여 땅에 쓰러지기도 하고, 다시 열정적으로 뛰어 오르며, 그들이 축제의 날, 불법적으로 행하는 모든 일을 사람들이 보는 앞에서 손과

---

191) 제르멘느 프뤼도모, 전게서, pp.217-218.
192) 정승희, 전게서, p.39.

발로 표현한다. 한 남자가 자기 손을 쟁기 위에 놓고 다른 사람은 흔히 부르는 미숙한 노래에 맞춰 황소에게 채찍질을 하며, 노동의 피로감을 던다. 한 사람은 구두 수선공의 흉내를 내고 다른 사람은 구두장이의 흉내를 낸다. 또한 당신은 실 감는 막대를 든 소녀가 실을 풀었다가 다시 물레에 감는 것을 볼지도 모른다. 다른 소녀가 걸어 와서 천을 짜기위해 실을 배열한다. 그 소녀는 말하자면 북(shuttle)을 던지고 있기 때문에 천을 짜고 있는것처럼 보이는 것이다. 그들이 갑자기 제정신을 차리는 것을 보고는 놀라게 될 것이다.」[193] 이러한 사회상을 통해 죽음의 무용, 무도광, 성비투스(st.vitus)의 춤, 타란텔라 등, 인간의 상식으로는 상상할 수 없는 광기적인 춤들이 휩쓸었다.

대부분의 연기자들은 남자들이었음에도 숙녀들과 여흥적 교제를 하게끔 하였고 무용수과 가수 집단 등이 유랑 연예인으로 곳곳을 다니면서 공연을 했지만 때로는 귀족의 가정교사로서 궁정 내에서 활동을 하고 젊은이들의 개인교사가 되기도 했다.

5C경, 성 어거스틴(st, Augustine)은 "일요일에 밭을 갈거나 도장을 파는 일이 노래에 맞춰 춤추는 것보다 낫다"고 실제로 여성 무용가들은 교회 내에서 추었던 춤들 외에 여성무용가는 대우를 받지 못했던 것을 알 수 있다. 르네상스는 중세의 기독교적인 교리가 민중들에게 흡수되지 못하면서 태동된 문예부흥운동이다.

이탈리아를 중심을 유럽전역에 퍼졌다. 1489년 밀라노 공작의 한 연회에서 각 요리가 나올 때마다 그 상황에 맞는 공연을 마련하였던 것을 Ballet의 효시로 보지만, 실제로 무용사가들은 형식을 갖춘 발레가 처음 시작된 시기를 1581년경이라고 하는데 이 학설은 이때에 프랑스 폰텐스 불로에 있는 헨리 3세의 왕실에서의 왕후의 발레 꼬미끄가 만들어졌기 때문이다. 이 당시 약간의 여성무용가들이 참석했을 뿐 실제로 15C 말이 되었음에도 여성무용수의 구체적인 모습이 정립되어 있지 않았다.

1661년 구리 14세는 왕립 무용아카데미를 창설하여 남성 무용가를 양성하기에 힘썼고 「왕립아카데미가 창설된 지, 52년이 지나서도 'opera company'

---

193) 쿠르트작스, 전계서, p.310.

궁에는 남성무용수가 12명, 여성무용가가 10명이라는 수적인 우세를 보여 주었으며 star는 곧 남성이었다」[194] 그러나 무거운 형식적인 옷을 벗어 던지기 시작하면서, step과 동작의 다양화를 구현할 수 있게 되어 여성 무용가의 비중은 크게 자리하게 시작하였다. Ballet에 기여한 여성무용가들을 소개하면 다음과 같다.

「첫 여성 무용가로는 1681년 기록에 남은 사람은 라옹떼느(Lafontaine 1655-1738)이었다. 1720년에는 두 여성 경쟁자들이 명성을 얻었다. 그중 한 사람인 마리 살레(Marie Salle 1707-1756)는 가족으로 구성된 흥행단의 천재적인 아이로 시작하여 당당하고 적극적인 무용가인 동시에 안무가로 성장하였다.(훼델 음악으로 안무함)

또 한 사람은 마리 안네 카마르고(Marie-Anne Camargo, 1710-1770)였는데, 그녀는 정열적인 이탈리아계 스페인이었다. 그녀도 발의 동작을 과시하기 위해 치마 기장을 몇 인치 올림으로써 여성의상의 인습에 충격을 주었다. 그녀의 발의 동작은 너무 훌륭하여 남자의 발 동작과 비교되었다.」[195]

사례나 카마르고에 이어 바바라 까빠니니(Barbara Campanini, 1721-1799)와 마리 마들렌 기라므(Marie-Madeleine Guimard, 1743-1816)이었다. 이어서 낭만 발레에서 신성 모독적인 酒宴을 이끌었던 마리 탈레오니는 「1832년 공기의 정(La Sylphide)이라는 작품에서 주연을 맡아 명성을 떨쳤는데 이 작품은 그녀 자신의 성공뿐 아니라 발레 로맨틱의 성공을 뜻하는 것이다. 로맨틱 튜튜를 처음 입었으며, 분홍슈즈와 토슈즈를 신고 처음으로 춤추기 시작하였다」[196]

공기의 정에 이어서 유사한 유형의 "지젤" 공연이 있었는데 지젤 안무자로 생각되는 줄 빼로(Jules Perroy, 1810~1892)의 애인의 카를로타 그리지(Carlotta Frise, 1810~1892)가 출현하여 지젤로는 첫 번째로 유명해졌다.

「이 발레는 불꽃처럼 무용계에 전파되었으며 1860년에는 오스트레일리아

194) 대한무용학회, 무용학회논문 12집, 1990, p.116.
195) 정승희, 전게서, p.68.
196) 한국무용학회, 전게서, p.119

까지 도달하였다」[197] 또한 이 지젤 공연으로 말미암아 19세기의 여성 발레리나의 우위가 결정되었는데 그 이유는 「여성에 대한 사회적 태도의 변화이고 대부분의 예술혁명이 그렇듯 순전한 기술적 발명품인 토슈즈 때문」[198]으로 보고 있다.

서서히 남성 우위에서 여성 우위의 무용으로 바뀌면서 남성 숭배자들의 우상으로 여길 여성 무용가가 나오는데 그 가운데 첫 번째가 타그리오니고 두 번째가 엘슬러(Fanny Elssler, 1810~1884)인데 타그리오니의 순결하고 창백한 이미지와 달리 도발적인 성격을 띤 여성 이였다. 이 두 사람 관계를 평론가 고띠에(Theophile Gautier, 1811~1872)는 "타그리오니는 기독교적 무용가다. 그녀는 흰 머스린의 투명한 기폭 사이를 정령처럼 날아다닌다. 화니는 이교도적 무용가라고 하겠다. 그녀는 마치 손에 탬버린 들고 황금 걸쇠로 졸라 맨 허벅지를 들어낸 튜닉을 입은 케르프코레(춤과 노래를 주관하시는 여신)를 상기시킨다." [199] 라고 했다.

타그리오니는 시대를 앞서는 감각과 예술성이 있었으며 탐미적 전유물로 타락하기 쉬운 낭만주의 Ballet를 기교에 찬 세련미를 견제하는 건전한 평형의 추의 역할을 하였다.

나폴리 출신인 파니 체니토(Fanny Cerrito, 1817~1909)는 발랄한 매력을 지닌 여성으로서 파리 오페라 발레단의 중요한 발레리나였고, 뤼실 그런(Lucille Grahn, 1819~1907)은 파리 오귀스뜨 베스트리스에게서 고국 덴마크로 가기 전까지 사사를 받았던 무용가로서 육체적 아름다움과 우아한 서정의 두 가지 매력을 지녔는데 「1845년 런던 허, 메제스티스(Her Majestys)극장의 지배인 벤자민 럼리(Benjamin Lumley)는 4인조 무대를 만들어서 4인조의 춤(pas de Quatre)이라는 제목으로 공연을 했는데 나이가 어린 순서대로 출연을 시켜서 개인적 갈등을 줄이며 지혜롭게 치른 성공적 여성무용의 독무를 구성했다.」 [200] 는 사실로 볼 때, 여성의 고유의 공연 갈등을 잘 배제한 미적 작업에 성공

---

197) 정승희, 전게서, p.74.
198) 상게서, p.75.
199) 상게서, p.75
200) 상게서, pp.75-80.

한 좋은 기획으로서 전체 낭만주의 운동을 상징화시킨 귀한 공연이었음을 알 수 있다.

카를로 브라시스는 1820년 23세의 젊은 나이에 주연 무용수로 일하면서 무용의 이론과 실제에 관한 기본 논문을 출간했는가 하면 여성무용가들을 많이 배출했다.

브라시스의 제자로는 체리토, 미국인 오거스타 메이우드(Augusta Maywood, 1825~1876), 러시아인 엘레나 안드레야 노바(Yelena Andreyanova, 1819~1857), 이탈리아인 아미나 보쉐티(Amina Boschetti, 1836~1881)가 있다. 능력 있는 무용가로서 무용과 이론, 제자 양육의 좋은 결실을 맺었다. 그러나 브라시스는 미학이나 예술성보다 기교중심으로 교육을 시킨 결과, 1851년 밀라노 왕실 무용학원 원장직을 사퇴했어야 했으며 점차 Ballet는 그 본질적인 예술성을 잃어가기 시작하지만 타그리오니는 1837년 러시아에서 공기의 정을 추었으며 1843년에는 그리지와 엘슬러가 꼬르드 발레(corps de ballet-군무자들)로 성공적인 공연을 마치기도 하였다.

이러한 프랑스나 이태리의 배경과는 달리 러시아에서는 페테르부르크와 모스크바의 오페라 하우스는 실제로 황제의 직접적 환할 하에 있었기에 발레 흥행은 성공적일 수밖에 없었다. 이러한 상황 속에서 마리우스 쁘띠빠는 1862년 이탈리아인 「카롤리나 로사티(Carolina Rosati, 1827~1905)의 눈부신 역할로 보여준 (바로의 딸)이 대성공을 거두므로 쁘띠빠는 황실의 마음에 꼭 드는 인물로 입증되었고 30년간 35편의 오페라를 위한 무용의 안무뿐 아니라 타인의 작품을 재 안무한 17편을 포함한 것 외에 40편이 넘는 새 발레를 창작했다」[201]

이후 이러한 발레의 열기가 러시아에 새로운 생기를 넣었으며 프세볼로스키(Vsevolojsky)가 황실 무대감독으로 임명되면서 유명작곡가 차이코프스키(Tchaikovsky)를 설득하여 (잠자는 숲속의 미녀), (백조의 호수), (호두까기 인형) 등으로 곡이 지속적으로 나오면서 발레는 미래지향적으로 발전하는데 안

---

201) 정승희, 전게서, p.85.

나파브로바(Anna Pavlova,1881~1931)는 유럽 전역에서 1908년에 바쁘게 지젤과 백조의 호수 등을 출연하였다.

「그간 프세볼로즈스키-쁘디빠-차이코프스키의 3인조는 페테브르크의 19세기 황실 발레에 눈부신 왕관을 씌어 주었으며, 디아길레프-포킨-스트라빈스키는 새 시대로 이끌어 준비를 하였다.」[202] 이러한 새 조직으로 말미암아 성공한 작품과 무용수는 이루 헤아릴 수 없다.

이렇듯 철저하게 준비된 듯한 좋은 스탭진도 세월과 환경을 이기지 못하고 새로운 무용의 출현을 보게 되었다.

샌프란시스코의 이사도라 당컨(Isadora Duncan, 1878~1927)은 1880년대에 파리에 나타나 맨발의 순수한 음악으로 자유로운 표현주의를 공연함으로 전통발레에 도전하게 된 것이다.

파리에서는 미국인 솔리스트 로이훌러(Lole Fuller)가 무용이라기보다 연주의 기술적인 수단을 발굴해 내고 있었다. 또한 동양철학과 동양무용의 열애가였던, 루스 세인트 데니스(Ruth st Denis,1877~1968)가 1914년 남편 데니스 숀과 함께 무용학교를 열었던 것도 로스앤젤레스였고 현재 무용의 위대한 도리스 험프리, 마사그래함 역시 이 세인트데니스와 숀의 학교에서 운영하는 무용단에서 배출되었다.

「한편 독일에서는 현대무용의 표현주의(expressionism)가 미국에 도입된 것이 일부는 1930년 마리 뷔그만(Mary Wigman,1886~1973)의 미국공연을 통해서였는데 그녀의 조수인 한냐 홀름(hanya-holm)이 뉴욕의 한 학교에 남게 되었음으로」[203] 독일의 표현주의가 미국으로 수입되는 데에 기여한 바가 있었다.

이사도라 던컨은 어머니의 영향을 받았다고 한다. 던컨 여사가 델사르트 원리를 연구하였고 이사도라는 그 영향을 많이 받아 자신을 델사르트식 선생이라고 했으며 후에 그녀의 지도 원칙을 보면, 무용수는 항상 동작을 먼저 피부로 느껴야 하고 그 기분으로부터 꼭두각시 인형과 같은 약동을 표현해야 한

---

202) 정승희, 전게서, p.93.
203) 상계서, p.129.

다고 강조했다.

미국 무용가 로이풀러는 어린이를 위한 강연자였으며, 동시에 무대생활을 시작하였다. 어린 나이에 시작한 그녀는 어려움으로 인해 일찍 무용을 그만두게 되었으나 오히려 무용보다 무대 조명에 새로운 감각을 갖고 있었으며 동작은 단순함을 드러내는 예술성을 갖고 있었다.

「루스 세인트 데니스는 6살 때 십자가상의 예수가 처음으로, 그 상상력으로서 표현화되었다고 하는데, 인도, 아시아사상과 문화에 그 상상력이 매혹되었다.」[204] 고 한다. 그녀의 어머니는 자녀에게 기독교적 교육을 시켰고 진보적 여성으로서 도덕관념과 여성의 독립성이 투철하였으며 딸에게는 코르셋 착용을 거부하면서 기독교의 거룩성과 신체의 움직임이 조화를 이루도록 가르쳤다.

마리 뷔그만은(1886년 독일 하노버에서 태어났다.) 처음 에밀 자크 달크로즈의 지도를 받다가 후에 루돌프 본 라반의 지도를 받으며 1914년 그의 조수가 된다. 1920년 드레스텐에 마리 뷔그만 학교를 설립하여서 해외 공연을 수차 했으며, 1950년에 서베를린에 학교를 설립하여 안무자로 자리를 굳혔고 유럽현대 무용의 효시라고 볼 수 있는 뷔그만은 유럽전역에 현대무용 발전에 지대한 영향력을 끼쳤다. 마사그라함은 아버지가 의사였는데 엄격한 가정교육 속에서 늘 「무의식적으로 드러나는 근육 움직임으로 말미암아 거짓과 진실여부를 알 수 있다고 들은 것으로 인해 훗날 무용을 심장 그래프라고 했으며 현대무용을 다이나믹한 원리로 심오하게 창작한 선구자가 되었다.」[205]

「대부분의 미국무용가들은 쾌활하고 유연한 화환을 휘감은 님프로 등장하였으나 그라함은 이런 것을 반격하고 작품주제와 성격은 이상형보다는 교회적으로 구성하였다. 그라함은 "현대무용이란 동작화되기 이전의 정신 상태를 말한다.」[206] 고 주장하면서 완전한 무용을 추구하였던 그녀는 누구의 것도 모방하지 않고 자신의 노력의 삶을 표현 추구하는 예술세계를 펼쳤다.

도리스 험프리는 어릴 때부터 무용을 시작했으며, 1917년 여름, 첫 스승 한

204) 육완순, 『서양무용인물사』, 금광, 1986, p.218.
205) 상계서, p.232.
206) 상계서, p.232.

만의 추천으로, 데니스 숀 무용단에 들어가는데, 그 이듬해부터 무용단으로 활동하고 1920년에는 학생들을 지도하게 된다. 험프리는 「거의 완벽한 동양테크닉, 음악시각 표상, 조형성 및 발레 테크닉등과 관련성이 없는 예술세계로 성격묘사, 의인화라는 예술의 경지를 발전시켰다.」[207]

그러나 자신에게 너무 몰두된 듯한 이유로 훈련에서 창작으로서의 여유나 유동성이 부족한 상태에 이르지만, 동작구성의 제1요소로 "균형과 불균형"이라는 원리, 즉 fall과 recovery라는 원리로 그녀의 예술세계를 구축하기에 이르렀다.

이상의 여성현대 무용가들을 살펴 본 결과 현대무용의 특성상, 개성적 무용예술 원리로 자신의 세계를 보편화 시키고 있지만, 사제지간의 관계임에도 넉넉하게 자신의 무용세계를 개척해갈 수 있는 독자적, 집중적 연구 및 인내, 무용에 대한 집념으로 인해 미국과 유럽 등의 새로운 여성 무용과 여성무용가로서의 그 영향력을 끼친 성공적인 삶을 살았다고 할 수 있다.

3. 동·서양 무용사에 나타난 여성무용가의 출현과 사회적 배경의 분석

일반적으로 동양은 보수적, 서양은 개방적이라는 선입견을 우리는 갖고 있다. 그러나 동·서양 무용사의 흐름과 그에 나타난 여성 무용 및 여성 무용가의 기능 및 역할을 보았을 때, 선입견은 사라지고 새롭게 여성무용에 대한 사관이 정립되었다.

한국무용에서 상고시대에서는 즐겁게 남녀노소가 음주가무 하면서 일정하지는 않지만 원을 따라 돌거나, 자연스럽게 엉켜서 춤을 추었던 형태가 있었음을 알 수 있다. 이러한 사회적 배경은 제천의식에서 비롯되어, 공동체적인 집단무를 이루며 즉흥성이 높았던 것으로 나타난다. 또 제천의식 외에도 자연신, 귀신 등 다신 중심적인 경배, 축출과, 음·양의 결합을 촉진시켰던 성 무용으로서의 요염한 여성무용이 있었음을 알 수 있다.

---

207) 육완순, 전게서, p.238.

여성무용이 단독적으로 사회적 기능이 있었던 것은 '천노왕을 위한 춤에서 대다수의 여성들이 특별히 무리를 지어 아름다운 춤을 추었다.' 라는 기록 외에는 남·여가 동등한 위치에서 단합적 의미와 목적으로 춤을 추었던 것을 알 수 있다.

이에 비해 서양은 주로 선사시대에 있어 주술의 효과 및 목적을 추구한 남·여 구별된 독무 및 군무와 원형무가 있었으며 특히 여성 움직임의 대부분이 다산을 기원하는 주술적 목적이 있었고 가문을 지키기 위한 현실적 목적이 특별히 부여되어 있음을 알 수 있다.

또 한국의 고대 부족국가에서는 상고시대의 그 흐름을 이어받아서 더우 제천의식에 중점을두었는데, 이는 현실적 극복을 보이지 않는 하늘에 기원하면서 삶을 영위하고자 했던 이상성을 지닌 민족이었음을 알 수 있으며 여전히 여성들의 춤은 특별한 자리 매김이 없었다.

사양의 부족국가에서는 기하학적, 장식적, 속선, 이중나선 등을 선호하고 이중, 삼중, 사중원등으로 구성하는 형태를 가졌다.

또, 여성 한 열, 남성 한 열 등의 분명한 성구별을 통한 형태를 사용함으로 여성중심의 무용이 선명하지 않은 가운데 무척 과학적인 형태와, 이성적인 움직임을 도출하였다는 것을 알 수 있다. 나아가 후기 부족국가에서는 농노문화, 영주 문화로 분류되면서 성적인 것을 강조하게 되는데, 이때부터 한국의 집단적 여흥의 춤과 같은 남녀가 뒤엉킨 모습의 춤들이 나오게 된다. 이는 마치 한국의 음주가무의 형태와 비슷함을 알 수 있다.

한국이 삼국시대로 접어들면서 귀족중심과 왕권중심의 문화가 발달되는데, 여성들이 승려로 직분을 바꾸면서, 종교적 측면의 춤을 추고 기교 중심의 여성 무용수가 등장한다. 또 일본의 귀족자제들에게 불교 포교를 목적으로 하는 아름다운 천녀들의 춤이 등장하고 궁정 내의 내교방에서의 여성 춤들이 허용된다. 고구려, 백제시대를 거쳐, 신라로 오면서 왕권의 전제화가 깨어지면서 여왕계승이 이루어지고, 이에 따라 신라에는 유독 화랑제도를 중심으로 남성 중심의 춤이 대다수 형성되는 것이 특징이다.

한편 예술적 무용으로서의 여성무용은 침체된 듯하나 생활무용이라고 볼 수 있는 여성집단 무인 회소곡이 등장하고, 신라 2대 남해왕 3년에 여동생 사로가 직접 제사를 지내며 춤을 추었을 것으로 여성중심의 춤은 신분귀천에 관계없이 추었던 것을 알 수 있다.

서양의 문명 문화가 정확히 이루어지기 전, 현재 미개민족이라고 보는 아프리카(오스트레일리아, 중앙아프리카의 피그미족 등) 주변국가에서는 어머니가 아이들에게 직접 춤을 가르치고 종족의 생명과 재산을 보호하기 위한 춤을 소홀히 할 수 없다는 이유로 때로는 틀리거나 못하는 사람을 화살로 쏘아 죽이는 경우도 있었다는 것이다.

춤이 단지 행위가 아닌 삶의 핵심이었을 것을 나타내는 사회적 현상인 것이다. 또 처녀들을 신전에 바치거나 사제의 소유물로 봉헌하는 등 종교적, 의식적으로 심화된 직업여성 종교무용가를 구분하는 제도가 있었던 것도 시대적 특징이 아닐 수 없다.

이렇게 춤에 대한 비중이 삶 속에서 여성 및 남녀 공히 의식적, 종교적, 주술적으로 집단의식을 갖고 행하여 오던 것이 한국에서는 고려, 이조시대로 접어들면서 오락화가 되어가고, 이에 따라 여성중심의 춤들이 사치와 향락의 전유물이 되었다. 또한 예능인이 천민이 되어가도, 일정한 무류의 즐거움의 수단이 되어버린 것이다. 특히 토속 신에게 비는 굿이 성행하여서 워낙 다신적 배경에 있었던 한국이 굿을 통한 춤과 여성중심의 춤이 생성되었던 것을 알 수 있다. 오히려 이조에는 유교적 극단적인 정책으로 인해 여성의 활동을 억제 시켰으나 이조 말의 여성 근대화운동 및 천주교의 신앙적 교리 전파 등으로 궁궐 내에서는 귀족중심의 전유물로서의 무용과 여성무용이 활발히 전개, 정립되었다.

이조 시대의 세종, 세조에 이어 성종, 영조로 또 순조에 이르기까지 궁중무용에 대한 정리는 그 어느 시대보다도 잘 되었으며, 서서히 일반인들에게는 생명력 있는 개인적 예술로의 욕구가 일어나기 시작하는 현상을 낳았다.

이러한 현상이 서양에서는 이집트 문명을 통하여 일어난다. 남녀를 구별하여 춤을 추면서 즐거움을 나타내는 춤으로 그 기능을 변화시켜 나간다.

서양의 무용에 있어서는 중요한 변화의 기점이라고 보여진다.

나체나, 치마의 앞부분을 트여서 귀신을 놀라게 하는 등, 관객과 무대를 분리시키며, 진정한 즐거움을 추구하는 현상의 춤들이 구성되었는데, 종교 의식을 위한 춤까지도 진정한 즐거움을 위해 외국에서 무용가를 초청하기까지도 하였다.

또 그리스의 아테네, 스파르타의 공통점 중 전쟁무용의 강화로 인해 여성무용은 특권집단의 향락을 위한 무용으로 서서히 바뀐 것을 알 수 있다.

즉, 여성무용은 서서히 춤의 본질을 떠나 여성 특유의 매력적인 무용으로 흐르는가 하면, 종교적, 의식적인 무용에서조차 젊은 여성의 깨끗한 아름다움이 신앙적 효험이 있다 하여 집단적 무용으로서 사용하였던 것들이다.

로마시대와 중세를 거치면서 대체적으로 여성무용의 암흑시대로 볼 수 있다. 동·서양의 이상하리 만큼의 공통적인 특징은 주로 무용을 남자들이 궁정 내에서 행하였다는 것이다. 서양은 여성의 역할까지도 남성이 하였고 우리 나라는 춤의 대부분을 무동들이 하였다는 것이다. 이러한 상황 속에서 서양의 로마 중세시대에 여성무용은 그 가치 및 기능이 하락하였던 것이다. 향유 물로 전락하면서 여성들의 춤은 특권자들의 소유물로 여성특유의 춤으로만 추게 된다.

특히, 중세기에는 카톨릭 교리와 신앙적인 분위기로 종교적 무용은 있었으나 무용자체를 금기시 할 수 밖에 없는 사회성을 낳게 된 것이다.

결국 한국보다는 뒤쳐진 상태이지만 르네상스 시대를 맞이하여 왕권과 귀족들에 의해서 서민들에게 있었던 무용이 궁정 내로 들어와서 사교무용 및 오늘날의 발레의 기초를 닦기 시작하였고, 무용 의상의 혁신이 이루어지면서 여성들이 발레에 참여하게 되었는데, 의상의 변화에 따른 스텝의 기교 빛 토슈즈의 착용에 의해서 여성무용이 대두되었다는 것은 일반적으로 동양이 더욱 보수적인 듯하나 서양 무용의 발달 상황을 보면 더욱 보수적인 듯한 사실을 부인 할 수가 없다. 이렇게 늦게 발달한 발레는 놀라운 만큼, 사회적 장려가 크게 대두되어 음악가, 연출가, 무용가, 그리고 후원자들을 프랑스, 이태리, 러시아, 미국 등을 거쳐서 속출시켰다. 나아가 기교면에서도 뛰어나 재량을 육성하였는데, 탈리오니의 무용정신에서 알 수 있듯이 역시 여성 무용의 한계점을 느낄 정도로 여성 외모와 신체의 미학적 요소가 무용의 본질을 고수하기가 힘든 부분이라는 것을 공감할 정도로 발레에서도 큰 고민과 부담을 안게 되었다. 이러한 점에서 한국의 정재 보존을 일반화하거나 특정한 무용가를 개발하는 것이 부족하고, 기획, 연출 등 예술적 성향도 약하였으나, 조선조에 이르기까지 궁(宮)내에서는 잘 전수되어져 왔다고 볼 수 있다.

근대에 들어선 우리 나라 정재는 환란을 면할 길이 없었는데 일제 탄압으로 인하여 궁정내의 여성 무용가들의 기능 및 위치가 불안정한 상태로 일반 사회로 침류 확산되면서 서양의 여성 무용과 큰 대조를 이루게 되는 역사적 현상을 보인다.

나아가 한국은 6.25 전쟁을 거치면서 전반적으로 무용전반에 침체기를 가져오는데 1930년 경부터 서서히 무용이 빛을 발하면서 여성 무용가들이 출현하는데 이때 신 무용이 등장하면서 최승희를 비롯 특유의 한국무용이 전개되어 간 것이다.

서양은 전혀 여성무용에 대한 여건이 형성되지 않다가 Ballet의 개발을 기점으로 현대무용에 이르기까지 다방면으로 발달을 하면서 여성무용의 기능 및 위치가 견고히 서 있는 것을 직시할 수 있다.

이상의 역사적 대전환을 통하여 한국에서는 한국무용계열로서 최승희, 배구자, 김백봉, 한영숙, 강선영 등이, 외국무용계열로서는 박외선, 홍정희, 진수방, 주리 등이 신무용을 기점으로 활발히 여성무용의 불을 붙였다. Ballet에서는 기록상의 첫 여성 무용가 라옹떼느와 사례, 카마르고, 탈리오니, 엘슬러, 체리토, 오거스타메니우드, 안드레야 노바, 아미나 보쉐, 안나 파브로바를 비롯 현대무용가 로이플러, 이사도라 던컨, 루스 세인트 데니스, 마리 뷔그만, 마사 그라함, 도리스 험프리 등이 오늘의 서양의 무용을 성립되기까지 불을 붙여온 것이다.

이들 동·서양의 여성무용가들이 긴 역사를 통해 공통적으로 안고 온 여성 특유의 매력, 예술적으로 용해되지 않는 여성의 미학성의 해결점을 가져오면서, 무용 예술의 개척자로서 자리 매김을 하여 왔다. 이에 역사적으로 해결되어야 할 무용의 종교성, 의식성, 집단성, 적극성 등에 대한 과제를 공유하고 있음을 알 수 있다.

4. 사회적 변화에 따른 여성무용가 출현의 특징 및 영향

동·서양의 무용사 흐름을 통한 여성무용가의 특징을 규정한다면 다음과
같다.

1. 출산, 다산, 가문 보존의 기능으로의 춤이다.
2. 성 무용 및 즐거움의 기능으로의 춤이다.
3. 외향성보다 내향성의 기능으로의 춤이다.
4. 자발적이기보다 소극적인 기능으로의 춤이다.
5. 특권층의 전유물 및 향유물의 기능으로의 춤이다.
6. 춤의 시작은 유사하나 여성 무용가가 출현하면서 공히 유사한 문제를
   갖고 갈등한 역사를 갖고 있는데 여성 특유의 실체적, 내면적, 미학성
   이 사회성과 건강한 관계를 유지하기 어렵다는 특징을 갖고 있다.
7. 여성 무용가의 지도자적인 기능과 지위가 주어졌는데 한국은 무격으
   로서, 서양은 종교와 교육으로서 기능과 위치를 갖고 있었던 것이 상
   이한 특징이다.
8. 근대에 이르도록 남성중심의 무용이었던 것이 여성중심의 무용으로
   근대이후에서야 정립할 수 있었다는 것이 공통적 특징이다.
9. 여성 무용가 출현 이후 대체적으로 여성은 무용수로서의 기능 및 위
   치를 확립하게 되었으며, 대부분의 스탭진들은 남성이었으며, 왕과 귀
   족의 후원이 적극적이었다는 것이 공통적 특징이다.
10. 여성 무용가는 지도자로서의 자격보다도, 시대적 현상에 따라 그 기
    능과 위치가 유동적이었다는 것이 동·서양의 공통적 특징이다.

이상의 여성무용가의 특징을 통해서 알 수 있는 것은 여성무용은 사회적으
로 뿌리를 내리고 건전하게 무용의 기능 및 그 위치를 확고히 세워나가기에
는 용이한 여건이 아니라는 것과, 여성 무용가의 건강한 사회성을 제도적, 정
책적으로 교육, 발전시키지 않으면 안 된다는 상대성과 절대성을 함께 공유하
는 사회적 현상을 동·서양이 같이 하고 있었다는 것을 알 수 있다.

Ⅲ. 결 론 및 제 언

동·서양 무용사의 흐름에 따라 여성무용가는 어떻게 출현되었으며, 그 출현의 사회적 배경은 무엇이었는지 여성 무용가를 대상으로 선사시대부터 근대에 이르기까지 살펴 본 결과 다음과 같은 결론을 맺는다.

1. 여성무용가는 선사시대 및 고대에 특정한 대우나 사회적 여건이 없었음에도 정상적이고 인간적인 환경 속에서 출현되었음을 알 수 있다. 이는 남녀노소 신분의 귀천이 없이 동등한 입장에서의 사회적 현상이 바람직한 여성무용가를 기대할 수 있다는 결론에 도달하게 된다.

2. 농경시대 이후 고대, 중세, 근대에 이르면서 여성무용가는 생활적, 주술적, 의식적, 종교적, 오락적, 예술적, 때로는 미약하나마 교육적으로도 사용이 되었다.

   궁극적으로는 여성이라는 특수한 性 형상과 여성 특유의 미학성으로 인하여, 건강하고 일목요연한 사회적 출현에 어려움을 겪었으며, 다양한 여성 무용가의 위상이 동·서양에 공히 존재하고 있었다는 것으로 보아 여성무용가에 대한 사회적 인지가 동·서양이 동일하였다는 결론을 내릴 수 있다.

3. 사회 및 국가의 왕성한 발전 및 중앙 집권과 왕권제도, 나아가 정복자의 전쟁등이 여성무용 및 무용가들을 많이 발전, 양성시켰지만 적극적인 모습이 아닌, 수직적 관계나 소극적인 모습의 출현이 그 주류를 이루었으므로 여성무용가의 진정한 인격과 생명성 등에 대한 처우가 고려되지 않은 기능에 불과하였다는 사실이 신과 권력의 발현예술이었음이, 동·서양이 같았다는 결론을 내릴 수가 있다.

4. 서양은 근래에 들어와서 세계적 여성 무용가를 배출할 수 있는 문화 정책 및 스텝과 후원자들이 형성되어 가고 있지만 한국은 스텝과 후원자 및 문화 정책적 환경이 미흡하여 예술성의 사회적 측면에서 영세성을 면치 못하고 있음을 볼 때, 한국무용의 과제임을 알 수 있다.

이상의 결론을 통하여 다음의 내용을 제시한다.

1. 현재의 여성무용가는 역사 속에서의 여성 무용가의 기능과 위치를 고려한 세계적, 이상적 위상을 정립, 토착화해야 한다.

2. 국내의 많은 대학무용과의 전공자 및 무용인구는 대부분 여성이 지배적이다. 이러한 사회적 호조건을 통하여 역사 속에서 겪었던 여성 무용가의 처지를 극복하고 정체성과 합목적성이 있는 여성무용 양성의 특별한 교육철학을 반영시켜나가야 한다.

3. 고도의 문명의 발달과 더불어 예술 또한 발달하고 있다. 이에 순수예술로 성장해 가는 여성무용이 외관 또는 미학적 아름다움, 성적인 면에 있어 감각성을 극복하고 인간의 생명과 영혼, 삶을 견인하고 리드하는 형상학적인 여성예술로 성장 발전시켜야 할 것이다.

이상의 결론 및 제언을 통하여 볼 때 여성 특유의 미학적, 신체적, 정서적, 사회적 특성을 삶 속에서 건전하게 접목시키는 가운데 미래지향적인 무용의 역사를 이루어야 함을 강조하면서 본 연구를 마치고자 한다.

참고 문헌

김매자, 『세계무용사』, 풀빛, 1993

김매자, 『한국의 춤』, 대원사, 1990

김현숙, 『불교영향을 받은 한국 무용의 흐름』, 삼신각, 1991

김옥규·김말복, 『현대무용 입문』, 청하 1983

남정호, 『현대무용 감상법』, 대원사, 1995

심정민, 『서양무용 비평의 역사』, 삼신각, 2001

송수남, 『한국 무용사』, 금광, 1980

서차영, 『발레 감상법』, 대원사, 1997

이순희, 『모니카 벡크만의 재즈체조』, 금광 1987

오화선, 『볼쇼이 발레』, 원인출판사, 1988

육완순, 『마타스라함』, 금광, 1984

양선희 옮김 (제드멘드 프뤼드모 작), 『무용의 역사』, 삼신각, 1990

혀영일, 『포스트모던 댄스의 미학』, 정문사, 1971

장정윤·이진수 공역, 『발레와 현대무용(안무가와 그 작품)』, 교학연구사,
        1986

학술논문집, 한국무용협회 학술부, 1996

한국무용예술학회, 『무용예술학 연구』 4집, 1999

대한무용학회, 『대한무용학회』12집, 1990

서울시립무용단, 『한국명무전』 I , 1982

서울시립무용단, 『한국명무전』 II ,1983

한 처음에

CHAPTER 11

무용사적 고찰을 통한 기독여성 무용가에 대한 제언

한국무용사와 외국무용사를 강의해 오면서 알게 된 중요한 사실을 함께 나누고자 한다. 한국무용사와 외국무용사의 무용의 발생배경 및 무용을 하게 된 목적, 무용의 구성인원 무용수의 사회적 입장의 변화, 무용의 종류 및 내용, 무용이 사회에 끼친 영향, 무용과 관객과의 관계 등 마치 약속이나 한 듯, 유사한 경향으로 발전되어 왔다.

선사시대를 통하여 역사가 기록되기 시작한 양 무용사의 고대시대에는 하늘을 경회하며 의식적인 종교적인 무용으로써 범국민적인 현상의 춤 문화를 형성한다. 또한 생활의 필수적인 형태로써 우리나라는 제천의식의 무용으로 남녀노소 신분의 귀천 없이 집단적이며 단합적인 모습을 취하였다. 고구려의 동맹 부여의 영고 예의 무천 등이 그 대표적인 모습이다.

파종기 추수기를 통하여 곡식이 잘 번성 수확되도록 기원하는 마음과 한데 어울려 한 마음으로 음주가무 하였던 그 모습에는 하늘을 향해 인간의 의지를 뒤로하고 기원하는 마음이 우리에게 있었던 것이다. 단순하고 반복적인 원무나 탁무로써 누구에게나 보이기 위함이 아닌 모두가 잘되기를 바라며 사회적 공동체의 원형이라고 볼 수 있는 건전함의 무용문화였다. 서양도 고대 이집트의 문명을 기점으로 영혼과 내세를 믿으며 의식적이며 종교적인 무용문화를 생활의 필수적 요소로 여겼던 것을 알 수 있다. 이렇게 시작된 무용문화의 서민적 성격들이 점차 왕권 중심의 중앙집권체제와 농경사회로 접어들면서 사회현상은 변화를 일으키는데 무용 역시 이러한 사회적 환경에 따라서 고대의 공동체적 의식적 종교적인 면을 점차 벗어난 오락적 연희적 감상적인 무용으로 공연자와 관객이 분리되는 현상을 낳는다.

또한 왕권과 중앙집권 체제로 인한 지배자 피지배자의 양분화, 귀족과 천민의 양분화, 정복자와 식민지의 양분화 등 영토확장을 통한 국력신장과 왕권확장으로 무용역시 누구나 공유하고 즐기는 것이 아닌 지배자 귀족 정복자들을 위한 오락적, 연희적, 감상적, 전유물로 전락한다. 다시 말해서 인간이 인간을 노예화하며 종속화 시켜서 특정대상의 만족을 위한 소품과 같이 무용문화가 형성된 것이다. 이러한 현상은 우리나라와 서양이 동일함을 알 수 있다. 우리나라는 중국이나 서역 계통에서 들어온 가무로 왕권 및 집권 세력을 위한 정재(궁중무용)를 형성하고 이를 위하여 교육기관으르 설치 양성하여 나갔으며 서민들에게는 민속적 의미의 춤이나 놀이가 형성된다.(탈춤 등 각 지방의 민속놀이)

서양은 정복 국가들의 무용문화를 특정 노예들을 통하여 수입하여 연희 하였으며 특정교육기관을 통하여 교육, 연희 되었음을 알 수 있다.

중요한 것은 권력자들을 통하여 무용이 별도로 교육 신장 되었다는 것이며 특정 대상만을 위한 특수한 문화로 변화한 것이다. 삼국시대 고려조에 이르도록 불교적 문화와 더불어 유사한 무용문화가 유지되다가 이조에 들어서서 굿 문화를 낳게 된 것이다. 오늘날 우리나라 무용의 근원이 무속무용문화에 있다고 보는 것은 참으로 기독교적인 입장과 하나님을 믿는 믿음에서 볼 때 안타까운 현실이다. 「만물의 영장이요, 생각하는 갈대라 하여서 모든 만물을 다스릴 수 있는 영성과 지혜와 지식을 갖춘 우리가 알 수 없는 미혹한 영과 죽어간 혼백 및 만물 가운데에 신이 있다 하여 온갖 잡신을 섬기는 무속문화를 섬기고 추종하는 하나님을 마땅히 경외해야 하는 백성으로써 금해야 할 사실이요 진리인 것이다.」 이러한 상황에서 우리 나라는 일제 식민지화로 인하여 우리의 문화를 거의 잃어버리게 된다. 마치 서양의 중세 무용사를 무용의 암흑기라고 보았던 사태와 동일하다고 볼 수 있다.

서양의 중세는 카톨릭 문화시대 였다. 교회의 예배무용 및, 성가대원의 무용, 직분 자들의 무용도 성행하였으며 궁정무용이나 사교무용 등이 형성되고 일반인들을 위한 Folk Dance와 국가별 Character Dance도 형성되어 나가던 시대이다. 그러나 세속적으로 교회내의 무용이 형성되자 성직자 및 회의를 통하여 교회 내 무용이 폐기됨에 이르나 대중 안에서의 종교무용은 완전히 금하지 못하였다. 현재 기독인들의 무용은 서양의 중세사에 거울에 자신을 비추어 보아야 하는 사명적 가르침을 주고 있음을 알아야 하며 세속적인 면을 금하고 거룩함에 이르는 훈련을 영·육간에 지속해야 함을 알 수 있다.

한편 중세 말기 즈음에 이르러 전 유럽을 걸쳐 죽음의 춤, 무도병, 무도과, 타란텔라 등의 무용이 성행하면서 서민들의 목숨을 앗아가는 암울한 무용이 전개되었다.

전쟁과 스트레스 죽음과 병에 대한 두려움, 인간의 자유를 시사하는 등의 고통과 힘겨움의 불안정한 사회성에 반발하는 대중들의 외침이 결국 중세무용의 암흑기를 초래하게 된다.

우리나라는 일제식민지 시대를 벗어나 일본의 탄압으로 인해 서민들에게 흩어져 나간 정재가 민속무용, 예술무용으로써 자리를 잡기 시작하는 현상을 낳았으며 서양에서는 중세의 암흑기를 거쳐 Ballet를 낳고 Ballet의 정형화 작업 또한 르네상스 시대를 거치면서 오늘과 같이 확고한 무용예술의 상징물로 자리하게 된 것이다. Ballet의 지나친 형식미, 인위성에 대한 반발로 서양에서는 미국을 기점으로 현대무용이 시작되었다. 좀더 자유를 구현하고

"자연으로 돌아가라"는 이사도라 던컨의 무용적인 정신이 좀더 인간적이며 표현적인 창조적인 무용문화를 형성하기에 이르는 것이다.

하나님께서 외관을 보시지 않고 그 중심을 보시고 다윗을 왕으로 선택하신 것처럼, 이 시대의 왕과 같은 하나님의 중심에 합한 무용인들이 많이 배출되어서 사람을 살리고 선한 문화를 구축하며 아름다운 사회와 삶을 이루는데 마땅히 기여해야 할 것이다.

우리나라도 각 무용협회 등 무용단체, 연구소 등 해외 유학 및 공연 등을 통하여 근대의 무용을 정립하기에 이르렀으며, 오늘날 대학교육등 무용단의 활성화, 전통문화 보존의 취지에 입각한 전통무용 보존 및 전수 등 극장예술무용, 공연예술무용의 활성이 절정에 이르렀다고 보아도 과언이 아닐 것이다.

이러한 무용의 역사를 통하여 무용은 과연 왜 존재하여 왔으며, 오늘날 그

존재의 가치와 목적은 무엇인지를 하나님의 뜻 안에서 찾아야 한다고 본다.

결국, 인간은 하나님 안에서 동등하며 하나님의 자녀로서 아름다운 영혼을 그리고 아름다운 육체와 감성·지성·이성을 지닌 인격체이다.

인간의 존재 당시의 그 처음 마음을 잃어버리고 우리는 그저 시대에 이끌리어서 사회적 변화현상에 따라서 삶의 구심점과 행위의 구심점을 잃고 있는 것은 아닌지 깊이 있게 생각해야 한다고 본다.

무엇 때문에, 누구를 위해서 무용은 존재하는가?

구약성서 사사기 21장 25절에는 "그 때에 이스라엘에 왕이 없으므로 사람이 각각 그 소견에 옳은 대로 행하였더라"고 하였다.

일정한 대상이나 자신의 세상적 목적을 위한 것, 아니면 무의식적 행위, 행위를 위한 행위가 아닌 그 "무엇", 인간이 삶 가운데서 추구하는 그 중요한 것을 우리는 무용문화를 통하여 성찰하고 규명하여 올바른 정립과 실현이 있어야 한다고 본다.

우리나라의 왕권 중심의 예속적 무용문화, 이조시대의 굿 문화로서의 우상 숭배의 무용, 근대이후의 예술을 위한 행위적 무용문화로 부터 고대 제천의식의 순전한 모습을, 형상을 회복하며 서양의 왕권 중심의 예속적 무용문화, 중세사회의 암울한 치명적 기독교 무용문화, Ballet와 같이 지나친 인간중심의 우상적, 인위적 무용문화를 떠나서 하나님이 지어주신 그 모습, 그 형상, 그 뜻을 기릴 수 있는 아름다운 무용문화를 정립하여야 할 것이다.

목초에서 열매가 맺고, 깨끗한 물에서 나무가 자라며, 시원한 공기가 우리를 숨쉬게 하며 푸르른 하늘이 우리의 마음을 활짝 펴고 자유케 하듯 생명력 있는 하나님께로부터 받은 것을 심어야 할 것이다.

너희가 하나님의 성전인 것과
하나님의 성령이 너희 안에
거하시는 것을 알지 못하느뇨.(고전 3:16)
나는 여호와요. 모든 육체의 하나님이라
내게 능치 못한 일이 있겠느냐.(렘 32:27)
근원이 네게 있다 하리로다.(시 87: 7)

할렐루야 그 성소에서 하나님을 찬양하며
그 권능의 궁창에서 그를 찬양할찌어다.
그의 능하신 행동을 인하여 찬양하며
그의 지극히 광대하심을 좇아 찬양할찌어다.
나팔소리로 찬양하며 비파와 수금으로 찬양할찌어다.
소고 치며 춤추어 찬양하며 현악과 퉁소로
찬양할지어다. 큰소리 나는 제금으로 찬양하며
높은 소리 나는 제금으로 찬양할찌어다. 호흡이
있는 자마다 여호와를 찬양할찌어다. 할렐루야 (시 150:1 - 6)

이상의 말씀을 바탕으로 하여 무용사에 나타난 무용의 형상에 대하여 재고
하여야 하는 것이 기독교적 측면의 과제임을 제시한다.

CHAPTER 12

오늘날 예술무용의
기독교적 분석

러시아의 문호 톨스토이는 "예술이란 무엇인가"(범우사.1998)에서 제정시대의 러시아가 예술 및 예술가들을 향해 비인간적이며, 사랑이 없음을 지적하였다.

왜 한편의 작품과 한 예술가를 위해서 많은 사람들이(스탭진) 노동을 해야 하며, 왜 예술가들은 고임금을 받고, 노동한 사람들은 저임금을 받으며 특정한 부류만 부와 권위를 누려야 하는지에 대하여 질문하면서, 그러한 행위를 통하여서 표현된 무대에 올려진 예술작품은 일정한 특권계층만을 위하여 관람되어지고 있으며, 그들은 그것을 통하여 삶의 만족을 느끼는 등 이해되지 않는 비정상적 현상들이 예술계에서 이루어지고 있다고 하였다.

또한, 진 에드워드 비이스는 그리스도인에게 "예술의 역할은 무엇인가?"(나침반.1994)에서 성경은 예술을 승인하고 있는 한편, 원시 자연 종교 속에 있는 것은 무엇이든 모든 우상 숭배를 배격하고 예술을 숭배하는 것을 경계한다고 하였다.

또한, 모든 예술 작품은 하나님을 영화롭게 하고 아름다움을 나타내야 하는 것이라고 하였으며, 이런 목적을 이루지 못하면 나쁜 예술이고, 이러한 나쁜 예술은 하나님을 영화롭게 하지 않는 영적으로 나쁜 것이요, 심미적으로 나쁜 것 이라고 규정하고 있다.

우리가 먹는 것에 해로운 것이 있다면 먹을 수 있는가?

내가 사랑하는 자녀에게 나쁜 것을 먹일 수 있겠는가?

내가 아끼는 애완견에게 해로운 것을 먹일 수 있겠는가?

답은 분명하다. 그럼에도 불구하고 우리는 정신적으로, 영적으로 먹는 예술품에서 좋고 나쁨의 분별이 약하다는 것은 예술가나 관객을 통하여 알 수 있다.

대체적으로 감정과 개인적 취향에 따라서 수용되는 것이 최근의 예술 문화라고 볼 수 있다.

진 에드워드 비이스는 미술 분야에 대하여 논하면서 인간다움을 거부하며 미술가를 숭배하고 엘리트주의식 미술세계가 대중화 시킬 수 없는 병폐인 것으로 보고 있다.

통상 무용하는 사람은 아름답고 예뻐야 한다고 한다.

또한, 무용하는 사람은 돈이 없어야 하며, 최근에는 무용하는 사람들을 위한 전문학교를 설립하여 무용 전공자들이 높은 경쟁률을 뚫고 들어가야 성공

군내나는 피자 쉰내나는 쿠키

했다고 한다.

무용하는 사람은 아름다운 모습을 유지, 관리하기 위하여 신체적으로 과잉 신경을 써야 함으로 각종 미용수술도 감행하며 진실한 땀과 노력보다 외관적인 모습을 추구하기도 한다.

(때로는 효과적이고 긍정적인 면도 있지만) 부담스럽지만, 작품비, 의상비, 지도비 등으로 장기간에 거친 경제적 투자를 해야만 무용의 정상 수준에 오른다고들 한다.

그러한 목적을 위하여 우리는 불필요한 부분에 담대하게 용기가 생겨서 불의한 일들을 무의식적으로 행한다. 배우는 학생과 전문 무용수와 무용가가 구별되지 않을 정도로 우리의 눈높이, 마음높이는 대동소이하여지고 있다.

유명한 선생님을 찾아 줄을 잘서야 하며 그 무용을 연마하기 위하여 개인적인 어려움을 감수하며, 그 예술성을 터득해야 함으로 인간적 희생 및 각종 스트레스, 비인격적인 인과관계를 묵과 할 수밖에 없다.

그리고 무용인들은 무용가라는 명예의 예술성, 제자 및 문하생은 울타리에서 벗어나지 못하고 자체 내의 바벨탑을 쌓으며 작품성 및 예술성의 고지를 경고히 세워가고 있다.

무대에서의 공연하는 생활과 관객들에게 받는 찬사나 격려 등에 쉽게 적응이 되어서 마치 무대공연 자체가 우상이 되는 경우도 있다. 먼 길을 와서 제한된 시간동안 큰 기대로 관람하는 그 관객, 그 관객들의 영혼과 인격, 삶을 존중하고 배려하기보다 무용인 자신이나 무용인의 세계를 홍보하고, 행사자체의 완성도에 만족을 하는 등, 예술적 교만과 습관적 행위들이 그들 자체의 만족을 위한 행사로 끝나는 것은 아닌지 숙고해야 할 것이다.

많은 부분의 예술가들은 우상이 되어 있으며, 예술가는 또 예술가라는 명성과 품위를 지키기 위하여 스스로 우상화 되어 있지 않으면 안 되는 현실이 불가피하다.

작품과 예술가적 형상 및 세계하는 또 하나의 우상 속에서 자유하는 영혼과 아름다운 영혼들은 겉 포장지와 같은 현실에 쌓이고 눌려서 본디의 모습을 잃어버려가고 있다. 사회의 전반적인 양상이 불분명 하다고들 한다. 무용계도 그러한 현실을 부정할 수 없다.

영혼을 소유한 우리는 느끼고 살며, 표현하며 살고, 나누며 사랑하는 그 삶의 특권과 진리를 구현해야 함에도 불구하고 무용이라는 예술적 우상에 자기 자신도 잃고 인간 본연의 자세도 잃으며 썩어져 없어질 허망한 세계로 치닫고 있는지도 모른다.

내가 이르노니 너희는 성령을 좇아 행하라.

그리하면 육체의 욕심을 이루지 아니하리라.

육체의 소욕은 성령을 거스르고 성령의 소욕은 육체를 거스르나니 이들이 서로 대적함으로 너희의 원하는 것은 하지 못하게 하려 함이니라.(갈5:16 -17)

그러므로 내가 이것을 말하며 주 안에서 증거하노니 이제부터는 이방인이 그 마음의 허망한 것으로 행함같이 너희는 행하지 말라.

저희 총명이 어두워지고 저희 가운데 있는 무지함과 저희 마음이 굳어짐으로 말미암아 하나님의 생명에서 떠나있도다. (엡4:17 ·18)

너희는 유혹의 욕심을 따라 썩어져가는 구습을 좇는 옛사람을 벗어버리고 오직 심령으로 새롭게 되어 하나님을 따라 의와 진리의 거룩함으로 지으심을 받은 새 사람을 입으라(엡4:22 - 24)

그러므로 사랑을 입은 자녀같이 너희는 하나님을 본받는 자가 되고 그리스도께서 너희를 사랑하신것 같이 너희도 사랑가운데서 행하라.

그는 우리를 위하여 자신을 버리사 향기로운 제물과 생축으로 하나님께 드리셨느니라.(엡5:1 - 2)

너희가 전에는 어둠이더니 이제는 주안에서 빛이라 빛의 자녀들처럼 행하라.

빛의 열매는 모든 착함과 의로움과 진실함에 있느니라.

주께 기쁘시게 할 것이 무엇인가 시험하여보라.

너희는 열매 없는 어둠의 일에 참여하지 말고 도리어 책망하라.

(엡5:8 -11)

그러므로 땅에 있는 지체를 죽이라

곧 음란과 부정과 사욕(邪慾)과 악한 정욕과 탐심이니 탐심은 우상숭배
니라.(골3:5)

하나님께서 우리가 빛 가운데 거하길 원한다. 소경에게 길잡이가 있듯이 우
리 삶 가운데에는 보이지 않지만 진리로 우리 삶 가운데에 역사하시는 하나
님의 말씀이 있음을 알고 경청하며 살아야 한다.

부단히 사람 가운데서 형성된 겉사람(명예, 신분, 재물, 연륜 등)을 버리고
속사람으로 날로 새로워짐으로써 해야 될 것과 하지 말아야 할 것, 좋아하는
것과 좋아해야 되는 것, 나쁜 것과 좋은 것, 훌륭한 것과 훌륭치 못한 것 등
에 대한 냉정한 분별로 날로 무용인과 예술무용은 거듭나야 한다고 본다. 작
은 만남, 작은 행위를 소중히 여기며 작은 자의 삶을 눈여겨 바라 볼 수 있는
좀 더 인간적인 예술무용이 형성되어야 한다. 과거와 같이 눈에 현현히 들어
나는 계급의식은 없지만 예술가주의, 엘리트주의, 작품우상주의, 물질주의, 외
관주의 등이 심한 계급의식과 차별화 의식을 드러내고 있다. 자신과 자신 행
위에 대한 우상숭배적 습성을 버리고 하나님 안에 있는 자녀된 본연의 모습
을 회복하고 확신할 때 비로소 예술무용계는 진정한 21C를 선도하는 정신적
인 기수가 될 수 있다고 본다.

CHAPTER 13

무용속에 내재되어 있는 치료의 능력

　　최근 한국에서 무용과 관련된 학문 분야중 무용요법 또는 무용치료에 대한 관심과 필요성을 절실히 느끼며 많은 무용학도 및 관계자들이 연구에 임하며 배우고자 하는 의욕 속에 있다.

　　현대인의 삶 속에 다양한 질병의 발발로 음악치료·미술치료·운동치료·대화치료·꽃치료등의 문화적 치료와 더불어 의학적 치료와 함께 자매관계를 갖고 질병치유에 정성을 다하고 있다.

　　무용치료의 한 방향, 역시 독립적으로 크게 효과를 일으킬 수 있을 것이라는 기대와 역시 자매적 입장으로서도 치료의 효과를 올리는데 큰 기여를 할 수 있을 것이라는 믿음을 갖고 있다.

　　무용치료의 중심적이고 영향력 있는 배경은 하나님의 말씀과 능력, 성서에 나타난 치유적 역사등이 주를 이룰 것이며 나아가 하나님을 실제로 믿는 믿음안에서 추거나 감상한 무용이 주를 이루게 될 것이다.

　　과거 일반적인 무용을 하다가 예수님을 구주로 고백하고 영접한 30대 중반이후, 선교무용을 하게 되었는데, 어느 덧 15여년의 긴 시간이 흐른 지금 선교무용과 치료가 밀접한 관계를 갖고 있는 것을 깨닫게 되었다.

　　2002년, 안식년기간 동안에 무용치료를 하나님을 믿는 믿음의 춤인 선교무용을 통해서 해야 하겠다는 마음으로 성경 말씀을 검토한 결과,

1. 질병과 죄가 상관관계가 있으며
2. 하나님에게 순종하였을 때, 질병을 치유하셨다는 점,
3. 하나님안에서 성령충만 할 때, 기쁨이 넘칠 때, 춤을 추되 기쁨과 감사로 춤을 추었다는 점을 발견 하면서 춤은 근심, 염려 없는 건강한 마음과 몸의 소유자, 진리의 말씀을 거스르지 아니한 온유하고 겸손하며, 교만치 아니하고 사랑이 넘치는 자가 출 수 있는 유일한 완벽한 행위임을 깨닫게 되었다.

질병가운데에 있는 자는 몸의 움직임이 부자연스럽고, 힘이 없으며, 움직일 의욕조차도 상실하고 만다. 마치 건강한 아이들이 많이 분주하게 움직이듯, 병든 자에게 정상적인 움직임, 쾌활한 움직임이란 기대하기 어려운 것을 알 수 있다. 무용을 전공하는 사람들이 자주 사용하는 말 중에 "신명"이라는 말이 있다. 듣기만 하여도 신이 나는 말이다.

신이 나서 춤을 춘다는 말인 "신명"은 건강하고 걱정이 없으며, 거침이 없는 자신이 만만할 때, 표출될 수 있는 정서이다. 역설적으로 움직임을 되풀이하여 강건하고, 춤을 추면 기분이 좋아지는, 그래서 근심이 사라지고 모든 일에 의욕적이고 적극적으로 변한다는 측면으로 재고하여 볼 때, 춤과 질병, 죄는 서로 유기적 관계에 있음을 알 수 있다. 더불어 하나님을 믿기만 해도, 질병을 치료할 수 있는데, 하나님을 믿는 믿음과 그 믿음의 움직임인 선교적 무용을 통하여 많은 질병 가운데에 고통받는 영혼들에게 접근해 들어간다면 치료의 능력이 더욱 배가가 될 수 있을 것으로 본다.

좋은 일이 있을 때, 더덩실 춤을 추듯, 우리의 영혼과 정신이, 우리의 삶이 근심, 염려나 세상 죄악속에서 빠져 나올 수 있다면 우리는 춤을 추는 듯한 기쁘고 건강한 움직임과 성격, 그리고 인생을 누릴 수 있을 것이라고 확신하면서 무용치료의 높은 가능성을 기대하여 본다.

대체적으로 질병은 마음에서 부터 온다고 한다. 마음의 회복, 안정, 평안, 강건함등으로, 건강한 신체를 유지 관리하기 위해서는 어두운 세대를 거슬러 가는 진리를 좇는 인간의 강력한 의지가 있어야 한다고 본다. 바로 그것이 신앙이며, 그 신앙안에서 우리 자신들을 검토하며 죄와 질병과 싸워 이겨야 한

다. 모든 사람에게 이러한 믿음의 확신이 희망이 되고 큰 힘이 되었으면 한다. 살아계신 하나님께서 본 글의 처음과 끝을 주장하시며 우리 모두에게 넘치는 은혜, 기쁨을 주실 것을 믿는 믿음과 마음으로 21C의 한국에서의 무용 치료의 가능성의 일획을 긋고자 하며 다음의 두가지의 사례를 통하여 제시한다.

◆ 무용사에 나타난 무용 치료

1. 한국무용사에서의 사례

한국 무용사에서 분명하고 빈번하게 나타나는 춤의 유형가운데 무속무용이 있다. 원래 공동체적인 집단무용의 정신인 무가 주술적인 행위로 연계되어 오면서 무당 및 박수등의 행위로 자리매김을 하여 미신적인 요소가 강한 우리나라의 전통적인 춤의 뿌리라는 위치에까지 이르렀다.

대체로 우리나라는 경제가 신속하게 발달하고 정보화로 인한 다양화 시대 속에 살고 있지만 현재까지 이러한 무속무용이 문화의 큰자리에 왕성하게 자리하고 있으면서 병든 자를 치료하는 현상을 자아내고 있다. 보이지 않는 어떠한 신에 의하여 신들린 무당 및 박수가 춤을 추며 주술을 하면 병든 자안에 있는 병들게 한 원인이 되는 어떠한 영이 물러나서 치유함을 받게 된다는 것으로 믿고 있다.

병든 자가 직접 춤을 추는 것은 아니지만, 신들린 자의 춤과 주술로서 병든 자를 치료하는 의료적 무용이 있었음을 역사적 배경을 토대로 알 수 있다. 이렇게 미혹한 신, 알 수 없는 신에 의해서도 치료를 받는다는 것을 알 수 있는데 천지를 지으신 창조주 하나님, 그 외아들 독생자 예수 그리스도의 성령의 신으로 말미암아 춤을 춘다든지, 또는 예수님을 믿는 믿음을 갖고 영과 육의 질병을 치료하는 데에 움직임 즉 선교적 무용을 감상한다면 우리의 병든 마음과 육체가 치료를 받을 수 있는 가능성을 예측할 수 있는 것이다.

"내 이름을 경외하는 너희에게는 의로운 해가 떠올라서 치료하는 광선을 발하리니 네가 외양간에서 뛰어나온 송아지같이 뛰리라(말 4:2)" 하신 말씀처럼 전지 전능하신 여호와를 경외하는 믿음과 춤을 통하여 우리는 건강한 영·육의 신체를 유지·관리할 수 있을 것이다.

2. 외국 무용사에서의 사례

외국무용사에서는 원시시대에서 고대에 이르기까지 생활적·종교적 무용이 분명히 나타난다. 그 가운데서 의료무용, 치료무용, 기도무용등의 종류가 실생활에서 어느 정도의 큰 비중을 갖고 있었음을 발견한다. 아직도 아프리카 지역중 원주민들은 이와같은 무용을 행하고 있음을 또한 알 수 있다.

이렇듯, 생활과 모든 민중과 하나였던 무용들이 예술이라는 장르로서 그 면모를 갖추고 변화하면서 생활적, 종교적 무용으로의 기능이 약화되었음을 알 수 있다. 남에게 보이기 위한 무용으로, 예술가 스스로 만족과 기쁨을 느끼는 무용으로 변화하여서 특정한 대상의 연희물로 존재, 발전되어 온 것을 알 수 있다. 그러나 미국등 외국에서 무용치료 또는 무용요법으로서의 사회적 진출 및 적용은 어느 덧, 1세기를 넘나들고 있다.

독립적인 기능 및 역할을 감수하고 있지는 않지만 의학계, 종교계와 나란히 무용의 치료적 접근 및 가능성, 그에 따른 실현은 인류의 건강을 위해 지속적으로 적용, 시도되어 왔음을 알 수 있다.

현재, 국내에서도 무용치료학의 전문인 코스로 교육되어지고 있다. (서울여대, 세종대등) 그러나 대체적으로 심리적인 측면을 다루고 있으며 영적인 면의 접근이 약하므로 인간적인 측면에서의 노력만을 추구하므로 그 회복의 속도 및 강도가 다소 나약함을 알 수 있다.

사망의 권세에서 우리의 죄악을 사하여 주시고 새생명을 허락하신 능력의 하나님과 진리의 말씀, 능력의 말씀, 그리고 영혼을 귀하게 여기시는 그 사랑으로 더 유효한 무용적 치료를 이루어 낼 수 있다고 본다.

이상, 예술적 장르로 있는 무용을 삶과 밀착시켜 인류의 건강과 윤택하고 행복한 삶의 영위를 위하여 개념적인 접근을 하였다.

그러나 실제로 무용은 무용치료적인 능력을 일반적으로 가지고 있어서 춤을 추거나 보기만하여도 기분이 좋아지며, 스트레스를 풀고 자유함을 얻는 일상생활의 현상을 발견하게 된다.

정욕, 탐욕 등 자유 방임이나 타락적인 모습이 아니며 우상숭배적인 요인을 제어한 대부분의 무용적인 소재들이 모두 치료적인 가능성이 있음을 다시한 번 강조하고자 한다.

무용의 대중화, 생활화를 통하여 건전한 문화를 토착화하고 모든 이들이 행복한 생활과 건강한 육신을 유지 보존, 발달시키기 위한 촉진제, 매개체로서 잘 활용할 수 있도록 많은 무용인들이 올바른 역할을 감당한다면 무용의 치료적 능력을 온전히 발휘할 수 있을 것이라고 생각된다.

맺음말

본서를 작성하기 전의 마음과 원고 교정이 끝난 지금의 마음에는 큰 차이가 있음을 발견한다.

21C의 기독교적 무용의 접근이라는 제목으로 그에 합당한 내용의 글을 써야겠다는 기대에 찬 마음과 달리 지금은 약간의 아쉬움이 있다. 하나님께서는 내게 많은 것을 주시고 깨닫게 하셨는데 그 모든 것을 표현하지 못하는 나의 연약함과 능력부족이라는 것이 더욱 아쉬움을 주는지 모르겠다. 그러면서도 시작이 반이라는 속담이 주는 희망적인 힘과 처음은 미약하나 후에는 창대하리라 하신 약속의 말씀에 의지하여 감사함으로 본서를 맺음하게 되었다.

지속적으로 다듬어지고 풍성해질 기독무용에 대한 미래는 무척이나 밝을 것이라는 확신과 더불어 많은 믿음의 일꾼들이 이러한 일들에 대한 관심과 노력을 할 것에 대한 기대가 있다.

작게 출산된 본글이 부족하지만 여러분들에게 도움이 되었으면 좋겠다는 생각이 많이 든다. 긴 시간 이 부족한 자를 붙드시어 이 시간까지 인도하시고 사용하신 하나님께 다시 한번 감사드리며 모든 영광을 주님께 올려 드린다.

부 록

선교무용 작품 설명

본 선교무용 작품들은 1989년 하나님의 은혜로 선교무용을 하게 된 후에 만들어진 소품들이다. 원래 일반 예술 무용을 할 때, 중편 이상의 작품을 안무하였는데 성도들에게, 또는 믿지 않는 이들에게 쉽게 예수님을 전하기 위한 방법중 소품이 알맞을 것이라는 판단하에 안무의 성향을 바꾸어 왔으며 15년 간 선교시 사용하였던 무용임을 밝히고자 한다.

1. 예수님이 좋은걸

과거 우리나라의 궁중무용은 주로 왕과 귀족, 그리고 외국 사신들을 위한 연회용으로 만들어졌고 추어졌다.

점차 근래에 들어서면서 궁중에서 추어졌던 춤들이 민간인들에게 보급되면서 민속무용으로 변형, 창작되었는데 당시의 시대적 소리를, 민중의 마음을 표현하는 것으로 만들어진 것이다.

즉, 궁중무용에서의 엄숙한 장중미와 형식미를 자유롭고 편안한 감정표현 및 전달이라는 목적을 가지고 예술적 감각을 살려서 변화시킨 무용이다.

그 가운데 본 무용은 궁중무용의 복식, 음악, 형식, 동작들을 바탕으로 여성 무로서 대중들이 함께 호흡할 수 있는 가장 화사하고 우아한, 그러면서도 한국적인 장중미를 한 껏 들어낸 화관무를 바탕으로 하고 있다. 과거에는 왕이나 귀족들을 기쁘게 하기 위하여 추었으나 본 무용은 참으로 좋으신 하나님 앞에서 추는 것이다.

예수님으로 인해 구원을 얻은 성도들의 참 기쁨과 평안함, 감사함을 화관무의 특성에 재적용, 창작하여서 한국적인 멋과 예수님의 평안의 능력, 성도의 기쁨을 종합적으로 표현해 본 선교무용이다. 음악은 "예수님이 좋은걸 어떡합니까?"를 사용하였다.

2. 한 처음에

"태초에 하나님이 천지를 창조하시니라"(창세기 1:1)라는 말씀 그대로 하나님께서 그 이름의 영광을 위하여 허락하신 모든 우주 만물이 하나님께 속하여 있음을 나타낸 무용이다. 예수님께서 어린아이가 내게 오는 것을 금하지 말라고 하신 것을 통해서 알 수 있듯이 본 무용은 태초에 만물을 지으신 하나님의 세계를 어린 소년, 소녀들의 맑고 순전한 동심의 마음을 소유한 자들만이 볼 수 있고 찬양할 수 있다는 근거 아래 우리나라의 민속무용 중에 처녀총각을 주제로 선교무용화 한 작품이다.

민속무용중 빠른 템포의 경쾌하고 발랄한 분위기를 자아내는 순전한 모습의 동작으로 구성되어 있다. 도령복을 입은 소년과 색동저고리와 짧은 치마를 입은 소녀들이 하나님께서 지으신 자연만물 가운데에서 즐겁게 뛰어놀고 사랑을 나누는 모습을 통하여 진정한 행복을 느낄 수 있는 작품이다.

음악은 "한 처음에"라는 민속 창작곡을 사용하였다.

3. 시편 23편

"여호와는 나의 목자시니 내게 부족함이 없으리로다……"

모든 성도가 다윗처럼 평생 감사함으로 고백하는 아름다운 시이다. 특별히 본 무용은 추수감사절에 하나님께 드리기 위하여 만든 작품이다. 우리에게 일용할 양식을 영과 육으로, 또 예수님으로 채워 주시는 하나님께 짙어가는 가을날 풍성한 오곡백화를 아울러 허락하심에 감사하는 작품이다. 산조풍의 민속무용으로 창작하였으며 아리따운 처녀가 꽃과 과일, 곡물로 가득담긴 바구니를 들고 하나님의 영광을 찬양하고 기뻐하는 모습을 표현하였다.

음악은 한국민속곡으로 창작되어 있는 "시편23편"을 사용하였다.

4. 시편 150편 (소고춤)

"소고치며 춤 추어 찬양하며 현악과 퉁소로 찬양할 지어다."

(시편 150: 4)

우리나라의 민속무용중 농악은 대표적인 무용이다. 그 가운데에서 소고춤으로 선교무용화한 것이다. 성경에 나타나는 대부분의 춤은 주로 소고를 들고 추었던 것을 알 수 있다. 일례로 이스라엘 민족이 애굽으로부터 탈출하고 홍해를 건넜을때 모세의 누이 미리암이 소고를 들고 춤을 추었고 여인네들이 따라서 기뻐하며 추었던 것을 볼 때, 소고춤은 기쁨과 즐거움을 나타내는 적절한 춤이었던 것을 알 수 있다. 본 무용 역시 현실의 무거운 죄 짐에 매이지 아니하고 우리에게 구원을 허락하신 하나님으로 인하여 기뻐하고 즐거워하며 찬양하는 모습을 표현하였다.

전통적 소고춤을 바탕으로 재창작하였으며 음악은 한국민속창작곡인 시편 150편을 사용하였다.

5. 신명무

우리나라의 대표적 민속무용중에 살풀이가 있으며 기방에서 추어졌던 교방무도 있다. 이 춤들은 우리나라 민족의 삶속에 배어있는 한을 한국적 미로 승화시킨 고전태가 높은 대표적인 춤이다. 본디 남녀를 막론하고 수건을 들고 살풀이 춤을 추면 한과 슬픔이 많이 서려있음을 알 수 있는데 본 무용은 이러한 전통적 춤을 하나님의 성령을 받은 성도의 기쁨을 표현하는 춤으로 창작하였다.

수건을 들고 성령의 인도하심에 따라 즉흥적으로 추는 춤속에는 죄와 사망을 이기신 예수님으로 인해 하나님의 자녀가 된 기쁨과 성령의 기쁨이 어울려진 환희의 춤이기에 신명무라는 이름을 붙이게되었다. 전통적 살풀이 사위나 의상, 소품등을 그대로 사용하고 한국적 단아한 형상을 최대한 적용하되 슬픔과 어둠보다 기쁨과 밝음으로 형상화한 점이 본 무용의 특징이라고 볼 수 있다. 음악은 즉흥무의 음악을 사용하였다.

6. 경천무

우리나라의 고대의 제천의식은 오늘날 농악의 전신이라고 볼 수 있다. 고구
려의 동맹, 예의 무천, 부여의 영고등이 대표적 제천의식이다. 4월 파종기나
10월 추수기 때에 주로 행하여진 본 의식들은 농사가 잘되기 위해서, 또는 잘
되어진 농사에 감사하여서 드렸던 일종의 기원무이다. 그리하여 오늘날 농악
이라 불리워지는 민속무용을 성서적 의미를 강조하여 경천무라 하게 되었다.
즉, 하늘을 경외하는 춤이라는 뜻이다.

전통적 농악을 바탕으로 창작하였으나 하나님을 경외하고 감사하는 그리고
기뻐하는 모습을 강조하였으며 춤의 악기가 바뀌어 나가는 사이 사이에 할렐
루야 또는 아멘 등을 외침으로서 하나님을 인정하고 영적으로 어두움을 물리
쳐나가는 모습을 표현한 작품이다.

동작, 의상, 소품등은 그대로 사용하되 악기에 단장되어진 전통적 문양들은
제하였으며 음악은 한국민속창작곡인 "할렐루야"라는 음악을 사용하였다.

7. 405장

본 무용단은 연습시에 제일 먼저 405장 찬송에 맞추어서 춤을 추기 시작하
였다. 하나님 앞에 죄인임을 고백하며 겸손함으로 은혜의 춤을 추기 위해서이
다. "나 같은 죄인 살리신 주 은혜 놀라와, 잃었던 생명 찾았고 광명을 얻었
네" 한국민속무용 사위 중에 어렵지 않은 동작을 선정하여 반복되는 춤을
추지만 가사내용에 맞는 적절한 표현을 함으로써 우리를 구원하신 예수그리
스도의 은혜에 감사드리는 무용이다.

하나님께서 땅에서 매이면 하늘에서도 매이고 땅에서 풀면 하늘에서도 풀
릴 것이다라고 하신 것처럼 사역지에 나가서도 405장 찬송에 맞추어 선교의
첫 프로그램으로 하나님께 올려드리는 이유는 우리가 드리는 몸의 예배가 하
나님께서 하늘 문을 여시어서 하나님의 사랑하시는 백성이 더욱 은혜를 받게
하기 위함이다. 음악은 찬송가 405장을 사용하였다.

8. 찬양하라 내 영혼아

부흥회때나 집회때 주로 많이 부르는 복음성가를 선교무용화한 작품이다. 우리의 형편이나 환경, 신분, 남녀노소 할 것없이 모든 성도들이 찬양하고 기뻐하고 감사하는 마음을 표현한 것이다. 반복되는 음악과 가사로 단조로운 면은 있으나 반복함으로서 하나님의 은혜, 사랑이 강조됨으로서 춤추는 자나 감상하는 이가 하나가 되고 성령충만함으로 인도함을 받을 수 있는 강점이 있는 작품이다. 현재의 삶속에서 직분을 통해 인물설정을 하고 의상을 변화시켜 줌으로 메시지 전달이 빠르고 강하다는 특징이 있다.

많은 동작의 변화보다 공간구성의 변화를 자주 주었으며 한국민속무용 동작을 가급적 단순하게 사용하였다. 음악은 복음성가 "찬양하라 내영혼아"를 사용하였다.

9. 마리아의 통곡

미국 선교를 마치고 돌아오는 길에 성도로부터 음악을 선물을 받았다. 그 음악의 이름은 via dolo rosa이었다. 즉 고난의 길이라는 뜻이다. 영어로 불리어진 음악이라서 외국인들을 위한 선교로서는 가능하였지만 한국인들에게는 적합하지 아니하여 혹시 한국어로 번역된 음악이 있지 않을까 하여 수소문하여 찾은 결과, 여러 복음가수들로부터 불리워진 것을 알게되었다. 그 가운데 가수 인순이의 곡을 택하게 되었다. 약 4분 30초 가량의 음악이지만 매우 성령이 충만하고 극적인 요소가 강한 한국적, 현대적 동작을 적용한 컨템포러리적인 작품이다.

예수님이 십자가를 지시고 올라가신 골고다 언덕의 현장과 채찍질하며 온갖 우롱과 핍박을 하는 로마병정들의 모습, 통곡하는 마리아와 같은 여종들의 울부짖으며 애통해 하는 모습, 은혜를 저주로 바꾸어 예수님을 모멸하는 제사장 및 이스라엘 민족들의 모습들이 한데 어울려진 참람함이 표현된 작품이다.

특별히 그 가운데서도 큰 은혜를 받은 마리아의 애절한 모습과 온 인류의 죄값을 다 한몸에 지시고 십자가에 매달리신 예수님의 큰 사랑이 표현되어있는 작품이다.

10. 신자되기 원합니다

"오직 심령으로 새롭게 되어 하나님을 따라 의와 진리의 거룩함으로 지으심을 받은 새사람을 입으라.(에베소서 4:23-24)" 예수님을 구주로 고백하고 영접한 뒤에도 진정한 성도가 되기 위해서는 날마다, 순간 순간 마다 예수님을 향한 첫신앙과 첫사랑의 회복과 더불어 삶 속에 산제사를 드려야 한다는 신앙적 자세가 요구 된다.

"그러므로 형제들아 내가 하나님의 모든 자비하심으로 너희를 권하노니 너희 몸을 하나님이 기뻐하시는 거룩한 산 제사로 들이라 이는 너희의 드릴 영적 예배니라 너희는 이 세대를 본 받지 말고 오직 마음을 새롭게 하므로 변화를 받아 하나님의 선하시고 기뻐하시고 온전하신 뜻이 무엇인지 분별하도록 하라"(롬 12:1-2) 라는 말씀처럼 성도는 영적 분별력과 그에 따른 순종하는 삶으로 예수님께 가까이 해야한다는 믿음의 의지를 표현한 작품이다.

마치 향유옥합을 깨어 예수님께 온전히 드렸던 마리아처럼......주로 가야금으로 연주가 되어있어 온유한 여성 성도의 아름다운 모습을 표현하기에 적합하였으며 한국민속무용 동작으로 창작되었다. 음악은 국악창작성가곡인 "신자되기 원합니다"를 사용하였다.

11. 내 영혼이 은총입어

복음가수중 하나은 집사가 부른 "내 영혼이 은총입어"를 선교무용화 하였다. 대중가요풍의 복음성가곡으로는 창작을 하지 않았으나 본 곡은 회중들에게 다가가기에 편하고 성령충만한 요소가 강함으로 창작하게 되었다. 가사 내용에 따라서 큰 무리가 없이 안무가 되어서 춤추는 이나 감상하는 이가 쉽게 메시지를 받아들일 수 있으며 특별히 연세가 많으신 연령층이나 초신자들에게 선교하기에 적합한 작품이다.

한국민속무용 동작으로 창작이 되었으며, 하나님께 은혜받은 기쁨과 환희가 힘있고 경쾌한 곡조와 노래를 통하여 하늘의 천국잔치를 느낄 수 있는 밝은 작품이다.

12. 거룩한 성전

한국민속무용중 장고춤을 선교무용화한 작품이다. 예수전도단 10집중 첫째 마당에서의 거룩한 성전이라는 음악을 사용하여 창작하였다. 신명나는 장고춤의 특성과 성도가 하나님의 은혜 가운데 하나님 나라의 참기쁨을 누리는 절정의 경지를 조화시켜 본 작품이다.

작품의 앞부분은 맨손춤으로 성전에 들어가는 성도의 모습을 나타내었고 중반부에는 함께 모인 성도들의 즐거워하며 기쁨을 나누는 모습을 역시 맨손춤으로 표현했으며 중, 후반에서는 장고를 치면서 하나님께서 부어주시는 은혜를 누리는 성도들의 기쁨을 표현하였다.

본 음악이 끝난 뒤에는 설장고춤을 춤으로 장고춤의 경지와 하나님 나라의 기쁨을 결정적으로 조화시켜 보았다.

동작이나 의상 소품 등은 민속무용의 모습을 그대로 사용하였다.

13. 메마른 뼈에 생기를

에스겔 37장을 복음가수 송정미씨가 부른 것을 선교무용화 한 것이다. 에스겔이 하나님에게 이끌리어 가서 본 그 골짜기의 마른 뼈들에게 생기를 부어 넣어 주시기를 원하시는 하나님의 사랑과 에스겔의 간구함이 강조된 작품이다. 메시지가 분명하고 강한 곡이기에 이 시대에 마른뼈와 같은 예수님을 믿지 아니하는 불신자들과 믿으나 방황하는 영혼들을 회복시키기에 적합한 작품이다. 동작구성 및 의상, 공간구성에 이르기까지 한국창작무용적인 특성을 살린 작품이다.

14. 물이 바다 덮음같이

성령대부흥을 위해서 잘 알려진 복음성가이다. 예수님이 예루살렘에 입성하실때에 성도들이 종려나무를 흔들며 예수님의 입성을 환영하였던 그 모습을 연상하며 만든 작품이다. 이 세상은 항상 하나님의 그 임재하심이 한결같고 충만하기를 원하며 또한 예루살렘 입성시에 그 감격적인 모습이 성도들이 모이는 곳 마다 있어지기를 원하는 마음으로 표현한 작품이다. 성도가 가는 곳마다, 있는 곳마다 늘 성령의 대 역사가 일어나서 마치 바다에 물이 가득하여 차고 넘치는 듯한 세상을 바라는 믿음의 작품이다. 주로 청년들의 선교현 장에서 많이 불리어지고 워쉽댄스로 사용되는 작품을 무대화 하여서 물이 바다 덮음과 같은 대형적인 형상을 표현하고자 하였다. 현대화된 의상과 종려나무의 소품과 한국창작무용의 동작을 통하여서 창작하였다.

15. 할렐루야

소망교회의 중, 고등부 찬양집중 "할렐루야" 라는 곡을 선교무용화 한 작품이다. 음악의 전체적인 가사중 핵심은 할렐루야와 찬양이라는 두단어로 구성되어있다. 이 두단어는 죽음을 이기시고 부활하신 예수님의 최상의 모습을 대표한 핵심적 단어라고 생각이 된다. 역시 성도들도 이생의 삶이 고통스러울지라도 결국은 주님안에서 할렐루야와 찬양이라는 이 두단어를 통해 승리하게 되고 믿음의 큰 기쁨을 누릴 수 있다고 확신한다. 이러한 의미에서 본 작품은 부활하신 예수님과 부활의 능력으로 오늘날 성도에게 임재하시는 새생명의 주인임을 나타내는 능력의 춤이라고 볼 수 있다.

신명나는 한국적 가락과 악기 배열 그리고 예수님으로 인해 죄사함을 입은 거룩한 의의 옷을 입은 성도의 성결의 춤이 조화를 이루어 이 땅에서 누릴 수 있는 최고의 기쁨과 환희의 감정을 표출한 한국민속무용이며 부활절에 성도들이 기뻐하며 줄 수 있는 무용이다.

16. 주기도문

선교현장에서 대체적으로 예배의 뒷부분을 주기도문으로 드린다. 이러한 예배의 형태에 따라 주기도문송을 무용으로 표현한 작품이다. 특별히 본 작품은 독무나 군무로, 여러가수들의 노래 및 음악으로 안무하였다. 모든 선교무용의

예배요 기도이지만 특별히 본 작품은 무용이라기 보다 몸짓의 기도라고 할
수 있다. 한국민속무용적인 작품, 외국무용적인 작품등으로 다양하게 안무하
였었으며 대체적으로 동작은 단순하고 간결한 것으로 구성하였다.

17. 내 평생에 가는 길

　찬송가 470장을 박종호씨의 성가곡으로 창작한 작품이다. 본 작품은 성도
로서 겪는 아픔, 환란등 세대의 풍랑속에서도 예수님과 십자가를 바라봄으로
승리해야하며 승리한다는 굳은 결단이 들어있는 소망적 작품이다. 주로 선교
및 전도를 하는 사람들이 겪는 환란을 이겨내야한다는 것과 또 성도는 전도
를 반드시 해야 한다는 양면성을 나타내는 작품이기도 하다. 동작, 의상, 소
품등 한국적인 미를 그대로 유지한 한국창작무용이다.

18. 고난의 길

　본 작품은 미리암선교단(단장 최선자권사)에서 뮤지컬 "지금 우리는" 이
라는 작품을 안무하면서 은혜 받았던 부분을 선교무용화한 작품이다. 예수님
이 십자가를 지시고 골고다에 올라가시는 모습, 그를 따르는 제자와 마리아와
여종들, 그리고 십자가에 못박혀 돌아가신 죽음의 골짜기의 참람한 모습 그리
고 죽음을 이기시고 부활하신 예수님의 사랑에 대한 모습을 표현하였다. 뮤지
컬 "지금 우리는"의 음악을 그대로 사용하였기에 내용전달이 쉽고 큰 은혜
를 같이 받을 수 있는 성령충만한 작품이다. 한국민속무용 동작을 주로 사용
하였으며 이스라엘 민족의 의상과 한국적 의상의 멋을 혼합하여 구성하였다.
극적인 전개를 한 중편에 속하는 작품이다.

19. 존귀하신 주

　본 작품은 1989년 미국선교를 마치고 돌아온 음악을 하시는 집사님으로부
터 받은 미국 찬송가를 선교무용화 한 것이다. 특별히 인간적인 안무의 의지

와 관계없이 성령의 인도하심으로 춤을 만들었으며 현재까지 추어오고있는 대표적인 작품이다.

작품의 핵심은 좋으신 하나님, 살아계신 하나님께 감사하고 또 회개하며 주님만을 따라 끝까지 순종하겠다는 믿음의 고백이 담겨있다.

아버지 이 몸을 당신께 바치오니 좋으실 대로 하소서
저를 어떻게 하시던 감사드릴 뿐 전 무엇이나 준비되어 있고
무엇이나 받아들이겠습니다.
아버지의 뜻이 저와 피조물 위에 임한다면 이밖에는 아무것도 바라지
    않습니다.
제 영혼을 당신손에 드립니다.
제가 사랑을 하옵기에 제 마음을 다하여 제 영혼을 바치옵니다.
하나님은 제 아버지이시기에 끝없이 믿으며 남김없이 이 몸을 드리고
당신 손에 맡기는 것이 어쩔 수 없는 저의 사랑입니다.

(샤를르 드 푸코의 시)

시의 고백으로 시작되는 본 작품은 이 세상에서 지금 이 시공간에서 때로는 외롭게, 고독하게 홀로 계시고 성령의 탄식으로 우리를 위해 중보기도 하시며 여전히 사랑하시는 예수님임을 아는 성도의 감사와 감격을 표현한 작품이다 그래서 우리는 회개하고, 감사하며, 성령의 인도하심으로 영광을 주께 올리며 끝날까지 주님께 감사하며 전도하는 삶을 살아야 한다는 신앙고백이 담긴 작품이다. 한국민속무용의 동작으로 안무되었으며 하나님이 입혀주신 거룩한 성의를 입고 하늘나라에 소망을 둔 막달라 마리아의 눈물의 춤이라고도 볼 수 있다.

20. 에스더의 승전무

우리나라의 남북분단의 현실을 보면서 선교무용으로 복음통일을 기원하고 우리나라 민족의 미래의 밝은 한국을 꿈꾸며 오늘의 이 시대를 주님안에서 소명감 있는 삶을 살아야 한다는 의지로 창작화 한 것이다. 특별히 성경에 나

타나는 에스더 왕비의 구국정신과 믿음을 통하여 본 작품을 전개해 나아갔다. 작품 초반부는 남북의 현상을 표현하고 중반부에는 에스겔 37장 송정미씨의 "메마른 뼈에 생기를"이라는 곡으로 하나님께 남북의 통일을 위한 간구를 표현하였다. 후반부에는 하나님께서 이 민족을, 한반도를 긍휼이 여기시사 복음 통일을 이루실 것이라는 확신으로 북춤을 통하여 결단과 기쁨과 승리의 표현을 하였다. 동작의 구성 및 의상, 소품, 공간구성, 음악의 전개에 있어서도 전체적으로 극적인 전개 및 변화와 반전을 통하여 남북통일의 믿음의 의지를 표현하는데 강력한 안무법을 사용하였다.특별히 작품 후반부에 북춤의 반주 중 사물놀이의 협연은 작품의 핵심을 상승화 시키는데 크게 효과를 높였으며 전통적인 한국민속무용과 현대적 창작무용이 아름답게 조화를 이룬 대표적 선교무용이다.

21. 나의 노래

최일도 목사님의 형제를 위한 참사랑을 위한 기도문을 통하여 선교무용화 하게 되었다. 매일의 삶을 통하여 어느 순간 잃어 버린 성도의 진정한 사랑과 자아를 발견하고 회개하며 이웃에 대한 부족하였던 사랑을 세족식을 통하여 회복하는 것을 표현한 무용이다.

내가 나만 쳐다보다가내 수렁에 스스로 빠지지 않게 하소서

내 마음을 넓혀 주시고 내 뜻을 높게 해 주소서

나를 넘어선 따뜻한 시선으로 하나님 당신과 이웃을 보게 하시고

형제가 당하는 어려운 고비마다 함께 무릎으로 나아가도록 도와주소서

나에게 베풀진 형제의 사랑을 셈하지 않게 해주시고

내가 베푼 사랑을 과장하지 않도록내 마음을 지켜주소서

슬프고 괴롭고 섭섭한 순간들조차 내 사랑이 닿지 못한 높이와

내 사랑이 펴지 못한 넓이와 쓸쓸한 임을 깨닫게 하소서.

당신이 심어주신 척박한 밭에서 당신이 불러주신 공동체 안에서

당신이 원하시는 아름다운 빛깔로 형제의 참사랑을 꽃피우게 하소서.

오직 하나의 목숨 이승의 남은 햇살을 서로 사랑함으로 불태우게 하시고

화해와 일치의 도구로 쓰여지게 하소서.
주여, 오늘도 더욱 사랑하지 못한 아픔으로만 참회하는 영혼이게 하시고
흠뻑 젖는 가슴이게 하소서.
아아- 사랑 때문에만 오로지 사랑 때문에만 이 생명 타오르게 하소서
(최일도 목사님의 형제를 위한 참사랑을 위한 기도)

찬송가 512장 "내 주 되신 주를 참 사랑하고"를 통하여 회복된 성도의 신앙고백이 담겨진 사랑의 춤으로 다시금 하나님께 영광을 올려드리는 작품이다.

한 성도의 진실한 회개와 또 회개를 통한 성도의 섬김을 세족식으로 표현하였으며 세족식을 통한 화합과 성도의 회복의 믿음의 극치를 표현한 예술성이 높은 작품이다. 한국민속무용의 동작과 의상, 시와 마임, 그리고 예배의 성결한 분위기등의 연출성이 조화를 이룬 선교무용작품이다.

이 외에도 출애굽기, 행복을 찾는 여인, 옥합을 깨는 여인들등, 성경에 나타나는 대표적인 여인들을 주인공으로한 장편에 속하는 선교무용작품들이 있으며 해외선교시 국위를 선양하기 위한 한국민속무용 작품이 다수 있다.

＊이상의 작품을 더 자세히 알고자 하는 분들은 아래로 문의를 하시면 정보를 받을 수 있습니다.
(문의 e-mail : soonja@sookmyung.ac.kr)

찾아보기

21세기의 기독교적 무용의 접근

초판 인쇄 2022년 4월 10일
초판 발행 2022년 4월 15일

지은이 박순자
펴낸이 진수진
펴낸곳 청풍출판사

주소 경기도 고양시 일산서구 덕이로276번길 26-18
출판등록 2019년 10월 10일 제2019-000159호
전화 031-911-3416
팩스 031-911-3417
전자우편 meko7@paran.com